Ansgar Klein, Rainer Sprengel,
Johanna Neuling (Hg.)

# Engagementstrategien und Engagementpolitik

Jahrbuch
Engagementpolitik
2023

WOCHEN
SCHAU
VERLAG

**Bibliografische Information der Deutschen Nationalbibliothek**

Die Deutsche Nationalbibliothek verzeichnet diese Publikation in der Deutschen Nationalbibliografie; detaillierte bibliografische Daten sind im Internet unter http://dnb.d-nb.de abrufbar.

*Bundesnetzwerk Bürgerschaftliches Engagement*

Das „Jahrbuch Engagementpolitik" wird herausgegeben in der Reihe „Engagement und Partizipation in Theorie und Praxis". Herausgeber*innen der Buchreihe sind Oleg Cernavin, Olaf Ebert, Dr. Serge Embacher, Katja Hintze, Rainer Hub, Dr. Ansgar Klein, Christian Moos, Dr. Lilian Schwalb und Friedemann Walther im Auftrag des Bundesnetzwerks Bürgerschaftliches Engagement.

© WOCHENSCHAU Verlag,
Dr. Kurt Debus GmbH
Frankfurt/M. 2023

www.wochenschau-verlag.de

Alle Rechte vorbehalten. Kein Teil dieses Buches darf in irgendeiner Form (Druck, Fotokopie oder einem anderen Verfahren) ohne schriftliche Genehmigung des Verlages reproduziert oder unter Verwendung elektronischer Systeme verarbeitet werden.

Umschlaggestaltung: Ohl Design
Redaktion/Lektorat: Johanna Neuling
Gedruckt auf chlorfrei gebleichtem Papier
Gesamtherstellung: Wochenschau Verlag
Bd. 11; ISSN 2195-125X
eISSN 2749-4896
ISBN 978-3-7344-1534-0 (Buch)
**E-Book** ISBN 978-3-7566-1534-6 (PDF)
**DOI** https://doi.org/10.46499/2159

# Inhalt

**ANSGAR KLEIN, RAINER SPRENGEL, JOHANNA NEULING**
Einleitung .................................................. 7

**CARSTEN SCHNEIDER**
Zivilgesellschaft in Ostdeutschland ............................ 9

**OLAF EBERT, ROLAND ROTH, LILIAN SCHWALB**
Engagement- und Demokratieförderung in Ostdeutschland – zwei
Seiten einer Medaille ......................................... 14

## I. Engagementpolitische Diskurse im politischen Mehrebenensystem

### Bund und Europa

**ROLAND ROTH**
Bürgerschaftliches Engagement und sein Eigensinn – der Stoff, aus dem
die Demokratie ist
Einige Thesen ................................................ 25

**RUPERT GRAF STRACHWITZ**
Digitalisierung
Für die Zivilgesellschaft eine Hilfe, eine Bedrohung, eine Aufgabe? .... 32

**ADALBERT EVERS**
All together now?
Die Zivilgesellschaft in den Parteiprogrammen zur Bundestagswahl .... 43

**CHRISTIAN MOOS**
Engagementstrategien und Engagementpolitik
Strategische Ansatzpunkte auf europäischer Ebene ................ 51

## II. Schwerpunktthema: Engagementstrategien und Engagementpolitik

**HANNELORE KOHL, ADRIANA LETTRARI**
Sieben Jahre Ehrenamtsstiftung Mecklenburg-Vorpommern: ein Interview .................................................. 61

**ANN-CATHRINE BÖWING, MAREIKE EINFELD, ANDREAS KERSTING**
Landesengagementstrategie und Landesnetzwerkbildung Nordrhein-Westfalen .................................................. 67

**SUSANNE KELLER**
Das Landesnetzwerk Bürgerschaftliches Engagement Baden-Württemberg und die Engagementstrategie Baden-Württemberg ...... 76

**OLEG CERNAVIN, SERGE EMBACHER, HANS SENDLER**
Infrastrukturen der Engagementförderung trisektoral entwickeln ...... 82

**ANNETTE ZIMMER, ECKHARD PRILLER**
Zur Lage des Nonprofit-Sektors in Deutschland .................. 93

**ÜMIT KOŞAN, WILFRIED KRUSE**
Migrantische Selbstorganisationen im Wandel: einige Hinweise ....... 101

## III. Kalendarium

**RAINER SPRENGEL**
Engagementpolitisches Kalendarium
1. Juni 2021 bis 31. Mai 2022 .................................. 113

## IV. Aus dem Netzwerk BBE

**ANSGAR KLEIN, LILIAN SCHWALB, MAREIKE JUNG, JOHANNA LERCH**
1. Bericht aus dem Netzwerk ................................. 131

2. Organisation und Finanzierung der Netzwerkarbeit und eine
   Übersicht zu laufenden Projekten .......................... 140
3. Veranstaltungsübersicht Juni 2021–Juni 2022 ................ 151
4. Überblick über die Publikationen des BBE ................... 155
5. Förderer und Unterstützer .................................. 156

**Dokumente**
Gremien und Besetzung der Themenfelder des BBE ................ 158
Stellungnahme des BBE-Sprecher*innenrates zur aktuellen Situation in
der Ukraine ................................................... 163
Stellungnahme des BBE-Sprecher*innenrates zum Entwurf eines
Demokratiefördergesetzes ...................................... 166
Organigramm der BBE-Geschäftsstelle gGmbH 2022 ................ 171

Autor*innen ................................................... 172

ANSGAR KLEIN, RAINER SPRENGEL,
JOHANNA NEULING

# Einleitung

Unser elftes Jahrbuch Engagementpolitik gliedert sich in die bewährten Bereiche „Engagementpolitische Diskurse im politischen Mehrebenensystem", das Schwerpunktthema „Engagementstrategien und Engagementpolitik", „Kalendarium" und „Aus dem Netzwerk BBE".

Vorangestellt sind zwei grundsätzliche Beiträge zur Engagement- und Demokratieförderung in Ostdeutschland. Der erste Beitrag stammt von Carsten Schneider, seit 2021 Staatsminister beim Bundeskanzler und Beauftragter der Bundesregierung für Ostdeutschland. Der zweite Beitrag aus dem BBE-Netzwerk kommt von Olaf Ebert, Roland Roth und Lilian Schwalb. Letztlich geht es um die Frage, ob bzw. wie Engagement- und Demokratieförderung ineinandergreifen können. Zugleich ist dabei im Blick, ob und welche besonderen Bedingungen, Erfahrungen und Herausforderungen in Ostdeutschland bestehen.

Die „Engagementpolitischen Diskurse im politischen Mehrebenensystem" decken das Spektrum von der Bundes- bis zur Europaebene ab. Roland Roth, Rupert Graf Strachwitz, Adalbert Evers und Christian Moos beleuchten aus unterschiedlichen Blickwinkeln engagementpolitische Perspektiven auf Bundes- und Europaebene. Dabei kommen Parteiprogrammatiken (Evers) ebenso in den Blick wie Digitalisierung und Zivilgesellschaft (Strachwitz), der Eigensinn der Zivilgesellschaft (Roth) und Ansatzpunkte engagementpolitischer Strategien auf Europaebene (Moos).

Die engagementpolitische Ebene der Länder bildet diesmal den Mittelpunkt des Schwerpunktthemas „Engagementstrategien und Engagementpolitik" mit Fallstudien zu Mecklenburg-Vorpommern, Nordrhein-Westfalen und Baden-Württemberg: Hannelore Kohl und Adriana Lettrari behandeln die Bildung und Weiterentwicklung der Ehrenamtsstiftung Mecklenburg-Vorpommern. Die Landesengagementstrategie und Landesnetzwerkbildung in Nordrhein-Westfalen sind Thema des Gemeinschaftsbeitrags von Ann-Cathrine Böwing, Mareike Einfeld und Andreas Kersting. Susanne Keller schreibt über das Landesnetzwerk Bürgerschaftliches Engagement Baden-Württemberg und die Engagementstrategie Baden-Württemberg.

Gerahmt werden diese länderspezifischen Betrachtungen durch Überlegungen von Oleg Cernavin, Serge Embacher und Hans Sendler, wie die Wirtschaft zusammen mit Zivilgesellschaft und Staat an Aufbau, Entwicklung und Betrieb von Infrastruktureinrichtungen für die Begleitung von Engagement und Partizipation mitwirken kann.

Über die Lage des Non-Profit-Sektors in Deutschland schreiben Annette Zimmer und Eckhard Priller. Ümit Koşan und Wilfried Kruse analysieren migrantische Selbstorganisationen im Wandel.

Wie in den vorherigen Jahren informiert das „Kalendarium" über wichtige engagementpolitische Ereignisse und Weichenstellungen, insbesondere auf bundes- und europapolitischer Ebene. Ebenso werden die Fachdebatten vorgestellt, die im BBE im Berichtszeitraum des Jahrbuchs geführt wurden.

Das Jahrbuch richtet sich an alle, die sich für Engagement- und Demokratiepolitik interessieren bzw. die mit diesen Politikfeldern beruflich oder ehrenamtlich befasst sind. Dies gilt für Akteur\*innen aus Verbänden, Stiftungen und Vereinen, aus Ministerien, öffentlichem Dienst, kommunalen Fachstellen für Engagementförderung, aus Freiwilligenagenturen und -zentren, Seniorenbüros, Selbsthilfekontaktstellen, Mehrgenerationshäusern etc., für Anbieter\*innen der Jugend- und Erwachsenenbildung, Entscheider\*innen und Berater\*innen zivilgesellschaftlicher Organisationen, für Wirtschaft, Politik, Verwaltung, engagementfördernde Unternehmen oder auch für Akteur\*innen in Wissenschaft oder Medien.

Durch seine thematisch-inhaltlichen wie serviceorientierten Teile soll das Jahrbuch eine unentbehrliche Hilfe für jede\*n sein, die\*der sich mit Engagement- und Demokratiepolitik beschäftigt. Die Herausgeber\*innen hoffen, dadurch zu einer stetigen und fachlich orientierten Weiterentwicklung der Engagementpolitik unter Mitwirkung aller Akteur\*innen beizutragen.

Das Jahrbuch wird in enger Kooperation mit dem Wochenschau Verlag erstellt, mit dem das BBE seit dem Jahr 2012 die Buchreihe „Engagement und Partizipation in Theorie und Praxis" herausgibt. Wir danken dem Verlag für die sehr gute Kooperation. Unser Dank gilt natürlich vorrangig den Autor\*innen des Bandes.

Berlin, im Juli 2022
*PD Dr. Ansgar Klein/Dr. Rainer Sprengel/Johanna Neuling*

CARSTEN SCHNEIDER

# Zivilgesellschaft in Ostdeutschland

Ein gesundes Gemeinwesen lebt vom positiven Wechselverhältnis zwischen Staat, Markt und Zivilgesellschaft. Von diesen drei Dimension wird die Zivilgesellschaft in politischen Debatten häufig als selbstverständlich angesehen und eher stiefmütterlich behandelt. Es ist deshalb wichtig, sich die Kraft des ehrenamtlichen Engagements und gemeinschaftlicher Aktivität immer wieder vor Augen zu führen – so wie das „Engagementpolitische Jahrbuch" dies ebenso regelmäßig wie verdienstvoll tut.

Die wichtige Rolle zivilgesellschaftlicher Strukturen hat der amerikanische Soziologe Eric Klinenberg eindrucksvoll beschrieben. Sein Buch „Heat Wave" ist eine Studie über eine Hitzewelle in Chicago Mitte der 1990er-Jahre, die nach offiziellen Angaben in fünf Tagen 739 Menschen das Leben gekostet hatte. Ein genauerer Blick zeigte, dass die Opferzahlen zwischen einzelnen Stadtteilen stark variierten. Eric Klinenberg wollte herausfinden, wie diese Unterschiede zu erklären sind. Sein Rechercheergebnis: Es lag nicht an den Stromausfällen, die in den Bezirken unterschiedlich oft vorkamen und die Klimaanlagen lahmlegten. Die Differenzen waren auch nicht allein auf unterschiedliche Einkommensniveaus zurückzuführen. Vielmehr hatten diejenigen Gegenden besonders viele Opfer zu beklagen, in denen Ältere sozial isoliert lebten, in denen keine guten Nachbarschaftsbeziehungen existierten und in denen die Menschen untereinander wenig Kontakt hatten. „Hunderte Einwohner Chicagos starben alleine, hinter verschlossenen Türen und vernagelten Fenstern, ohne Kontakt zu Freunden, Familie und Nachbarn, allein gelassen von staatlichen Stellen und Nachbarschaftsgruppen", fasste Klinenberg die Katastrophe zusammen.[1]

Hingegen kam ein ärmerer Stadtteil relativ gut durch die Hitzewelle, der sich vor allem durch funktionierende Nachbarschaften auszeichnete. Lebendige soziale Organisationen, aktive Vereine und Kirchen sorgten für einen zwischenmenschlichen Austausch, für eine Atmosphäre des Aufeinander-Achtgebens – und dafür, dass sich während der Hitzewelle Informationen schneller verbreiteten. Die Straßen in dieser Gegend waren Orte der Begegnung und keine reinen

---

1  https://press.uchicago.edu/Misc/Chicago/443213in.html (eingesehen am 24.6.2022).

Verkehrswege. In diesem Bezirk gab es sogar weniger Tote als in einigen deutlich reicheren Teilen Chicagos (vgl. auch Gallander 2021). Das Beispiel zeigt: Eine gut organisierte Zivilgesellschaft und ein vertrauensvolles Miteinander können Solidarität und Gemeinsinn stiften, die Attraktivität von Orten deutlich erhöhen – und in diesem Fall sogar Leben retten.

Es wird gemeinhin davon ausgegangen, dass ehrenamtliches Engagement und gemeinschaftliche Orte und Strukturen in denjenigen Regionen besonders wertvoll sind, wo öffentliche Infrastruktur fehlt und das Wohlstandsniveau geringer ist. Zugleich sind paradoxerweise in solchen Regionen Ehrenamt und Engagement häufig weniger verbreitet. Gilt dies auch für Ostdeutschland? Bleibt diese mit Blick auf Wirtschaftskraft und Einkommensstruktur schwächere Region auch beim bürgerschaftlichen Engagement hinter Westdeutschland zurück? Fehlt es im Osten also an dem notwendigen gesellschaftlichen „Kitt" einer starken Zivilgesellschaft?

Die Kommission „30 Jahre Friedliche Revolution und Deutsche Einheit"[2] skizziert in ihrem Ende 2020 veröffentlichten Abschlussbericht ein differenziertes Bild. Demnach liegt der Anteil der ehrenamtlich engagierten Bürgerinnen und Bürger seit dem Jahr 1990 im Osten zwar kontinuierlich unter der Quote im Westen, doch dem jüngsten Freiwilligensurvey 2019 zufolge beträgt die Differenz nur noch 3 Prozentpunkte (40 Prozent im Westen und immerhin 37 Prozent im Osten inklusive Berlin). Auch sind im Osten zwar weniger Frauen, weniger Personen mit einfachen und mittleren Schulabschlüssen und weniger ältere Menschen freiwillig engagiert als im Westen, doch die jüngere Generation der Ostdeutschen im Alter zwischen 14 und 29 ist ähnlich häufig freiwillig engagiert wie die westdeutschen Altersgenossen.

Diese Zahlen decken sich mit dem Eindruck, den ich als Beauftragter der Bundesregierung auf meinen Reisen durch den Osten und in vielen Gesprächen gewonnen habe. Ostdeutschland ist keine zivilgesellschaftliche Diaspora und sollte deshalb auch nicht als solche beschrieben werden. Im Gegenteil: Sehr viele Ostdeutsche sind bereit, Verantwortung zu übernehmen und sich für das Gemeinwohl und ihre Mitmenschen einzusetzen. Gerade strukturschwächere und ländlichere Regionen leben maßgeblich davon, dass ihre Bürgerinnen und Bürger sich mit Freude und Hingabe in den Freiwilligen Feuerwehren, in Sportclubs, in Kultur- und Heimatinitiativen, in Kleingarten- und Anglervereinen en-

---

2  Vgl. https://www.bmi.bund.de/DE/themen/heimat-integration/gesellschaftlicher-zusammenhalt/30-jahre-deutsche-einheit/30-jahre-deutsche-einheit-node.html (eingesehen am 24.6.2022).

gagieren. Sie haben unser Vertrauen und unsere Unterstützung verdient. Nicht wenige dieser Vereine gab es übrigens schon in der DDR.

Allerdings – und das ist keine Kleinigkeit: Vielerorts hapert es noch an den strukturellen und monetären Voraussetzungen für reibungsloses ehrenamtliches Engagement. Nicht nur existieren in Ostdeutschland deutlich weniger Stiftungen als im Westen (von 23.000 Stiftungen sitzen lediglich 7 Prozent im Osten). Auch fehlen professionelle Anlaufstellen, Beratungsmöglichkeiten und Unterstützungsstrukturen und -leistungen (zum Beispiel reduzierte Mieten oder Nutzungsrechte für Sportanlagen). Kein Wunder, dass sich viele Ehrenamtliche als Einzelkämpfer fühlen. Dazu passt, dass Vereine im Osten im Durchschnitt kleiner und finanzschwächer sind als im Westen. Im Einheitsbericht ist nachzulesen, dass sich von bundesweit 500 Freiwilligenagenturen und 400 Bürgerstiftungen weniger als 10 Prozent in Ostdeutschland befinden. „Die Kooperationsbeziehungen zwischen Zivilgesellschaft, Politik und Wirtschaft sind hier fragiler, es gibt zu wenig Vertrauen in Kooperation und stabile, bereichsübergreifende Netzwerke zur Engagementförderung", schreibt die Kommission.

Vor diesem Hintergrund ist es äußerst begrüßenswert, dass die Bundesregierung im Jahr 2020 die Deutsche Stiftung für Engagement und Ehrenamt gegründet hat. Die Organisation hat die Aufgabe, das Engagement gerade in ländlichen und strukturschwächeren Gegenden zu unterstützen. Die 30 Millionen Euro pro Jahr, die der Stiftung dafür zur Verfügung stehen, sind gut angelegtes Geld. Die Stiftung wird dazu beitragen, dass das ehrenamtliche Engagement in Ostdeutschland weiterwächst und stabile Strukturen entstehen.

Zugleich nimmt die Bundesregierung die viel zitierte „dunkle Seite" des bürgerschaftlichen Engagements in den Blick. Die Rede ist von antidemokratischen und rechtsextremistischen Organisationen, die systematisch versuchen, Vereine und Verbände auf lokaler Ebene zu unterlaufen und so in der gesellschaftlichen Mitte Fuß zu fassen. Ihnen müssen wir entschieden Einhalt gebieten – und sind dabei auf das ehrenamtliche Engagement von demokratischen Kräften zwingend angewiesen. Demokratie lebt vom Mitmachen und Sicheinmischen.

Im Rahmen des Bundesprogramms „Demokratie leben!" fördert das Bundesministerium für Familie, Senioren, Frauen und Jugend (BMFSFJ) seit 2015 bundesweit auf allen Ebenen Projekte, die sich der Stärkung von Demokratie und Vielfalt widmen und gegen alle Formen von Extremismus einsetzen. Mit einem Haushaltsvolumen von 151 Millionen Euro im Jahr 2021 ist es das finanzstärkste Präventionsprogramm der Bundesregierung. Es nimmt alle Phänomene gruppenbezogener Menschenfeindlichkeit in den Fokus.

Einen besonderen Stellenwert in der Auseinandersetzung mit extremistischen Tendenzen und zur Förderung der Demokratie in den östlichen Bundesländern (und seit Kurzem darüber hinaus) nimmt zudem das Bundesprogramm „Zusammenhalt durch Teilhabe" (ZdT) ein, das 2020 in die fünfte Förderperiode gestartet ist. Auch in dieser Phase liegt der Schwerpunkt des Programms darauf, Vereine und Verbände in ländlichen Regionen in ihrer Rolle als verantwortungsvolle, gesellschaftliche Akteure zu qualifizieren und zu stärken. Hinzu kommen die Strategien der Länder gegen Rechtsextremismus und andere Formen gruppenbezogener Menschenfeindlichkeit sowie die „Monitore" mancher Länder, die über aktuelle demokratiepolitische Entwicklungen und Einstellungsmuster Auskunft geben.

Nicht zu vergessen sind ferner kleinere Maßnahmen der Bundesregierung, etwa der zivilgesellschaftliche Engagementwettbewerb „MACHEN!" aus meinem Arbeitsbereich. „MACHEN!" wurde bereits dreimal ausgerichtet. Sein Ziel ist es, das vielfältige Engagement in den ostdeutschen Ländern stärker sichtbar zu machen, zu würdigen und zu unterstützen. Das ausgelobte Preisgeld soll kleinen Vereinen unbürokratisch helfen, ihre Projekte für ein lebendiges Dorfleben und starken Zusammenhalt vor Ort umzusetzen. Die Resonanz ist enorm: Allein im Jahr 2021 gingen rund 500 Wettbewerbsbeiträge ein. Sie belegen eindrücklich, was die Bürgerinnen und Bürger in ihren Dörfern und kleinen Städten anpacken und gemeinsam auf die Beine stellen.

Eine starke Zivilgesellschaft braucht auch verlässliche Partner aus der Wirtschaft. Auch Unternehmen erkennen, dass ihr Umfeld – ein funktionierendes Gemeinwesen mit guten Lebensbedingungen – für die Unternehmensentwicklung wichtig ist. In Kooperationen mit gemeinnützigen Organisationen und der Verwaltung können sie zur Lösung gesellschaftlicher Herausforderungen aktiv beitragen. So entsteht ein handfester Nutzen für die Gesellschaft.

Bürgerschaftliches Engagement findet oft im vorpolitischen Raum statt. Für die Zukunft unserer Demokratie ist neben der Engagementförderung ein weiterer Aspekt entscheidend, der Konnex zwischen Zivilgesellschaft und Politik. Klar ist: Politische Ziele können langfristig nur dann erreicht werden, wenn beide Sphären als Partner in einer positiven Wechselbeziehung zueinanderstehen, wenn Zivilgesellschaft und Politik einander zuhören und sich austauschen. Gerade die Parteien, aber auch die Verwaltungen sind gefragt, mit der Bürgergesellschaft im dauerhaften Dialog zu stehen. Sie müssen die Anliegen der Bürgerinnen und Bürger – häufig eben vermittelt über zivilgesellschaftliche Strukturen – aufnehmen, sie an Entscheidungen beteiligen und ihre Politik transparent machen. Dafür ist eine größere Offenheit gegenüber der Zivilgesellschaft vonnöten.

Diese wiederum muss umgekehrt Parteien und Verwaltungen stärker als Partner auf Augenhöhe begreifen. Und wenn zivilgesellschaftliche Akteurinnen und Akteure sich parallel auch in Parteien engagieren, kann dies die Qualität von Entscheidungen verbessern und dazu beitragen, dass einmal gefasste Beschlüsse besser vermittelt und allgemein akzeptiert werden.

Leider ist die Beziehung zwischen Politik und Zivilgesellschaft in Ostdeutschland vielerorts ausbaufähig. Das liegt zum einen daran, dass es den demokratischen Parteien im Osten weiterhin an Mitgliedern fehlt. Sie sind Funktionärsparteien geblieben. So hatte die SPD im Jahr 2019 im Osten (ohne Berlin) nur rund 21.500 Mitglieder – ungefähr so viele wie im Jahr 1990! Bei manchen Kommunalwahlen finden sich gar nicht mehr genügend Kandidatinnen und Kandidaten, die sich aufstellen lassen. So gerät die Demokratie in Gefahr.

Zum anderen ist in einigen zivilgesellschaftlichen Organisationen – in Feuerwehren, Sportvereinen oder Heimatinitiativen – eine gewisse Abkehr von der Politik zu beobachten. Die Engagierten fokussieren sich dann ganz auf das Kernanliegen ihres jeweiligen Vereins, ohne sich auch für das „große Ganze" (die Demokratie, den Staat, das Gemeinwesen) verantwortlich zu fühlen. Wenn überhaupt, kandidieren exponierte Mitglieder bei Wahlen auf einer freien Liste, aber nicht für eine Partei.

Diese Stimmung greift die AfD auf. Sie versucht, sich in den lokalen zivilgesellschaftlichen Strukturen im Osten zu verankern. Dies gelingt ihr punktuell auch. Bei der Bundestagswahl 2021 hat die AfD im Osten 16 ländlich geprägte Wahlkreise direkt gewonnen, das sind 13 mehr als 2017. Im Wahlkampf hingen in manchen Dörfern in Sachsen und Thüringen ausschließlich AfD-Plakate, während von den anderen Parteien optisch jede Spur fehlte.

Wenn es stimmt, dass das Wechselspiel zwischen Zivilgesellschaft und Parteiensystem im Osten nicht ausreichend funktioniert, dann wird es in den kommenden Jahren zentral darauf ankommen, neben der konsequenten Förderung des ehrenamtlichen Engagements auch die zivilgesellschaftliche Verankerung der demokratischen Parteien zu stärken. Nur so wird sich der vor uns liegende Strukturwandel bewältigen lassen.

## Quelle

**GALLANDER**, Sebastian 2021: Holt das Dorf in die City. In: Spiegel-Online vom 4. Juni 2021.

OLAF EBERT, ROLAND ROTH, LILIAN SCHWALB

# Engagement- und Demokratieförderung in Ostdeutschland – zwei Seiten einer Medaille

In den letzten Jahren gab es viele Anlässe, über konkrete Fragen und Bedarfe zur Verbindung von Engagement- und Demokratieförderung zu diskutieren, allen voran über die Folgen der Coronapandemie, der Flutkatastrophe, des Klimawandels, die Spaltungstendenzen in der Gesellschaft und nicht zuletzt die großen Fragen zu Frieden und Freiheit, Flucht und Migration. Einhergehend mit der Diskussion um diese großen Ereignisse und ihre Konsequenzen wird die Bedeutung der Zivilgesellschaft und des bürgerschaftlichen Engagements für die Stärkung der Demokratie erneut deutlich. Dieser Befund ist mit Blick auf die historischen Pfade der Entwicklung der Zivilgesellschaft sowie angesichts der aktuellen gesellschaftspolitischen Herausforderungen in Ostdeutschland besonders wichtig. Der Beitrag geht den Fragen nach, wie Engagement- und Demokratieförderung auf allen Ebenen zusammenwirken und insbesondere in Ostdeutschland gute Rahmenbedingungen für bürgerschaftliches Engagement, Partizipation und Demokratieförderung gestaltet werden können.

## 1. Zivilgesellschaft in Ostdeutschland zwischen Krisenbewältigung und Innovationskraft

Seit 1990 hat sich die Zivilgesellschaft in Ostdeutschland weiterentwickelt. Das individuelle Engagement von Bürger*innen hat insgesamt betrachtet deutlich zugenommen. Strukturen der Zivilgesellschaft unterscheiden sich aber auch 30 Jahre nach der Wiedervereinigung stark von den langfristiger gewachsenen Infrastrukturen und Netzwerken in Westdeutschland. In Krisenzeiten werden die Solidarität und das informelle Engagement hier besonders sichtbar.

Auf der Grundlage der Daten der repräsentativen Erhebung zum Stand und zur Bedeutung des freiwilligen Engagements in Deutschland (Freiwilligensurvey 2019) lässt sich nachvollziehen, dass die Engagementbereitschaft in den ostdeutschen Bundesländern zwar recht hoch ausfällt, allerdings bei einer nach wie vor vergleichsweise geringeren Engagementquote. Die Anteile für Westdeutschland liegen danach mit 40,4 Prozent signifikant über denen für Ostdeutschland (37,0 Prozent). Deutlich werden bei genauerer, ländervergleichender Analyse, wie sie durch Krimmer et al. (2022) in der Studie für die Stiftung Bürger für Bürger vorgenommen wurde, jedoch beträchtliche qualitative und quantitative Unterschiede zwischen den Bundesländern.

Der differenzierte Blick zeigt zunächst, dass es in den letzten Jahren zu deutlichen Angleichungen gekommen ist: Die 1999 erstmals gemessenen starken Differenzen in den Engagementquoten ost- und westdeutscher Bundesländer haben sich im Zeitraum bis 2019 deutlich verringert. In Brandenburg, Mecklenburg-Vorpommern, Sachsen-Anhalt und Thüringen ist die Engagementquote in dieser Zeitspanne um jeweils circa 10 Prozent gestiegen. Zeitgleich ist es zwar auch bei zwei westdeutschen Ländern – Rheinland-Pfalz und Niedersachsen – zu einem enormen Anstieg von je circa 15 Prozent gekommen. In den meisten anderen Ländern lag der Zuwachs aber deutlich unter 10 Prozent (Krimmer et al. 2022, S. 24).

Neben der großen Bedeutung der Zivilgesellschaft werden auch die Herausforderungen für die Zivilgesellschaft immer deutlicher erkennbar: Politische Polarisierungen, die bereits mit der Zuwanderung von Geflüchteten entstanden sind, werden überlagert und verstärkt durch Kontroversen über den Umgang mit Covid-19. Zerrissenheit kennzeichnet den privaten Bereich mit vielen Familien und Freundschaftskreisen genauso wie das Gemeinwesen mit vielen Vereinen, zivilgesellschaftlichen Bündnissen und vielfältigen Communitys. Fehlende Verständigungsbereitschaft und emotionale Zuspitzung haben regional zu einer Selbstvergiftung der Zivilgesellschaft geführt. Wesentliche Normen eines friedlichen und respektvollen Austrags von unterschiedlichen Meinungen und die Anerkennung vielfältiger Lebensweisen sind bedroht. Das Vertrauen in die repräsentative Demokratie schwindet. Die Notwendigkeit, sie durch die Rückbesinnung auf vorhandene Formen demokratischen Engagements bzw. die Erprobung neuer Formen zu stärken, wächst. Die Fähigkeiten der Zivilgesellschaft zur demokratischen Selbstkorrektur und zivilen Reparatur durch Gegenbewegungen und öffentliche Debatten erlangen einen neuen Stellenwert.

Den Besonderheiten der ostdeutschen Engagementlandschaft nachzugehen, bedeutet auch, der regionalspezifischen Entwicklung Aufmerksamkeit zu widmen. Urbane Zentren sind, bis auf wenige Ausnahmen, eher mittel- bis kleinstädtisch geprägt. Der ländliche Raum in all seiner Vielfalt und Unterschiedlichkeit bestimmt die Lebenswirklichkeit vieler Menschen in den fünf ostdeutschen Flächenländern.

Engagementpolitik steht in Ostdeutschland zum Beispiel mit Blick auf das geringere Vertrauen in demokratische Institutionen sowie auf besonders stark von Abwanderung betroffene Landkreise vor Herausforderungen, die auch länderübergreifend Ähnlichkeiten aufweisen (ebd.).

Im Rahmen der Gesprächsreihe „Bürgergesellschaft 2025" wurden von der Stiftung Bürger für Bürger wirksame Praxisbeispiele recherchiert, die in der Broschüre „Engagementförderung in Ostdeutschland"[1] (2020) sichtbar werden und Engagierten Mut machen, ihren genuinen Beitrag für eine lebenswerte Gesellschaft, für den Erhalt und die Weiterentwicklung von Engagement und Demokratie vor Ort zu leisten.

Während der aktuellen Coronapandemie stellt sich vermehrt die Frage, wie mit Vorurteilen, Falschnachrichten oder Verschwörungsideologien umgegangen werden kann. Mögliche Antworten, die auf der Grundlage der gesammelten Erfahrungen zugleich Erwartungen an Politik formulieren helfen, finden sich in mehreren der Praxisprojekte, die in der Broschüre ausführlich und hier nur kurz benannt werden:

Eine offene, kontroverse Diskussions- und Streitkultur, ein positives demokratisches Gesellschaftsbild (Aktion Zivilcourage Pirna)[2], bestehendes Interesse an Verantwortungsübernahme aufrechterhalten (Dorfbewegung Brandenburg)[3], selbstbestimmtes bürgerschaftliches Engagement und die Erfahrung von Selbstwirksamkeit unterstützen (Netzwerkstelle Engagierte Nachbarschaft, LAGFA Sachsen-Anhalt)[4], mehr direkte Demokratie, die Einführung von Bürger*innenbudgets, Engagement- und Beteiligungsfonds (Halle besser machen)[5], Vielfalt und die Stärkung einer sektorenübergreifenden Zusammenarbeit von Zivilgesellschaft, Wirtschaft, Politik und (Kommunal-)Verwaltung (Stiftung Leben in der Hohen Börde)[6].

Die Aspekte werden in den folgenden Abschnitten aufgegriffen und genauer ausgeführt, in denen wir unser Verständnis einer zukunftsorientierten, vielfältigen Demokratie zugrunde legen.

---

1 https://www.buerger-fuer-buerger.de/wp-content/uploads/2021/01/Broschuere_StBfB_Engagementfoerderung_-final.pdf (eingesehen am 8.6.2022).
2 https://www.buerger-fuer-buerger.de/engagiert-fuer-demokratie/gute-beispiele/aktion-zivilcourage-e-v/ (eingesehen am 8.6.2022).
3 https://www.buerger-fuer-buerger.de/engagiert-fuer-demokratie/gute-beispiele/dorfbewegung-brandenburg-netzwerk-lebendige-doerfer-e-v/ (eingesehen am 8.6.2022).
4 https://www.nachbarsein.de/ (eingesehen am 8.6.2022).
5 https://www.buerger-fuer-buerger.de/engagiert-fuer-demokratie/gute-beispiele/halle-besser-machen/ (eingesehen am 8.6.2022).
6 https://www.engagiertestadt.de/hohe-boerde/ (eingesehen am 8.6.2022).

## 2. Engagementförderung und Demokratiestärkung

Vielfalt ist ein zentraler Begriff für ein zeitgemäßes und zukunftsorientiertes Verständnis von Demokratie. *Vielfältige Demokratie* lässt sich heute als produktives Zusammenspiel von *sechs Bereichen demokratischen Engagements* begreifen (vgl. Roth 2022):

Die *repräsentative Demokratie* ist nach wie vor wesentlich. Volkssouveränität wird im Grundgesetz vornehmlich als Zusammenspiel von Wahlen, Parlamenten und politischen Parteien auf allen föderalen Ebenen definiert. Zu diesem repräsentativen Gefüge gehört ein System mitgliederstarker intermediärer Interessenorganisationen. Wie es um diese repräsentativen Demokratieformen bestellt ist, wird seit einiger Zeit kontrovers diskutiert. Ihren Alleinvertretungsanspruch haben sie jedenfalls schon länger verloren.

Der *direktdemokratische Bereich*, beispielsweise Bürger*innenbegehren, Bürger*innenentscheide, Volksabstimmungen, gewinnt in den Kommunen und Ländern in den vergangenen Jahren wesentlich an Bedeutung. Direktdemokratische Abstimmungen und Sachentscheide spielen auch bei Bürger*innenhaushalten und Bürger*innenfonds eine wichtige Rolle. Über Fonds und Budgets können Menschen in verschiedenen Politikfeldern Selbstwirksamkeitserfahrungen machen und selbst Entscheidungen herbeiführen – ohne parlamentarische Vermittlung und Repräsentation, aber im Auftrag von Parlamenten.

Ein dritter Demokratiebereich hat in den letzten Jahren erheblich an Bedeutung gewonnen: Die *Beteiligung von Bürger*innen* ist vor allem *auf kommunaler Ebene* zunehmend gefragt. Dabei geht es in der Regel um ihre Expertise, ihre Sicht der Dinge und ihre Erwartungen an politische Entscheidungen in Parlamenten und Regierungen. Diese Beteiligung ist dialogisch, deliberativ bzw. konsultativ angelegt und kann verbindliche Entscheidungen nur vorbereiten. Aber stets schwingt auch die Erwartung mit, gehört zu werden. Wo dies geschieht, ist mit besseren, weniger kostspieligen und breiter akzeptierten Entscheidungen zu rechnen.

Wo dies nicht oder nicht erfolgreich geschieht, ist verstärkt mit *Protesten, Bürger*inneninitiativen und sozialen Bewegungen* zu rechnen. Im Bewegungssektor als eigenem Bereich demokratischen Handelns engagieren sich seit einigen Jahrzehnten regelmäßig mehr Menschen als im Bereich repräsentativer Politik. So gehört es heute für viele Menschen zur politischen Normalität, ihre Meinung bei Demonstrationen zum Ausdruck zu bringen; Initiativen und Bewegungen haben Konjunktur.

Auch das *bürgerschaftliche Engagement* hat beständig und beträchtlich zugenommen. Nahezu 40 Prozent der über 14-Jährigen engagieren sich freiwillig oder ehrenamtlich. Der wichtigste Ort des Engagements ist noch immer der Verein. Auch Bürgerstiftungen und Verbände bieten einen organisatorischen Rahmen und das spontane und ungebundene Engagement ist zunehmend relevanter für viele, gerade auch jüngere Menschen. Gemeinsam ist diesem bunten Spektrum freiwillig Engagierter zumeist, dass sie im Kleinen etwas gestalten wollen und damit in die politische Gestaltung des Gemeinwesens eingreifen (vgl. Simonson et al. 2022).

Demokratische Mitgestaltung findet heute nicht mehr ausschließlich an der Wahlurne statt. Mitgestaltungsmöglichkeiten von Kindern und Eltern sind zu einem Qualitätsmerkmal von Bildungseinrichtungen geworden. Die Schulgesetze der Länder betonen vielfach die Bedeutung einer demokratischen Schulkultur. Heute gibt es kaum einen Lebensbereich, der sich dieser *Alltagsdemokratie* gänzlich entziehen kann.

Jeder der beschriebenen demokratischen Handlungsbereiche bedarf der Stärkung. Besonders wichtig ist es, ein produktives Zusammenspiel der verschiedenen Handlungsbereiche sowie der beteiligten Kräfte aus Zivilgesellschaft, Bund/Ländern/Kommunen und Wirtschaft, das auch wechselseitige Korrekturen einschließt, zu befördern.

Alle sechs demokratischen Handlungsbereiche sind auch in Ostdeutschland lebendig. Ob in West- oder Ostdeutschland: Bei sicherlich nach wie vor unterschiedlichen Rahmenbedingungen, Strukturen und Akteursgruppen geht es überall um die Verteidigung der demokratischen Gesellschaft als Wertegemeinschaft und um eine gemeinsame demokratische Zukunft.

Ohne auf die Unterschiede im Einzelnen hier genauer eingehen zu können, ist doch offensichtlich, dass gerade im wichtigen Handlungsfeld der repräsentativen Demokratie deutliche Differenzen zu verzeichnen sind. Wesentliche Stützen wie Parteien und Verbände sind in Ostdeutschland deutlich schwächer in der Bevölkerung verankert, die Distanz zu Parlamenten und Regierungen ist größer. Die Bereitschaft, autoritäre, in Teilen rechtsextreme Parteien wie die AfD zu unterstützen, ist deutlich ausgeprägter. Auch auf der Ebene der Protestmobilisierung finden solche Strömungen, wie das Beispiel „Pegida" zeigt, mehr Resonanz. Umso wichtiger sind Impulse, die demokratische Orientierungen in allen Handlungsfeldern stärken (vgl. Roth et al. 2022).

## 3. Impulse zur Engagement- und Demokratieförderung in Ostdeutschland

Bei der Förderung von bürgerschaftlichem Engagement ist ein differenzierter Blick notwendig. Es handelt sich um einen äußerst vielfältigen Bereich. In einigen Feldern werden wichtige öffentliche Aufgaben freiwillig und verlässlich wahrgenommen, wie zum Beispiel bei den sogenannten Blaulichtorganisationen. Hier hat auch der Begriff „Ehrenamt" seine Berechtigung. In anderen Bereichen kommen Mitglieder im Wesentlichen zur Freizeitgestaltung zusammen. Wiederum andere kümmern sich um Defizite in Bereichen, die in staatlicher Verantwortung sind (zum Beispiel Bildung und Schulen) oder eigentlich sein sollten, wie zum Beispiel die Ernährungssicherheit, die aber weitgehend an die „Tafeln" abgegeben wurde. Einer der umfangreichsten Engagementbereiche ist der Sport, in dem Zivilgesellschaft ganz unterschiedliche Ausprägungen annimmt und mitgliederstark, verbindend und inklusiv sein kann.

Die Sozialen Dienste umfassen neben dem individuellen sozialen Engagement in diversen Feldern den großen Wohlfahrtsverbändebereich. Selbstwirksamkeitserfahrungen, Einbindung über mitgliederstarke Angebote der Vereine sowie das demokratiefördernde Element des soziokulturellen Engagements sind Teil des Kulturbereichs. Schließlich existiert ein breites politisches Feld, das von Interessenvertretung bis hin zu Protest geprägt ist. Die hier nur angedeutete Vielfalt bürgerschaftlichen Engagements erfordert und erlaubt selektive Förderstrategien. Zwar bekennen sich vier von fünf Engagierten zu dem genuin politischen Ziel, im Kleinen die Gesellschaft gemeinsam gestalten zu wollen, aber nicht jede Gestaltungsabsicht verdient öffentliche Unterstützung.

Letztlich geht es um die Erfahrung demokratischer Selbstwirksamkeit, die durch den Vereinigungsprozess in Ostdeutschland in Form der Übernahme westdeutscher Institutionen und Regeln nur eingeschränkt möglich war. Aus der Fülle der Möglichkeiten können hier nur einige wenige Handlungsperspektiven skizziert werden:

- *Stärkung einer partizipativen Kultur innerhalb der Zivilgesellschaft* durch die Unterstützung von Initiativen, die auf demokratische Normen und Inklusion, auf Zivilität und Dialogfähigkeit setzen und zur zivilgesellschaftlichen Selbstkorrektur von negativen Entwicklungen (vgl. Roth 2022) beitragen, zum Beispiel durch Runde Tische, Beteiligungsfonds und Initiativen zur inklusiven Beteiligung.
- *Krisendialoge und Nachbarschaftsgespräche*, die durch themenorientierte Begegnungen zur „Entgiftung" zivilgesellschaftlicher Konflikte beitragen kön-

nen. Dazu gehören aktuell auch lokale Bürger*innenräte zu Corona sowie die neuen Kompetenzzentren für Kommunales Konfliktmanagement. Bei allen Krisenthemen ist die potenziell zivilisierende Wirkung von Kontakt- und Dialoggelegenheiten, sei es beim Essen, Singen oder im Sport, gut belegt (vgl. zum Beispiel More in Common 2022).

- *Kommunale Vernetzungen* von zivilgesellschaftlichen Initiativen, Kommunalpolitik und Kommunalverwaltung haben sich in vielen Handlungsfeldern bewährt, zum Beispiel in Bildungslandschaften, Integrationsnetzwerken, Lokalen Bündnissen für Vielfalt und Toleranz etc. Solche thematischen Netzwerke können durch entsprechende Förderprogramme gestärkt werden, wie sie in einigen Bundesländern bei der Aufnahme von Geflüchtete nach 2015 aufgelegt wurden.
- *Engagementförderung* in (Ost-)Deutschland: In einer aktuellen Studie[7] hat ein Konsortium von Wissenschaftler*innen für die Stiftung Bürger für Bürger die Entwicklung von wirkungsorientierten Engagementstrategien auf Länderebene analysiert und die bessere Verknüpfung von lokalen Akteur*innen und intermediären Förderstrukturen, die Verankerung der Engagementförderung in der Raumordnungspolitik, die Unterstützung informellen Engagements, eine Schärfung der Förderziele – allen voran der Demokratiestärkung – und eine stärkere länderübergreifende Zusammenarbeit in der Engagementpolitik angeregt (vgl. Krimmer et al. 2022).
- Mit den aktuellen Verfahren auf der Bundesebene zur Verabschiedung eines *Demokratiefördergesetzes* und der Entwicklung einer *nationalen Engagementstrategie* könnte eine nachhaltigere, längerfristige Stärkung der Infrastrukturen zur Engagementförderung ermöglicht werden. Dies würde demokratiestärkende Maßnahmen, eine deutliche Stabilisierung und die systematisch-strategischen Vorhaben, die wesentlich sind auf dem Weg hin zu einer die Demokratie stärkenden, resilienten Zivilgesellschaft, auch in Krisenzeiten ermöglichen.

## 4. Ausblick

Die Kraft und die Breite der Zivilgesellschaft, ihre Beteiligung und ihr Engagement werden dringend benötigt, wenn es darum geht, gesellschaftliches Zusammenleben demokratisch zu gestalten. Stabile Rahmenbedingungen und ein pro-

---

7 https://www.buerger-fuer-buerger.de/studie-zur-engagementfoerderung-in-ostdeutschland/ (eingesehen am 8.6.2022).

duktives Miteinander über Sektorengrenzen hinweg sind grundlegend, damit Neues hervorgebracht, angestoßen und ermöglicht wird. Ziel ist es, Menschen zusammenzubringen, Selbstwirksamkeitserfahrung zu unterstützen und zerstörerische Wirkungen von Populismus einzudämmen.

Mit dem Pilotprojekt „Engagiert für Demokratie"[8] setzt die Stiftung Bürger für Bürger genau hier an. Sie hat Befunde und Ergebnisse aufbereitet sowie Erfahrungen diskutiert und geteilt mit dem Ziel, engagierte Menschen und Infrastrukturen zur Demokratie- und Engagementförderung in Ostdeutschland zusammenzubringen, ihre Expertise zu heben und die Akteur*innen nachhaltig zu stärken.

Ein Folgeprojekt zur Engagement- und Demokratieförderung in Ostdeutschland soll nun:
- vorhandene Erfahrungen, Programme und Akteur*innen verknüpfen, das Voneinander-Lernen, neue Kooperationen und die Weiterentwicklung der Vor-Ort-Strukturen anregen,
- positive Beispiele, Erfahrungen und Strukturen sichtbar machen, unterstützen und durch Wissenstransfer neue Impulse in anderen Regionen geben,
- gerade im ländlichen Raum eine themen- und situationsorientierte Unterstützung ermöglichen, die sowohl jüngere als auch ältere Menschen Erfolg versprechend zu eigenem Engagement inspiriert,
- Mikroförderungen und Fondslösungen anbieten, die sowohl kleinteilige/ländliche Infrastrukturprobleme wie auch neue Ideen und neue Initiativen für gesellschaftlichen Zusammenhalt generieren helfen,
- das Vertrauen zwischen Akteur*innen aus Politik/Verwaltung, Zivilgesellschaft und Stiftungen/Wirtschaft wie auch zwischen unterschiedlichen Akteur*innen innerhalb der Bürgergesellschaft stärken, und
- sich als neutraler, vernetzter Anbieter von Beratung, Begleitung (Qualifizierung/Vernetzung) und Wissenstransfer zur Demokratie- und Engagementförderung etablieren.

## Quellen

KRIMMER, Holger/Bischoff, Stefan/Gensicke, Thomas/Thamaz, Birthe 2022: Engagementförderung in Ostdeutschland, hg. v. Stiftung Bürger für Bürger. Halle (Saale).

MORE IN COMMON 2022: Navigieren im Ungewissen – Impulse zur Zukunft der Gesellschaft, im Internet unter https://www.moreincommon.de/media/loceahag/morecommon_navigieren-imungewissen_1.pdf (eingesehen am 8.6.2022).

---

8   https://www.buerger-fuer-buerger.de/engagiert-fuer-demokratie/ (eingesehen am 8.6.2022).

**ROTH,** Roland 2022: Dunkle Seiten der Zivilgesellschaft – von 2001 bis 2021. In: Klein, Ansgar/Sprengel, Rainer/Neuling, Johanna (Hg.): 20 Jahre Enquete-Kommission „Zukunft des Bürgerschaftlichen Engagements". Bilanz und Ausblick. Jahrbuch Engagementpolitik 2022. Frankfurt/M., S. 124–143.

**ROTH,** Roland/Höllmann, Judith/Ebert, Olaf 2022: Engagiert für Demokratie – Handlungsperspektiven zur Demokratieförderung in Ostdeutschland, hg. v. Stiftung Bürger für Bürger, im Internet unter https://www.buerger-fuer-buerger.de/wp-content/uploads/2022/01/Empfehlungspapier_EfD_050122_digital_final.pdf (eingesehen am 8.6.2022).

**SIMONSON,** Julia/Kelle, Nadiya/Kausmann, Corinna/Tesch-Römer, Clemens (Hg.) 2022: Freiwilliges Engagement in Deutschland. Empirische Studien zum bürgerschaftlichen Engagement. Der Deutsche Freiwilligensurvey 2019. Wiesbaden, im Internet unter https://doi.org/10.1007/978-3-658-35317-9 (eingesehen am 8.6.2022).

# Engagement-politische Diskurse im politischen Mehrebenensystem

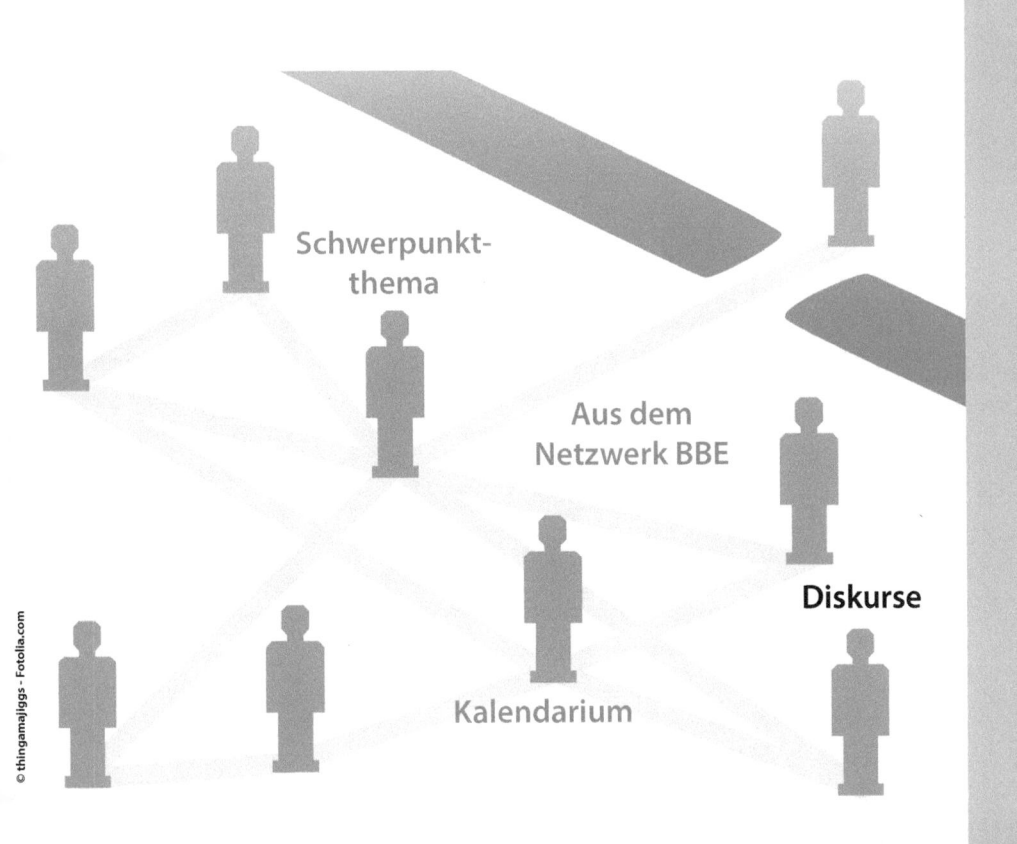

Schwerpunkt-
thema

Aus dem
Netzwerk BBE

**Diskurse**

Kalendarium

# BUND UND EUROPA

ROLAND ROTH

## Bürgerschaftliches Engagement und sein Eigensinn – der Stoff, aus dem die Demokratie ist

Einige Thesen[1]

### Worin besteht der Eigensinn von bürgerschaftlichem Engagement?

1. Heute ist unstrittig, dass sich Engagement aus vielfältigen Motiven, individuellen Prägungen und biografischen Gelegenheiten speist. In dieser Vielfalt – ein Leitmotiv des 2. Engagementberichts der Bundesregierung – liegt die Produktivität und Innovationskraft des Engagements. Ihr Motor ist Freiwilligkeit.
2. Der Eigensinn des Engagements ergibt sich aus einem Bündel von Motiven der Engagierten: Spaß haben, Gemeinschaft und Geselligkeit erleben, etwas bewirken und gestalten können, Helfen, Solidarität üben, dafür auch Anerkennung finden, bei jüngeren Menschen auch sehr stark etwas lernen können. Einzelne Wünsche können auch auf andere Weise befriedigt werden (Spaß haben durch die Produkte der Unterhaltungsindustrie, Gemeinschaft und Geselligkeit am Stammtisch oder im Club, Anerkennung in der Erwerbsarbeit etc.). Es kommt beim freiwilligen Engagement offensichtlich auf die Mischung und das Zusammenspiel dieser Motive an.
3. Eigensinn ist zunehmend mit Wünschen nach Autonomie, Partizipation und Selbstgestaltung verbunden. Der Strukturwandel scheint eindeutig: „Die neuen Freiwilligen sind partizipativer und potenzialorientierter. Sie wollen mitreden, statt nur auszuführen. Digitale Mittel geben uns die Mög-

---

[1] Thesen eines (Online-)Vortrags zur Veranstaltungsreihe „Paritätisches Engagement" anlässlich der neuen Engagement-Charta des Paritätischen Gesamtverbands am 4. Mai 2022. Der Beitrag wurde erstmalig veröffentlicht im BBE-Newsletter 11/2022.

lichkeit, Partizipation auf eine ganz neue Ebene zu heben" (Samochowiec et al. 2018).
4. Mit staatlichen Zumutungen und ökonomischen Nutzungsversuchen ist stets zu rechnen, aber freiwillig Engagierte können durch Ausstieg und Kritik Widerstand leisten: „Menschen engagieren sich unabhängig von staatlichen Zielformulierungen und ökonomischer Verwertungslogik. Die Engagierten bestimmen selbst über den Grad der Erwartbarkeit, Verfügbarkeit und Zumutbarkeit ihres Engagements" (Engagement-Charta des Paritätischen 2021). Organisationen, die erfolgreich auf die Mitwirkung von Freiwilligen setzen wollen, müssen ihnen deshalb eine Stimme geben und ihre innerverbandliche Demokratie stärken.

**Was hat freiwilliges Engagement mit Demokratie zu tun?**

5. Freiwilliges Engagement kann in mehreren Dimensionen Demokratie ermöglichen und stärken. Dies gilt zunächst für die Einübung von Zivilität als eine demokratische Basiskompetenz. Es geht dabei zunächst um die Erfahrung von Interessenvielfalt und eines gewaltfreien Interessenausgleichs in und zwischen selbstgewählten Gemeinschaften. Wenn es mir nicht passt, kann ich austreten oder versuchen die Organisation so zu verändern, dass ich mich wohlfühle. Dabei muss ich mich mit den Interessen und Bedürfnissen meiner Mitstreiter*innen auseinandersetzen und mache die Erfahrung, dass es vielfältige andere Initiativen und Vereine gibt (Pluralität). Eigensinn heißt in diesem Kontext Respekt, Vertrauen in Selbstregulation, Gewaltverzicht, Fairness, Dialoge, Verständigungsbereitschaft, Rationalität und Kompromissfähigkeit. Zumindest bietet freiwilliges Engagement die Möglichkeit, dies in zivilgesellschaftlichen Organisationen zu lernen.
6. Die Chance, solche demokratischen Haltungen einzuüben, ist nicht zuletzt von der Verfassung der zivilgesellschaftlichen Organisationen abhängig. Die Vereinsform zum Beispiel bietet das rechtliche Fundament für eine gleichberechtigte Mitsprache der Mitglieder und eine verantwortliche Vereinsführung. Ob sie als solche auch genutzt und erfahren wird, ist eine offene Frage. Es muss stets mit antidemokratischen Haltungen, Initiativen und Organisationen gerechnet werden. Zivilgesellschaften sind dann stark, wenn sie solchen Tendenzen widerstreben und zur demokratischen Selbstkorrektur in der Lage sind.
7. Demokratische Politik kommt ohne ein zivilgesellschaftliches Fundament nicht aus. In der deutschen Tradition haben wir ein breit gefächertes System

der politischen Interessenvermittlung (Parteien, Verbände, Vereine, Formen anwaltschaftlicher Selbstorganisation, Bürgerinitiativen, soziale Bewegungen und Proteste). Im Idealfall trägt und prägt die Zivilgesellschaft demokratische Politik, indem sie in ihrer Pluralität für Interessenartikulation, Resonanz, Verantwortlichkeit und Rechenschaftslegung Sorge trägt.

8. Bürgerschaftliches Engagement stellt selbst eine Form der politischen Beteiligung dar, denn es geht meist darum, „im Kleinen etwas zu gestalten". Hier ist aber der Kern jeder demokratischen Politik berührt, die auf politische Gleichheit setzt. Die Möglichkeit, etwas zu gestalten, darf kein Privileg sein. Dies bedeutet, dass jede*r die Gelegenheit und die dafür notwendigen Ressourcen (Zeit, Bildung, materielle Sicherheit etc.) für bürgerschaftliches Engagement haben sollte.

## Anmerkungen zur Verfassung von Zivilgesellschaft und Demokratie in Deutschland

9. Auf den ersten Blick scheint bürgerschaftliches Engagement in Deutschland eine sichere Bank. Die Engagementquote ist vergleichsweise hoch (je nach Studie liegt sie bei 33 Prozent bis knapp 40 Prozent) und relativ stabil. Die Engagementquoten von Männern (40,2 Prozent) und Frauen (39,2 Prozent) haben sich so weit angeglichen, dass „im Jahr 2019 erstmals kein statistisch signifikanter Unterschied" (Simonson et al. 2022, S. 2) festgestellt werden konnte. Auch die Unterschiede in der Engagementbeteiligung zwischen Ost- und Westdeutschland sind kleiner geworden und betragen nur noch 3,4 Prozent. Zudem reagiert das freiwillige Engagement auf neue Herausforderungen wie auf die große Anzahl von Geflüchteten um das Jahr 2015. Und viele Engagierte bleiben eigensinnig am Ball. Im Jahr 2019 nennen 8 Prozent aller freiwillig Engagierten Geflüchtete oder Asylsuchende als Zielgruppe ihrer aktuellen freiwilligen Tätigkeit.

10. Aber es gibt auch deutliche Schwächen und Herausforderungen. Die Ungleichheit im Engagement wird nicht kleiner, sondern sie wächst. Aktuell engagieren sich anteilig doppelt so viele Menschen mit hoher Bildung (Engagementquote 51,1 Prozent) wie Menschen mit niedriger Bildung (26,3 Prozent). Einen ähnlichen Effekt haben die Einkommensverhältnisse. Mit den Bildungschancen werden – so scheint es – auch die Engagementchancen „vererbt". Dass schulisches Engagement eine Domäne besser gestellter Mütter aus der Mittelschicht ist, trägt offensichtlich nicht unbedingt zur Bildungsgerechtigkeit bei.

11. Die Angleichung der Engagementquoten zwischen Ost und West hat keine entsprechende Entwicklung in der politischen Kultur bewirkt. Das gilt zum Beispiel für die Demokratiezufriedenheit: „Über den gesamten Zeitraum von 1991 bis Sommer 2019 hinweg war im Westen Deutschlands durchschnittlich eine klare Mehrheit von 68 % der Bürgerinnen und Bürger zufrieden, während im Osten durchschnittlich lediglich 44 % zufrieden waren" (Weßels 2021, S. 387). Mit der AfD konnte sich in Ostdeutschland eine rechtspopulistische bzw. rechtsextreme Partei verankern, die bei Landtagswahlen meist mehr als 20 Prozent der Wahlstimmen auf sich vereint und bei diversen Streitthemen (Geflüchtete, Corona-Maßnahmen etc.) erschreckend mobilisierungsfähig ist. Es droht eine Lega Ost.
12. Engagement darf nicht zum Lückenbüßer für Versäumnisse staatlichen Handelns werden, so lautet ein oft wiederholtes Credo. Ob und in welchem Umfang dies aber der Fall ist, wissen wir nicht. Es könnte die Freude über hohe Engagementquoten trüben. Ein eindrucksvolles Beispiel sind die 960 Tafeln in Deutschland. Ihr Motto „Lebensmittel retten. Menschen helfen" ist ebenso ehrenwert wie das breite Engagement in diesen lokalen Initiativen, die sich zudem gemeinsam mit anderen Verbänden und Gruppen für eine angemessene staatliche Unterstützung von armen Menschen einsetzen. Eine Mobilisierung der Armutsbevölkerung für ihre sozialen Rechte liegt jedoch jenseits dieser neuen Mitleidsökonomie. Vergessen wird beim Lob der Tafeln in der Regel zweierlei. Zum einen ist der Aufstieg der Tafeln in Deutschland eng mit den Folgen der Hartz-Gesetzgebung verbunden. Sie hat eine neue Klasse von Bedürftigen hervorgebracht, die seither zum „Kundenstamm" der Tafeln gehören (Hartig 2018). Zum anderen hat sich die Bundesrepublik Deutschland in mehreren völkerrechtlichen Verträgen zur Garantie der Ernährungssicherheit verpflichtet. Die Überantwortung dieser staatlichen Garantie an weitgehend private Wohltätigkeit macht Bürger*innen in skandalöser Weise zu Almosenempfänger*innen (vgl. Roß und Roth 2019, S. 27ff.).

## „Zeitenwende" – aktuelle Herausforderungen

13. Konservative wie linke Beobachter*innen sind sich in ihren Zeitdiagnosen ausnahmsweise einig. Zwei Schweizer Stimmen mögen genügen: „Wir erleben eine Super-Zeitenwende, die das 21. Jahrhundert verändern wird […]. Die Covid-Pandemie, das Ende der liberalen Weltordnung und der Krieg in der Ukraine markieren eine atemberaubende Kaskade von Umbrüchen" (Eric Gujer, Chefredakteur der Neuen Zürcher Zeitung am 27.4.2022).

Die jüngste Ausgabe der Schweizer Zeitschrift „Widerspruch. Beiträge zu sozialistischer Politik" (I/2022) widmet sich in einem ähnlichen Tenor der „Vermessung der Katastrophe […]. Die katastrophische Rede ist allgegenwärtig. Sie wäre unverständlich ohne die realen Gefahren, die das menschliche Leben, den gesamten Planeten bedrohen: Klimakrise, Armut, Hunger, Krieg und Flucht sowie eine krisenanfällige, international verflochtene Wirtschaft."

14. Auch in Deutschland werden soziale Sicherungen wichtiger und geraten zugleich verstärkt unter Druck (Inflation, Energie- und Mobilitätskosten). Mit Blick auf die heraufziehenden Rüstungs- und Kriegskosten scheinen die „fetten Jahre" nun vorbei. So hat zum Beispiel der Präsident des Gemeindetags von Baden-Württemberg, Steffen Jäger, kürzlich zur „Abkehr vom Vollkaskostaat" aufgerufen, immerhin eine wichtige Stimme aus einem der reichsten Bundesländer: „Die Bürger müssten den Gürtel enger schnallen und sich von lieb gewonnenen Standards verabschieden", gefordert sei eine „gesunde Eigenverantwortung" (Rhein-Neckar-Zeitung vom 28.4.2022).

15. Als wäre dies nicht genug, ist ein Aufstieg autoritärer Regime zu beobachten. Rechtspopulistische Kräfte gewinnen längst in den westlichen Demokratien selbst an Boden (Trump, Le Pen, AfD etc.). Aus demokratischer Sicht findet in den Zivilgesellschaften ein politischer Polarisierungsprozess mit Zügen einer „Selbstvergiftung" statt, der sich an Themen wie Fluchtzuwanderung, Pandemien und anderen negativen Globalisierungsfolgen entzündet und auch die kulturellen Liberalisierungen, die Anerkennung von Vielfalt und Inklusion zurückdrängen möchte.

16. Welche Antworten hat die Zivilgesellschaft auf die sich erst in vagen Umrissen abzeichnende Zeitenwende? Eine Rückkehr zur (alten) Normalität ist unwahrscheinlich. Unsere Vorstellungskraft und unser Selbstbewusstsein sind gefordert, wenn wir gestaltend in diese Entwicklung eingreifen wollen. Einige Orientierungspunkte zeichnen sich ab:
    - Mehr denn je ist Zivilität ein hohes Gut. Respekt, Dialog, rationale Verständigung, Verzicht auf Gewalt, Feindbilder und Wunschdenken, Anerkennung von Pluralität werden zu zivilgesellschaftlichen Gestaltungsaufgaben.
    - In Zeiten der Entsicherung sind soziale Sicherungen, kritische Infrastrukturen und öffentliche Daseinsvorsorge wichtiger denn je. Die klassischen Themen der Wohlfahrtsverbände sind in solchen Umbruchzeiten besonders aktuell.
    - Ob bei der Aufnahme von Geflüchteten, der Solidarität mit Corona-Risikogruppen oder bei der Unterstützung von Hochwasseropfern –

stets hat sich gezeigt, dass die Zivilgesellschaft in Deutschland über enorme Solidaritätspotenziale verfügt, die oft in einem spontanen und ungebundenen Engagement wirksam werden. Dieses Engagement wird zu wenig anerkannt und gestaltend in die Vorsorge und Bewältigung von Krisenlagen einbezogen. Soziale Garantien und freiwilliges Engagement sind gleichermaßen gefragt, denn es geht darum, selbst unter Katastrophenbedingungen, der „neuen Normalität", freiheitsverbürgende Handlungsspielräume und Wahlmöglichkeiten zu erhalten.

- Auch in Krisenzeiten ist der Eigensinn eine zentrale Ressource von Engagement und unverzichtbar. Pflichtdienste sind keine Alternative. Es kommt auf Partizipation und Mitgestaltung an. Das gilt nicht zuletzt für Resilienz und Vorsorge, wie zum Beispiel für lokale Starkregen- und Hochwasserkonzepte, Klima- oder Pandemieschutzpläne.
- Schließlich ist das Ende der politischen Naivität gefordert. Öffentliche Engagementförderung kann nicht neutral, sondern muss demokratisch anspruchsvoll sein. „Denn Engagement richtet sich in Teilen auch gegen Demokratie, ist bewusst gegen die Vorstellung einer bunten und weltoffenen Gesellschaft adressiert, verbreitet Forderungen nach einer nationalen Abschottung oder schürt Hass gegen unterschiedliche ethnische, kulturelle, religiöse und andere Minoritäten" (Krimmer 2022, S. 30). Vielleicht kann die laufende Debatte über ein Demokratiefördergesetz zur Verbreitung dieser Einsicht und zur Entfaltung von wirksamen Handlungsansätzen beitragen. Es geht nicht zuletzt um demokratische Resilienz.

## Quellen

DER PARITÄTISCHE GESAMTVERBAND 2021: Engagement-Charta, im Internet unter https://www.der-paritaetische.de/fileadmin/user_upload/Publikationen/doc/charta-engagement-2021.pdf (eingesehen am 22.6.2022).

HARTIG, Jessica 2018: Tafelnutzer im Profil. Eine empirische Analyse am Beispiel Hessen. Baden-Baden.

KRIMMER, Holger 2022: Selbstorganisationsfähigkeit stärken – Strukturwandel mitgestalten. Zur Rolle engagementfördernder Einrichtungen in der Weiterentwicklung der Zivilgesellschaft, hg. v. bagfa. Berlin/Bonn.

ROSS, Paul-Stefan/Roth, Roland 2019: Soziale Arbeit und bürgerschaftliches Engagement: gegeneinander – nebeneinander – miteinander? Soziale Arbeit kontrovers 20, hg. v. Deutscher Verein. Berlin.

SAMOCHOWIEC, Jakub/Thalmann, Leonie/Müller, Andreas 2018: Die neuen Freiwilligen – Die Zukunft zivilgesellschaftlicher Partizipation. Migros Kulturprozent, Gesellschaft/Soziales, hg. v. GDI Gottlieb Duttweiler Institut. Rüschlikon.

SIMONSON, Julia/Kelle, Nadiya/Kausmann, Corinna/Tesch-Römer, Clemens (Hg.) 2022: Freiwilliges Engagement in Deutschland. Empirische Studien zum bürgerschaftlichen Engagement. Der Deutsche Freiwilligensurvey 2019. Wiesbaden, S. 12–28, im Internet unter https://doi.org/10.1007/978-3-658-35317-9 (eingesehen am 22.6.2022).

WESSELS, Bernhard 2021: Politische Integration und politisches Engagement. In: Statistisches Bundesamt/Wissenschaftszentrum Berlin für Sozialforschung/Bundesinstitut für Bevölkerungsforschung (Hg.): Datenreport 2021. Ein Sozialbericht für die Bundesrepublik Deutschland, hg. v. Bundeszentrale für politische Bildung. Bonn, S. 379–385.

RUPERT GRAF STRACHWITZ

# Digitalisierung

## Für die Zivilgesellschaft eine Hilfe, eine Bedrohung, eine Aufgabe?[1]

„Speaking about the civil society in the era of digitalization, it should be understood that this is, first of all, a network society, and without understanding this type of society it is pointless to talk about new forms of civil society. The network society was considered a well-studied object of research by the early 2000s, however today the radical acceleration of ICT and other processes are connected with digital information-network revolution involving artificial intelligence, the possibility of which was not even thought about 20 years ago" (Aseeva und Budanov 2020).

### 1.

Als sich in den 1980er-Jahren, zunächst zaghaft, dann aber immer stärker die digitale und kommunikative Transformation entfaltete, wurde sie von der Zivilgesellschaft überwiegend als Chance begrüßt. Im Mittelpunkt stand, dass digitale Kommunikation es auch kleinen Organisationen ermöglichen würde, ohne große Kosten Mitteilungen zu verbreiten, ohne dass diese von einem gatekeeper, also einer Zwischeninstanz, einem Redakteur oder sonst jemandem blockiert werden konnten, was sie meist auch wurden. Angesichts der – bis heute andauernden – Resistenz der klassischen Medien gegen eine kritische und kontinuierliche mediale Begleitung der Zivilgesellschaft bedeutete dies einen qualitativen Sprung. Immer weniger konnten selbst autoritäre Regierungen verhindern, dass Meldungen, die ihnen nicht paßten, im In- und Ausland verbreitet wurden. Heute ist es zur Selbstverständlichkeit geworden, dass wir zeitgleich über die sozialen Medien erfahren, wenn in Russland oder Ägypten, der Türkei oder der Ukraine, Hongkong oder Chile, Iran oder Belarus Bürgerinnen und Bürger ge-

---

[1] Aktualisierte Fassung eines Beitrags, der erstmals in den BBE Europa-Nachrichten 10/2021 veröffentlicht wurde.

gen ihre Regierung agieren. Als ausdifferenzierte, heterogene, aber durchaus als solche fassbare Arena hat die Zivilgesellschaft dadurch an Sichtbarkeit, Kohärenz und gesellschaftlicher Relevanz gewonnen – auch in den liberalen Demokratien Westeuropas, wo zivilgesellschaftliches Handeln gern als nett, aber nicht wichtig eingestuft wird. Die klassischen Medien sahen sich unversehens in einem Wettbewerb. Sie mussten zur Kenntnis nehmen, dass die von den Akteuren selbst genutzten sozialen Medien intensiv verfolgt wurden und Vergleiche in der Berichterstattung zuließen. So erfuhr ganz Europa, was sich in Minsk abspielte oder als sich in London Menschen zur größten proeuropäischen Demonstration versammelten, die jemals in Europa stattgefunden hat – allerdings auch, dass zivilgesellschaftliche Gruppen wie Pegida in Deutschland europafeindliche Demonstrationen veranstalteten und zeitweise großen Zulauf hatten. Wenn wir uns heute besser über das informieren können, was jenseits der politischen Mächte in der Gesellschaft – und insbesondere in der Zivilgesellschaft – vorgeht, verdanken wir das zu einem nicht geringen Teil der Digitalisierung. Die Quellenangaben zu diesem Beitrag zeigen, dass Digitalisierung auch für die Arbeit von Thinktanks unverzichtbar geworden ist. Eine Arbeitsgruppe des Institut français du monde associatif (IFMA) zum europäischen Vereinswesen mit Teilnehmern aus ganz Europa könnte schon wegen der Kosten gar nicht arbeiten, wenn dies nicht online möglich wäre. Die von der zivilgesellschaftlichen Organisation (ZGO) Whose Knowledge? geleitete Community Knowledge Sharing Initiative verfolgte, um ein anderes Beispiel herrauszugreifen, das Ziel

„[…] to build and document a model that can be used, refined, and adapted […] to address systemic bias [within Wikipedia and other knowledge repositories] in partnership with marginalized communities"[2].

An dem Pilotprojekt waren Gruppen in Bosnien-Herzegovina und Indien beteiligt (Coldicutt et al. 2021, S. 18).

Nordkorea ist wohl inzwischen das einzige Land der Erde, das bis heute seine Bürgerinnen und Bürger (fast) vollständig davon abschotten konnte. Überall sonst aber hat digitale Kommunikation die Zivilgesellschaft gestärkt. Aber natürlich ist das nicht die ganze Geschichte. Vielmehr haben sich an vielen anderen, teils stark, teils aber auch kaum beachteten Stellen weitere Berührungspunk-

---

2 WhoseKnowledge?: Grants:Project/WhoseKnowledge/Whose Knowledge?/Final (10.8.2021), im Internet unter https://meta.wikimedia.org/wiki/Grants:Project/Whose_Knowledge/Whose_Knowledge%3F/Final (eingesehen am 23.6.2022).

te der Zivilgesellschaft mit der Digitalisierung ergeben, die das Leben und Wirken im bürgerschaftlichen Raum verändern. Eines ist sicher: Entziehen kann sich der Digitalisierung, von sehr wenigen Ausnahmen abgesehen, keine zivilgesellschaftliche Bewegung, Organisation oder Institution. Einige Beispiele mögen diese These im folgenden begründen. Sie können naturgemäß bei Weitem keinen Anspruch auf Repräsentativität oder gar Vollständigkeit erheben!

## 2.

Im Digitalrat, den die damalige Bundeskanzlerin Angela Merkel einrichtete, fehlte die Stimme der Zivilgesellschaft vollständig (Wohlfarth 2020, S. 3, 14f.). Dabei ist die Digitalisierung in Hunderttausenden von zivilgesellschaftlichen Unternehmungen, die sich von der in Wirtschaftsbetrieben nicht prinzipiell unterscheidet, ein für die Gesellschaft insgesamt überaus wichtiges Thema und vielfach eine Herausforderung. Der Staat hinkt hier notorisch und auch in der Praxis hinterher – man denke nur an die 7-fach für jede und jeden Corona-Geimpfte(n) auf Papier geleisteten Arzt-Unterschriften, die es dennoch nicht erlauben, präzise Angaben über die Anzahl der Geimpften zu machen. Kaum ein Verein aber, und sei er noch so klein, kommt heute ohne ein digital geführtes Mitgliederverzeichnis aus; kaum ein Vereinsvorsitzender lädt heute noch mit einem Postbrief zur Mitgliederversammlung. Die im Frühjahr 2020 unter dem Eindruck von Corona vom deutschen Gesetzgeber verfügte Erlaubnis, Mitgliederversammlungen digital abzuhalten und dort wirksam Beschlüsse zu fassen[3], war nur deswegen sinnvoll, weil die Vereine mehrheitlich tatsächlich in der Lage waren, sie umzusetzen. Die Arbeit der meisten Vereine und Stiftungen wäre in der Tat vollständig zum Erliegen gekommen, wenn diese keine digitalen Instrumente zur Verfügung gehabt hätten – von E-Mail und Twitter über Zoom-Konferenzen bis zum Homeoffice mit VPN-Anschluss. Wenn im Bundesfinanzministerium die Pläne heranreifen, auch das System der Zuwendungsbestätigungen vollständig auf „digital" umzustellen, so ist dies nur möglich, weil den ZGO zugemutet werden kann, das zu vollziehen. In anderen europäischen Ländern ist dies ähnlich. Der digitale Primus, Estland, ist auch hier meilenweit voraus. Aber

---

3   Gesetz zur Abmilderung der Folgen der Covid-19-Pandemie im Zivil-, Insolvenz- und Strafverfahrensrecht vom 27. März 2020, zuletzt verlängert durch Verordnung zur Verlängerung von Maßnahmen im Gesellschafts-, Genossenschafts-, Vereins- und Stiftungsrecht zur Bekämpfung der Auswirkungen der Covid-19-Pandemie (GesRGenRCOVMVV) vom 20. Oktober 2020 bis 31. August 2022 (BGBl I 2020, 2258).

es funktioniert auch europaweit oder zumindest in der Europäischen Union. Wer eine deutsche ZGO auch in den Niederlanden registrieren will, braucht nicht hinzufahren – sie macht das digital. Hinfahren müssen auch die Teilnehmer zu europäischen zivilgesellschaftlichen Zusammenkünften seltener als früher. Ihre notorisch knappen finanziellen Ressourcen werden weniger belastet, der europäische Austausch und die europäische Verabredung aber gleichzeitig wesentlich gestärkt. Dadurch können auch Positionen auf europäischer Ebene besser erarbeitet, verabschiedet und verbreitet werden. Die europäische Zivilgesellschaft wächst dadurch zusammen. Dass gerade der deutsche Staat – im Gegensatz zur Europäischen Union und zahlreichen europäischen Staaten – diese Entwicklung nach wie vor weitgehend ignoriert, kann nur erstaunen. Ein Erklärungsansatz könnte die auch an anderen Stellen zutage tretende Furcht vor einem Ende der tradtionellen Parteiendemokratie sein. In der gegenwärtigen Glaubwürdigkeitskrise dieser Form von demokratischer Politik steht Partizipation als Gegenmittel vielfach hoch im Kurs, ein Gegenmittel, das dank Digitalisierung eine erheblich größere Wirksamkeit entfalten kann (vgl. Goldmann 2022).

## 3.

Gerade diese Wirksamkeit wird mit dem Argument kritisiert, die breitenwirksame Kommunikation über digitale Plattformen könne durch kalkulierte Eskalation zur Krise der Demokratie beitragen (ebd.). Dem begegnet der Staat kaum argumentativ, sondern vor allem mit seinem konventionellen Instrumentarium von Regulierung, Kontrolle und Ausbremsung. Einige Einschränkungen gibt es also doch.

Zum einen ist die digitale Infrastruktur in Deutschland keineswegs überall bedarfsgerecht ausgebaut. Vor allem im ländlichen Raum bestehen zum Teil erhebliche Lücken, unter denen Bürgerinnen und Bürger, Unternehmen und ZGO gleichermaßen zu leiden haben. Zum anderen, und dies hat sich in der Coronakrise überdeutlich gezeigt, fehlen vielen ZGO die Mittel, um sich digital so aufstellen zu können, wie dies unter den neuen Bedingungen notwendig wäre. Eine im IV. Quartal 2020 am Maecenata Institut durchgeführte Untersuchung zu den Auswirkungen der Coronakrise auf die Zivilgesellschaft erbrachte beispielsweise das Ergebnis, dass 35 bis 45 Prozent aller befragten Organisationen auf eine mangelhafte digitale Ausstattung hinwiesen – erstaunlicherweise am stärksten die Dienstleistungsorganisationen, am wenigsten die in der Themenanwaltschaft, politischen Mitgestaltung und Gemeinschaftsbildung tätigen. Fehlendes eigenes digitales Know-how wurde dagegen ziemlich einheitlich von rund 46 Prozent aller Befragten beklagt; 50 Prozent forderten finanzielle Hilfen für die Verbesserung ihrer Digitalisierung (vgl. Schrader 2021). Es verwundert nicht, dass eine von ZiviZ etwa zeitgleich durchgeführte Untersuchung zu dem Ergebnis kam, dass zwar die Mehrheit der Akteure der Zivilgesellschaft die Potenziale digitaler Anwendung für den gemeinnützigen Bereich erkennt, dass sich aber die Aneignung und Vermittlung von entsprechendem Know-how sowie die Anschaffung von Ausstattung als Kernherausforderungen darstellen (Hoff et al. 2021). Flavius Caba-Maria und andere verweisen dazu auf folgende Erkenntnis, die auf die Zivilgesellschaft ebenso zutrifft:

„In the COVID-19 pandemic, many trends already underway in the global economy are just moving forward faster. This is especially the case of digitalization" (Caba-Maria et al. 2020, S. 39).

Daher ist die leider nur schwach formulierte Forderung des Europäischen Wirtschafts- und Sozialausschusses vom 18. September 2020 hoch aktuell:

„The EESC calls for policies that further embed a digital economy incorporating our societal values, thus ensuring that a digital wellbeing economy is as inclusive as possible, allowing workers, consumers, SMEs, large companies and non-profit economic actors to benefit alike, especially in rural areas."[4]

Dass sie mit der Formulierung non-profit economic actors nur die zivilgesellschaftlichen Dienstleister anspricht, ist erstaunlich, aber im Hinblick auf deren besonders ausgeprägte Nöte (siehe oben) durchaus relevant. Nicht überall im Gefüge der Europäischen Union wird dies freilich so eng gesehen. Die Eastern Partnership Civil Society Facility, ein Programm der Europäischen Kommission, schreibt schon seit einigen Jahren einen Civil Society Digitalisation Award aus, den 2020 die Organisation Donor.MD Platform aus der Republik Moldau gewann, 2019 die SaveUs Charity Platform aus Belarus[5], beide ebenso wie frühere Gewinner gewiss keine non-profit economic actors.

---

4 https://www.eesc.europa.eu/en/our-work/opinions-information-reports/opinions/digitalisation-and-sustainability-status-quo-and-need-action-civil-society-perspective-exploratory-opinion-request (eingesehen am 23.6.2022).
5 Vgl. https://eapcivilsociety.eu/hackathons/civil-society-digitalisation-award (eingesehen am 23.6.2022).

**4.**

Zivilgesellschaftliche Akteure sind aber nicht nur (potenzielle) Nutzer der Digitalisierung; sie sind nicht selten auch deren Opfer. Einerseits macht der Missbrauch der digitalen Kommunikation durch antidemokratische und populistische Organisationen der Zivilgesellschaft zu schaffen. Unerlaubte Zugriffe auf Webseiten „unliebsamer" Akteure mit dem Ziel ihrer Zerstörung oder ihrer „Anreicherung" mit gefälschten Informationen (Fake News) gehören inzwischen zum ständig genutzten Instrumentenkasten von Gegnern einer internationalen offenen Gesellschaft. Keinesfalls lässt sich deren Anwendung auf bestimmte außereuropäische und europäische Regierungen einschränken.

Auch durch den (in der Praxis extrem seltenen) Missbrauch zivilgesellschaftlicher Strukturen im Zusammenhang mit Geldwäsche, Steuerhinterziehung und Terrorismusfinanzierung (AMLCFT) nimmt die Reputation der Zivilgesellschaft insgesamt nicht unerheblichen Schaden. Daraus folgt zudem oft allzu schnell eine enge Zusammenarbeit zwischen Nachrichtendiensten, Finanzbehörden und Finanzdienstleistungsunternehmen, die erhebliche – und oft kaum im Einzelnen erkennbare – negative Folgen für die Akteure haben kann. In ganz Europa führen beispielsweise die von Finanzdienstleistern praktizierten De-Risking-Strategien zu Erschwernissen in der täglichen Praxis. Wem das über die begrüßenswerte Bekämpfung von Terrorismus und Geldwäsche hinaus möglicherweise gut zupasskommt, kann dahinterstehen.

Schließlich machen Verunglimpfungen in öffentlichen Reden („Empörungsindustrie", „Mitleidsindustrie" und dergleichen) dank digitaler Kommunikation schnell die Runde und führen zu Beeinträchtigungen zivilgesellschaftlicher Arbeit. Hinzu tritt die über digitale soziale Medien allzu leichte Verbreitung von Hass- und Hetzparolen, die sich nicht selten gegen zivilgesellschaftliche Aktivisten richten, verbunden mit erheblichen Schwierigkeiten der Verfolgung, zumal hier wie generell in der digitalisierten Welt nationale Grenzen und damit korrespondierende Rechtssysteme eine dramatisch abnehmende Rolle spielen. „Das neue Hatespeech-Gesetz soll Tätern den Schutz der Anonymität nehmen. Doch Staatsanwälte sind auf Mitteilungen der sozialen Netzwerke angewiesen. Das erschwert die Ermittlungen", titelte die „Süddeutsche Zeitung" am 20. April 2021.[6] Wenn Fake News und Hate Speech digital verbreitet werden, geht dies darüber hinaus die Zivilgesellschaft insgesamt etwas an. Es erscheint dringend

---

6  https://www.sueddeutsche.de/politik/hatespeech-gesetz-ermittler-hindernisse-1.5270936 (eingesehen am 23.6.2022).

geboten, auch in Europa darüber nachzudenken, wo der Handlungsraum der Zivilgesellschaft durch die Digitalisierung oder den Umgang damit unzulässig beschränkt wird – bis hin zu der Frage, ob dadurch Menschen- und Bürgerrechte gefährdet sind oder die Entwicklung der Herrschaft des Rechts und der Demokratie behindert wird.

Nicht unerhebliche Reibungsflächen ergeben sich schließlich durch Digitalisierung für die Zusammenarbeit auf einem Gebiet, wo diese unabdingbar notwendig ist: der humanitären Hilfe, die von zahlreichen europäischen ZGO weltweit geleistet wird. Regierungen und vor allem intergouvernementale Organisationen haben sich hier die Digitalisierung in vielfältiger Weise zunutze gemacht, nicht zuletzt zur Identifizierung von geflüchteten Menschen, die oft keine Identitätspapiere vorweisen können oder wollen. Möglich wäre hierbei sehr wohl eine Zusammenarbeit zwischen staatlichen und zivilgesellschaftlichen Akteuren, aber sie findet zu wenig statt. Überdies werden nicht selten Grundprinzipien der Menschenwürde und informationellen Selbstbestimmung verletzt, was die ZGO vor schwerwiegende Probleme des Selbstverständnisses stellt. Millionen von Menschen sind heute in Systemen wie PRIMES (Population Registration and Identity Management EcoSystem), MIDAS (Migration Information and Data Analysis System) und anderen mit generischen Merkmalen erfasst. Wem diese zugänglich sind, bleibt oft unklar (vgl. hierzu Steinacker und Schimmel 2021).

## 5.

Eine Reflexion über die Auswirkungen der Digitalisierung auf die Zivilgesellschaft wäre unvollständig, ohne Überlegungen anzustellen, wo hier möglicherweise Aufgaben auf die Zivilgesellschaft zukommen. Angesichts der Tatsache, dass heute (2019) weltweit vier Milliarden Menschen das Internet nutzen (2009: eine Milliarde [ITU, zit. n. Kossow 2020, S. 1]), muss sich die Zivilgesellschaft mit dieser gesellschaftlichen Herausforderung auch inhaltlich auseinandersetzen, wenn sie sich nicht in die Marginalisierung zurückziehen oder in diese verbannt werden will, in der sie manche Gegner gerne hätten. Diese Aufgaben liegen zunächst sehr wohl in der Wahrnehmung berechtigter digitaler Interessen. Zunehmend können diese nur auf europäischer Ebene wahrgenommen werden. Man denke nur daran, dass die Datenschutzgrundverordnung und die Geldwäscherichtlinien europäisches Gemeinschaftsrecht darstellen. Zu dieser Wahrnehmung gehört auch der Kampf um faire Nutzungsbedingungen, andererseits aber auch die Verpflichtung, sich auf die Digitalisierung einzulassen und sie sich optimal zunutze zu machen. Bei genauer Betrachtung ist hier durchaus Luft nach oben erkennbar. Relativ viele ZGO beschäftigen sich dagegen bereits mit Bildungsangeboten zum Thema Digitalisierung. Auch digitale Spenderplattformen und weitere Fundraisingangebote sind schon im Angebot oder in der Entwicklung. Über die letzten Jahrzehnte sind der Zivilgesellschaft aber auch Mitgestaltungs- sowie Wächteraufgaben (watchdog) in allen Bereichen des gesellschaftlichen Lebens zugewachsen.

> „The politics and diplomacy of the states prove so many times insufficient, inadequate and outdated in the management of major issues of general interest. Bilateral relations have made progress even in the current difficult geopolitical conditions, and non-governmental diplomacy has demonstrated its ability to function and achieve results" (Caba-Maria et al. 2020, S. 40).

Die moderne Gesellschaft erwartet geradezu, dass sich die Zivilgesellschaft aufmerksam beobachtend, mahnend, mitgestaltend und, wo notwendig, protestierend mit gesellschaftlichen Entwicklungen, Prozessen und Erscheinungsformen auseinandersetzt. Warum also nicht mit der Digitalisierung, einem Thema, bei dem Vertrauen und Misstrauen eine besonders große Rolle spielen? Hier gilt in besonderem Maße:

> „Public trust is the currency of the nonprofit sector. The public's belief that nonprofits will ,do the right thing' is one of the central reasons the sector exists. Communities have relied upon nonprofits to provide trusted sources of information [...]" (Independent Sector 2021, S. 4).

Schließlich muss sich die Zivilgesellschaft aber auch mit einer Frage auseinandersetzen, die bisher nur wenig ins öffentliche Bewusstsein gedrungen ist. Großen internationalen Wirtschaftsunternehmen ist es im Zuge der Digitalisierung nicht nur gelungen, eine Quasi-Monopolstellung zu erobern und zum Schaden eines wünschenswerten Pluralismus die Nutzung digitaler Angebote ihren eigenen Regeln zu unterwerfen. Sie haben darüber hinaus einen Schatz von persönlichen Daten über Millionen von europäischen (und anderen) Bürgerinnen und Bürgern angesammelt und vermehren diesen unablässig. Diese Daten bilden erhebliche Vermögenswerte, die in aller Regel kostenfrei erworben werden. Nicht nur wird über jeden, der ein Smartphone mit sich herumträgt, irgendwo ein lückenloses Itinerar gespeichert. Jeder Klick auf eine Accept-Taste bei der – stets lästigen – Frage zu Cookies und dergleichen vermehrt diesen Schatz. Jeder Nutzer begibt sich damit wichtiger Eigentumsrechte an höchstpersönlichen, für die Werbung und für vieles andere, nicht zuletzt staatliche Überwachung aber hochinteressanten Daten. „Cookie-Banner werden von Tech-Konzernen missbraucht", titelte im Oktober 2021 die „Frankfurter Allgemeine Zeitung" (Bender 2021). Der Autor deutet eine Lösungsidee an, die in Großbritannien bereits zu einem Konzept entwickelt ist: ZGO sollen als Datentreuhänder fungieren, um den Datenmissbrauch zu verhindern oder zumindest einzudämmen. Das an der Universität Cambridge entwickelte Projekt verfolgt einen partizipativen, nicht gewinnorientierten und öffentlich verantwortlichen Ansatz, bei dem gemeinnützige (charitable) Treuhänder (trusts) eine zentrale Aufgabe übernehmen (Data Trusts Initiative 2020). Nicht ganz unähnlich, aber weniger explizit und zivilgesellschaftsbezogen erscheint der Vorschlag der Europäischen Kommission für eine Regulation of the European Parliament and of the Council on European data governance (Data Governance Act), wenn dort von „Datenaltruismus" gesprochen wird.[7] Der Europäische Wirtschafts- und Sozialausschuss hat diesem Aspekt in seiner Resolution vom 18. September 2020 einen eigenen Punkt gewidmet: „[…] developing a strategic EU data governance policy, including new legislation for ‚public data trusts'"[8]. Es kann also gut sein, dass hier im Rahmen von Digitalisierung der Zivilgesellschaft ein ganz neues Aufgabenfeld zuwächst, das sich gut an die traditionelle Aufgabe des Schutzes von Menschen- und Bürgerrechten anfügt.

## 6.

„ICT [ICT = information and communication technology, Anm. d. Verf.] supports the work of civil society in advancing a society based on ethical universalism and thus helps create control of corruption. They thus support the function of civil society as a motor of modernisation and as a bedrock of free societies" (Kossow 2020, S. 49).

Interessanterweise wirft die Digitalisierung nicht nur ein Licht auf anstehende Herausforderungen, denen sich die Zivilgesellschaft stellen muss und kann, son-

---

7   https://wayback.archive-it.org/12090/20210728140404/https://eur-lex.europa.eu/legal-content/EN/TXT/?uri=CELEX:52020PC0767 (eingesehen am 23.6.2022).
8   https://www.eesc.europa.eu/en/our-work/opinions-information-reports/opinions/digitalisation-and-sustainability-status-quo-and-need-action-civil-society-perspective-exploratory-opinion-request (eingesehen am 23.6.2022).

dern auch auf viel größere Zusammenhänge der Aufgabenverteilung, des Wechselspiels und der Konfrontation zwischen den großen Arenen der Gesellschaft, der Zivilgesellschaft, dem Markt und dem Staat.

„Eine starke Zivilgesellschaft braucht auch eine starke Einbindung in politische Willensbildungsprozesse. Hilfreich dafür wären mehr Transparenz über politische Prozesse und öffentliche Daten, verbesserte Konsultationsverfahren sowie mehr Expert:innen aus dem Dritten Sektor in beratenden Gremien. Zu lange fristeten netzpolitisch engagierte Akteure ein Nischendasein. Für eine gewinnbringende Zusammenarbeit ist es zentral, sich gegenseitig in Lern- und Austauschräumen auf Augenhöhe zu begegnen und sich gemeinsam auf die Suche nach Ideen für einen sozialen und ökologischen digitalen Wandel zu machen" (Wohlfarth 2020, S. 4).

Unter den Bedingungen der digitalen Revolution machen die Autoren einer OECD-Studie vier Szenarien für die Entwicklung des bürgerschaftlichen Raums auf (OECD 2020). Dabei legen sie die Annahme zugrunde, dass in einer Zeit, in der der physische bürgerschaftliche Raum global schrumpft, die digitale Transformation einen neuen virtuellen Raum eröffnet hat. Die OECD stellt ihnen das folgende Zitat voran:

„The international community needs to understand the rapidly evolving digital landscape and make the connection to civic space issues, including to future threats" (Carothers und Brechenmacher 2019).

Die Szenarien sind:
1. Der bürgerschaftliche Raum bricht zusammen.
2. Der bürgerschaftliche Raum erblüht.
3. Der bürgerschaftliche Raum transformiert sich.
4. Der bürgerschaftliche Raum bricht auseinander.

Es lohnt sich, diese Szenarien genauer anzusehen, um daraus Empfehlungen für das eigene Handeln in der Zivilgesellschaft abzuleiten.

## Quellen
ASEEVA, Irina/Budanov, Vladimir 2020: Digitalization: potential risks for civil society. In: Economic Annals-XXI, 186 (11-12), S. 36–47, im Internet unter https://doi.org/10.21003/ea.V186-05 (eingesehen am 23.6.2022).

**BENDER,** Justus 2021: „Cookie-Banner werden von Tech-Konzernen missbraucht". In: Frankfurter Allgemeine Zeitung vom 23. Oktober 2021, im Internet unter https://www.faz.net/aktuell/politik/inland/politiker-kritisieren-cookie-banner-im-internet-17598138.html?premium=0x28f5 128db04b6c0ac342ecd229b12fbf&GEPC=s5 (eingesehen am 23.6.2022.)

**CABA-MARIA,** Flavius/Munteanu, Râzvan/Akhunova, Julia 2020: Digitalisation and Civil Society. Evolutions Post-Coronavirus. Bucharest: Middle East Political and Economic Institute.

**CAROTHERS,** Thomas/Brechenmacher, Saskia 2019: Defending Civic Space: Is the international community stuck? Washington D. C.: Carnegie Endowment for International Peace.

**COLDICUTT,** Robert/Williams, Anna/Barron, Dominique 2021: A Constellation of Possible Futures: The Civil Society Observatory Discovery Report. London: Careful Industries, im Internet unter https://www.careful.industries/foresight-observatory/discovery-report (eingesehen am 23.6.20222).

**DATA TRUSTS INITIATIVE** (Hg.) 2020: Data trusts: From Theory to Practice. Working Paper 1 2020, im Internet unter https://static1.squarespace.com/static/5e3b09f0b754a35dcb4111ce/t/5fdb21f 9537b3a6ff2315429/1608196603713/Working+Paper+1+-+data+trusts+-+from+theory+-to+practice.pdf (eingesehen am 23.6.2022).

**GOLDMANN,** Justus 2022: Politische Partizipation durch neue Medien - (wie) verändert sie unsere Demokratie? Frankfurt/M.

**HOFF,** Kai/Kuhn, David/Tahmaz, Birthe 2021: Digital durch die Krise - Digitalisierungsschub der Zivilgesellschaft als Chance und Herausforderung neuen Engagements. Essen: Stifterverband 2021 (Policy Paper Ausgabe 04).

**INDEPENDENT SECTOR** (Hg.) 2021: Trust in Civil Society. Understanding the factors driving trust in nonprofits and philanthropy. Washington D. C.: Independent Sector.

**ITU** 2020: Global Statistics on Internet Access, im Internet unter https://www.itu.int/en/ITU-D/Statistics/Pages/stat/default.aspx (eingesehen am 24.6.2022).

**KOSSOW,** Niklas 2020: Digitizing Collective Action: How Digital Technologies Support Civil Society's Struggle against Corruption. Berlin: Hertie School of Governance (doctoral thesis), im Internet unter https://opus4.kobv.de/opus4-hsog/frontdoor/deliver/index/docId/3702/file/Dissertation_Kossow.pdf (eingesehen am 23.6.2022).

**OECD** (Hg.) 2020: Digital Transformation and the Futures of Civic Space to 2030.

**SCHRADER,** Malte 2021: Zivilgesellschaft in und nach der Pandemie – Bedarfe – Angebote – Potenziale. Berlin: Maecenata (Opusculum Nr. 149).

**STEINACKER,** Karl/Schimmel, Volker 2021: Know Your Customer – Wie Digitalisierung humanitäre Hilfe verändert. In: Heuser, Michael/Abdelalem, Tarek (Hg.): Internationale Herausforderungen humanitärer NGOs. Berlin, S. 107–132.

**WOHLFARTH,** Anna 2020: Digitale Zivilgesellschaft fördern – Wie Politik und Verwaltung die Digitalisierung des Dritten Sektors unterstützen können. Berlin: Stiftung Neue Verantwortung.

ADALBERT EVERS

# All together now?

## Die Zivilgesellschaft in den Parteiprogrammen zur Bundestagswahl[1]

### 1. Ein großer Durchbruch bei Klima- und Umweltschutzpolitik – bei geringen Änderungen der Rolle, die Bürgerengagement und Zivilgesellschaft zukommen soll?

Von allen Parteien liegen nun die Programme zur Bundestagswahl 2021 vor, an denen es wohl nur Detailänderungen geben wird. Warum also mit einer ersten Sichtung länger warten? Aus mehreren Gründen lohnt sich ein Blick darauf. In diesen Programmen stellen sich die Parteien so dar, wie sie vom Bürger gern gesehen werden wollen, wie sie die aktuellen gesellschaftlichen Herausforderungen verstehen und was sie an Änderungen versprechen. Um es gleich vorwegzunehmen: Zum Thema Demokratie, Zivilgesellschaft und Engagement findet sich nicht viel und noch viel weniger Bemerkenswertes.

Alle Programme – mit einer Ausnahme – stehen im Zeichen eines großen Versprechens: der Wende zu einer Politik der Nachhaltigkeit, die je nach Partei als „sozialökologische Transformation" (Die Grünen), „linker Green New Deal" (Die Linke), „Klimaneutrales Deutschland" (SPD), „Klimaneutrales Industrieland" (CDU/CSU) oder als „Klima- und Umweltschutz durch Innovation" (FDP) bezeichnet wird. Die Ausnahmestellung der AfD liest sich in ihrem Programm so: „Niemand streitet die jüngste globale Erwärmung ab. Die AfD bezweifelt aber, dass diese nur negative Folgen hat. Statt einen aussichtslosen Kampf gegen den Wandel des Klimas zu führen, sollten wir uns an die veränderten Bedingungen anpassen, so wie es Pflanzen und Tiere auch tun" (S. 174).

Eine Frage drängt sich beim Lesen dieser Programme auf, und sie hat auch die nachfolgende Durchsicht bestimmt: Wurde eigentlich schon jemals ein so

---

1 Der Beitrag wurde erstmalig veröffentlicht im BBE-Newsletter 13/2021.
Alle Programme/Programmentwürfe finden sich im Internet unter https://www.bundestagswahl-2021.de/wahlprogramme/ (eingesehen am 28.6.2021). Bei ausführlichen Zitaten ist die jeweilige Seite im Programm(entwurf) angegeben.

großes gesellschaftliches Ziel ohne besondere Veränderungen der vorhandenen politischen Kultur und der institutionellen Arrangements angegangen? Schaffen wir das – so?

## 2. Das Engagement der Bürger – nur vorpolitisch oder auch Teil von Politik?

Zum Verständnis einer Haltung, die (umweltpolitisch) sehr viel mit (demokratiepolitisch) sehr wenigen Veränderungen verspricht, ist es wichtig, die jeweiligen Traditionslinien bei den Parteien zu beachten. Auffällig ist hier, dass insbesondere in den Programmen der „Altparteien" – CDU/CSU, SPD und FDP – weiter in jenen Bahnen gedacht wird, die schon vor Jahren geebnet wurden. Bei allen dreien gilt, dass hier Bürgerengagement seit jeher gern im Zusammenhang mit Formen von Freizeit und Geselligkeit Erwähnung findet – vorzüglich dem Sport. Auch in den vorliegenden Programmen bildet sich das ab (CDU/CSU, S. 123; SPD, S. 47; FDP, S. 53).

Während jedoch bei den Grünen und der Linken und immer mehr auch bei SPD und FDP unterschiedliche Formen und Aufgabenbestimmungen von Engagement nebeneinander stehen – Engagement als Dachbegriff für: eine Vielfalt von gelebter Gemeinschaft und sozialer Mitverantwortung; für alte und neue Formen der Interessenvertretung; für ein experimentelles „do it yourself"; für Bürgerbeteiligung und auch Bürgerprotest –, kreist bei der CDU/CSU alles um einen Begriff: Ehrenamtlichkeit. Gleich 24-mal taucht er in der Programmschrift auf – Bürgerbeteiligung wird gerade einmal erwähnt. Eine „aktive Bürgergesellschaft" ist dann etwas, wo „sich jeder Einzelne für seine Mitmenschen einsetzen kann und dadurch Verantwortung übernimmt [...]. Wir haben das Ehrenamt immer gefördert und neue Formate – wie etwa die Mehrgenerationenhäuser, den Bundesfreiwilligendienst und die Deutsche Stiftung für Engagement und Ehrenamt – ins Leben gerufen. Der Erfolg spricht für sich: Heute engagiert sich fast jede dritte Person ab 17 Jahren ehrenamtlich. Die Zahl der ehrenamtlich Tätigen steigt weiter an" (S. 132f.). Engagement der Bürger jenseits des Wahlakts hat hier kaum etwas mit politischer Auseinandersetzung, sondern vor allem mit unstrittigen vorpolitischen Anliegen zu tun: „von ehrenamtlichen Strukturen und Netzwerken" wie „der aufsuchenden Nachbarschaftshilfe und Sozialarbeit" (S. 78) bis hin zu „ehrenamtlichen Digitalbotschafterinnen und Digitalbotschaftern" (S. 88). „Der große Anteil ehrenamtlicher Kräfte stellt nicht nur ein außergewöhnlich hohes Maß bürgerschaftlichen Engagements dar, sondern sichert auch ein flexibles System effizienter Gefahrenabwehr und Hilfeleistung" (S. 120).

Tatsächlich ist ehrenamtliches Engagement (Engagement zu weithin unstrittigen Anliegen, abseits politischer Kontroversen und in möglichst festen Formen der Erbringung von Hilfen und Diensten) ein wichtiger Bestandteil der vielfältigen Landschaft einer Zivilgesellschaft. Wenn aber allein diese Dimension herausgestellt wird, wenn also Engagement und Ehrenamt zu Synonymen werden, klammert man alles aus, was in eine solche Harmonielandschaft nicht hineinpasst. Es gibt eben keine ehrenamtliche Bürgerinitiative.

Was sich im Programm der CDU/CSU in Reinkultur findet – die einseitige Festlegung bürgerschaftlichen Engagements auf die Befestigung eines guten sozialen Miteinanders – ist aber auch den anderen demokratischen Parteien nicht ganz fremd. In keinem der Programme werden ausdrücklich die positiven Veränderungen der politischen Kultur gewürdigt, die es hierzulande in den letzten Jahren gegeben hat. Dass Umwelt und Klima nun bei allen Parteien im Zentrum oder doch wenigstens im Vordergrund stehen, hat schließlich mit der größten Welle an Debatten, Kampagnen, Kundgebungen und Demonstrationen zu tun, die die Bundesrepublik seit Jahrzehnten erlebt hat – also mit jenen Bedeutungsdimensionen von Engagement und Zivilgesellschaft, die in den Parteien und ihren Programmen vielfach eher abgenickt als aufgegriffen werden.

## 3. Eine Zivilgesellschaft, die mitwirkt?

Diese starke Rolle der Zivilgesellschaft bildet sich eigentlich nur im Programm der Grünen ab. Bei den anderen Parteien hat man den Eindruck, dass sie sich vor allem selbst als Propheten und Protagonisten der Klimawende-Ziele sehen. Sie „laden […] zum Mitmachen ein" (S. 9), wie es so schön im Programm der SPD heißt. „Wir werden diese Missionen im Zusammenwirken mit Wissenschaft, Wirtschaft, Gewerkschaften und Zivilgesellschaft voranbringen. Auch darin zeigt sich unser Anspruch eines modernen und kooperativen Regierens" (SPD, S. 8).

Nun erfährt man allerdings nicht nur bei der SPD, sondern in allen Programmen – auch dem der Grünen – zu diesen Kooperationsformen nicht sonderlich viel. Inwieweit gibt es dieses kooperative Regieren schon? Braucht es erhebliche oder nur kleinere Änderungen? Große institutionelle Veränderungen an unserer repräsentativen Demokratie werden in den Programmen nur ganz links und ganz rechts gefordert: „Volksinitiativen, Volksbegehren und Volksentscheide auch auf Bundesebene" fordert Die Linke (S. 136); und die Forderung der AfD nach „Volksabstimmungen", einer „unmittelbaren Demokratie" mit „Volksentscheiden nach Schweizer Modell" (S. 12f.), steht dort an allererster Stelle.

Dabei darf jedoch nicht übersehen werden, dass es nicht dasselbe ist, wenn zwei das Gleiche tun. Die Forderung der Linken steht im Kontext der Aufmerksamkeit für die ganze Vielzahl relevanter zivilgesellschaftlicher Akteure und deren Mitwirkung – von den Gewerkschaften bis hin zu den SLGTB-Initiativen. In der AfD-Programmatik hingegen existiert diese vielfältige Landschaft überhaupt nicht. Kein Wort zu Zivilgesellschaft, ihren Organisationen, Bewegungen und Vereinigungen. Ausnahme: die lobende Erwähnung „lokaler Kulturvereine", „die unser Brauchtum und unsere Mundarten" pflegen (S. 160). Sieht man einmal davon ab, welche Erfahrungen viele engagierte Bürger bereits mit dem machen mussten, was in AfD-konformen Netzwerken so Brauch ist. Eine Vorstellungswelt, in der es nur Volk(sabstimmungen und -mehrheiten) auf der einen sowie Staat und Parteien, vorzüglich die AfD, auf der anderen Seite gibt, aber eine plurale Zivilgesellschaft keinen Platz hat, ist die des autoritären Populismus.

## 4. Zivilgesellschaft – schön, dass wir sie haben?

In den Programmen aller anderen demokratischen Parteien findet Zivilgesellschaft zumindest Erwähnung: die große Vielfalt der Initiativen, Projekte, Kampagnen und Organisationen – vielfältig nicht nur aufgrund ihrer unterschiedlichen Nähe oder Distanz zur Politik, sondern auch aufgrund von verschiedenen Altersklassen und Mentalitäten der Bürger und der zahlreichen Organisationen, die sich da engagieren. Nicht zufällig bildet sich im Programm der Grünen deutlicher als in den anderen ab, was da in den letzten Jahrzehnten mit einer neuen Generation auch neue Formen gefunden hat.

Das alles in seiner möglichen Bedeutung zu erfassen, fällt schwer. Man nehme einmal das Programm der FDP. Von der Zivilgesellschaft ist dort immer wieder die Rede (S. 64f., 70, 75) – aber nur mit Bezug auf andere Länder, wo die Demokratie geschwächt ist oder gegen Autokraten erst wiedererrungen werden muss. Dafür, dass das FDP-Programm Zivilgesellschaft gleich mehrfach als Gegenstand von deutscher Außenpolitik und Diplomatie erwähnt, aber nicht mit Bezug auf das eigene Land zum Thema macht, gibt es vielleicht eine einfache Erklärung: Wir haben sie schon.

Aber geben wir ihr auch wirklich Aufmerksamkeit und Bedeutung? Hier sollte unterstrichen werden, was im grünen Programmentwurf (S. 135) so formuliert wird: „Ja, man kann mit politischen Mehrheiten ‚durchregieren' und nach vier Jahren schauen, ob sie mit den politischen Entscheidungen einverstanden waren oder nicht. Dieses einfache Prinzip vom Gewinnen und Verlieren im Vierjahresrhythmus allein hat sich aber als zu schwach erwiesen, um die gegenwärtigen gesellschaftlichen Herausforderungen zu stemmen. Demokratische Gesellschaften können mehr, indem sie sich vernetzen, voneinander lernen und ihre Kräfte bündeln. Das Ende der jetzigen politischen Ära kann zugleich der Beginn eines neuen politischen Selbstverständnisses und Miteinanders sein."

Wenn also in diesem umfassenden Sinne beide Seiten, staatliche Politik und Zivilgesellschaft, aufeinander angewiesen sind, was ist in den Programmen der Parteien für einen förderlichen Umgang miteinander im Angebot? Vier Schwerpunkte sind erkennbar.

## 5. Fördern und Kooperieren – was die Programme versprechen

### 5.1. Orte des Miteinander fördern – tut gut und nicht weh

Vergleichsweise leicht tun sich die Parteien immer dort, wo es um nicht kontroverse zivilgesellschaftliche Aktivitäten mit einigem Abstand zur Politik geht. Trotzdem, es gibt in den Programmen hier ein wirklich interessantes Versprechen. Es betrifft Bürgerinnen und Bürger, Vereine und Möglichkeiten zu einem guten, alltäglichen Zusammenleben und Zueinanderfinden. Es geht darum, gerade in kleineren und oft von Verödung betroffenen Gemeinden „soziale Zentren [...], die als Orte der Begegnung" dienen (Die Linke, S. 80), „Orte gegen die Einsamkeit, Orte des gesellschaftlichen Zusammenhalts" zu fördern (Die Grünen, S. 72). Sie bündeln „mit einem Bundesprogramm ‚Gemeindehaus 2.0' Angebote unter einem Dach" (SPD, S. 40). Wäre es nicht schön und wertvoll, wenn so etwas Realität werden könnte? Denn man weiß: Viele Vereine schaffen für sich noch keine örtliche Gemeinschaft.

### 5.2. Vereine und Initiativen auch mit politischem Mandat? Ja, aber ...

Schwerer tut man sich aufseiten der demokratischen Parteien schon dort, wo gemeinnütziges Vereinsleben auch umstrittenen politischen Fragen nicht einfach ausweichen möchte. Hier ist es wohl vor allem die CDU, an der bisher alle Versuche gescheitert sind, im Bereich der Gemeinnützigkeit einen rechtlichen Rahmen zu schaffen, in dem zum Beispiel der Sportverein, der gegen Rassismus protestiert, nicht befürchten muss, seine Gemeinnützigkeit – mitsamt den Vorteilen, die sie für die steuerliche Förderung hat – zu verlieren. Ähnlich verhält es sich mit dem sogenannten Demokratieförderungsgesetz. Die Angst einiger Parteien vor linken Umtrieben in lokalen Projekten und Netzwerken zur Demokratiestärkung hat da wohl mehr Gewicht als die Besorgnis darüber, dass sich in vielen Bereichen unter dem Druck von Ultrarechten eine Atmosphäre der Angst und Denunziation ausbreitet, die für eine demokratische Zivilgesellschaft erstickend wirkt. Grüne, SPD und Linke wollen in ihrem jeweiligen Programm ein „Demokratiefördergesetz". Warum nicht auch die FDP?

### 5.3. Bürgerbeteiligung an staatlichem Handeln – und auch an der Politik der Parteien?

„Möglichkeiten für mehr Mitbestimmung und Beteiligung […] auf allen Ebenen und in allen Bereichen" (Die Linke, S. 136), „systematische Beteiligung […] an staatlichen Projekten" (SPD, S. 25) – es gibt solche starken und unverbindlichen Versprechen in den Programmen aller demokratischen Parteien. Es lohnt sich aber, genauer hinzuschauen und zwei unterschiedliche Dimensionen auseinanderzuhalten: (a) Bürgerbeteiligung am Verwaltungshandeln und (b) Bürgerbeteiligung an der politischen Willensbildung in den Institutionen von Staat und Kommunen und last not least auch bei den Parteien selbst.

(a) Mit Blick auf Verwaltungsverfahren gibt es in den Programmen aller demokratischen Parteien pauschale Unterstützungserklärungen, oft verbunden mit der ausdrücklichen Hoffnung, dass dann schneller umgesetzt werden kann, was sie zuvor beschlossen haben. Einmal mehr formulieren die Grünen (S. 89) am schönsten: „Der lernende Staat […]. Wir wollen, dass die öffentliche Verwaltung in die Lage versetzt wird, vorausschauend zu handeln und sich zugleich zügig und konsequent an ihre jeweiligen Aufgaben anzupassen. Dafür braucht es eine Kultur behördlicher Zusammenarbeit sowie innovative und flexible Arbeitsstrukturen. Innovationseinheiten in den Behörden sollen eng und transparent mit Wissenschaft, Wirtschaft und Verbänden zusammenarbeiten." Klingt gut, aber:

(b) Wie verhält es sich mit „Der lernenden Partei"? Hat nicht noch vor wenigen Jahren etwa in Sachsen auch die CDU in ihrer Not Bürgerforen zuhauf organisiert? Wo und wie, außerhalb von Wahlen, Bürgersprechstunden und allgegenwärtiger medialer Präsenz, wollen die Parteien Möglichkeiten für engagierte Bürger schaffen, an ihrer Meinungs- und Willensbildung teilzunehmen? Wo laden Ortsvereine bei strittigen Themen Sprecher von Initiativen und Vereine zu ihren Sitzungen ein? Wie wollen Parteien in den nächsten Jahren bei der lokal und bundesweit im Zentrum stehenden Klimapolitik eine Unterstützung über die Wahlurne hinaus gewinnen?

Mitsprache in Form eines weithin von der Öffentlichkeit abgeschotteten Lobbyismus gibt es reichlich. Nach Informationen der „Süddeutschen Zeitung" traf sich Verkehrsminister Scheuer in seiner Amtszeit 80-mal mit Vertretern der Autoindustrie. BUND, NABU, Greenpeace, WWF und Deutsche Umwelthilfe kamen zusammen nur auf ein einziges Gespräch. Wo lägen gute Möglichkeiten, um nicht nur – wie versprochen – diesen Lobbyismus einzugrenzen, sondern auch andere, besser Kanäle zur Gesellschaft zu öffnen? Kurz: Sollten Programme von Parteien nicht auch Partizipationsforderungen enthalten, die sich auf ihre eigenen Strukturen und Arbeitsweisen und die Tätigkeit von Parlamenten und Ausschüssen beziehen? Hier setzen alle vorliegenden Programme aus.

### 5.4. Bürgerräte: Ein Versprechen, das Hoffnungen weckt

Dieses vielversprechende und bereits viel diskutierte Projekt ist Bestandteil des Grünen Programms, findet sich als Programmpunkt aber auch bei der Linken und der FDP und ganz vorsichtig bei der SPD, die da erst einmal „Erfahrungen […] auswerten" möchte.

Solche Räte – in ihrer Zufallszusammensetzung so etwas wie ein Spiegel unserer Gesellschaft – sollen selbstständig Stellungnahmen und Vorschläge erarbeiten und sie der Politik und Öffentlichkeit unterbreiten. Unverbindliches Gerede? Wohl kaum, wenn man bedenkt, wie sehr das bloße Senden von Einzelmeinungen in eine Netzöffentlichkeit oder die Präsentation von Meinungsumfragen heute die öffentliche Auseinandersetzung prägen. Demgegenüber könnten Bürgerräte Foren der gemeinsamen Meinungsbildung und Auseinandersetzung sein, eine Beteiligungsform, bei der man auch zu einem Schluss kommen und Resultate vertreten muss. Eine Frage wäre hier, ob Bürgerräte, wie jüngst bei den Grünen, als Alternative zu oder als weitere Möglichkeit neben bundesweiten Volksbegehren diskutiert werden sollten.

### 6. Fazit: Die Schlüsselrolle der Bürger – Berufungsinstanz für ein „Weiter so" in der Parteienpolitik oder Treiber für Reformen, die einen Unterschied machen?

Die Grünen, wie auch Linke, SPD, CDU/CSU und FDP, versprechen diesmal etwas ganz Großes: Eine Politik, die wirksam gegen die Zerstörung unserer Lebensgrundlagen antritt. Und grundsätzlich würden alle zustimmen, dass das nur gemeinsam, mit der Gesellschaft als Ganzes, geschafft werden kann. Darüber, was es bei dieser Gemeinsamkeit über das „Vertrauen der Wähler" hinaus braucht und welche Rolle zivilgesellschaftlichem Engagement zufallen könnte, herrscht jedoch in den Programmen weit weniger Einigkeit und leider oft auch wenig Klarheit.

Insbesondere bei CDU/CSU reduziert sich die Rolle der Bürgergesellschaft auf die Befestigung vorpolitischen Gemeinsinns. Was Politik, insbesondere Umweltpolitik, angeht, so warnt ihr Programm jetzt schon vor einer „Überforderung der Verbraucherinnen und Verbraucher" (S. 33). Gerade für die Umweltpolitik ist aber Engagement als Bürgerbeteiligung – nicht nur an Verwaltungsmanagement und Verfahren, sondern auch beim Erlernen und Popularisieren neuer Lebens-, Arbeits- und Kooperationsformen, bei der Institutionalisierung neuer Formen des Dialogs, des Ausstreitens und Findens von Kompromissen – zentral. Was eine Gesellschaft sich zutraut, hängt vom Beitrag aller Beteiligten ab. Über neue Umgangsformen zwischen Zivilgesellschaft, Parteienpolitik und -praxis sowie Verwaltung und Wirtschaft, über das, was eine Demokratie für die Wende zur Nachhaltigkeit braucht, erfährt man jedoch in den Programmen aller demokratischen Parteien nur wenig – auch wenn das Programm der Grünen da bereits einen merklichen Unterschied macht.

Welche Rolle wird den Bürgerinnen und Bürgern in den Jahren nach der Stimmabgabe also vor allem zukommen: die einer Instanz, auf die man sich bei halbherzigen Kompromissen der Parteienpolitik beruft – oder immer mehr auch die einer Antriebskraft für kooperative Politiken der Nachhaltigkeit?

CHRISTIAN MOOS

# Engagementstrategien und Engagementpolitik

## Strategische Ansatzpunkte auf europäischer Ebene

Der verbrecherische russische Angriffskrieg auf die Ukraine mag insbesondere den revisionistischen, neoimperialen Träumen eines Diktators folgen. Er richtet sich vor allem auch gegen ein europäisches Freiheitsideal, dem die Menschen in der Ukraine folgen wollen. Eine freiheitliche Gesellschaftsordnung ist wesentliche Voraussetzung für jedes bürgerschaftliche Engagement, das diesen Namen verdient. Aber auch losgelöst vom russischen Überfall auf ein europäisches Land, dessen Weiterungen[1] kaum absehbar sind, ist die europäische Zivilisation, die sich nicht zuletzt durch das Engagement ihrer Bürger*innen frei von Angst und Not auszeichnet, in ernster Gefahr.

Es sind schlechte Zeiten für bürgerschaftliches Engagement in Europa, denn in vielen EU-Staaten steht eine aktive, autonome Bürgerschaft als tragende Säule von Demokratie und Rechtsstaatlichkeit unter erheblichem Druck. Gleichzeitig sind die Voraussetzungen für eine Stärkung zivilgesellschaftlicher Strukturen und bürgerschaftlichen Engagements überall dort, wo die Demokratie noch nicht defekt ist, eigentlich so gut wie nie zuvor. Gleichwohl führt das gewachsene Bewusstsein für die zunehmende Fragilität der bestehenden europäischen Ordnung noch nicht zu überzeugenden neuen Narrativen und Handlungsstrategien, die auch die Engagementpolitik zielführend einschlössen. Die Konferenz zur Zukunft Europas, die die Debatte um die weitere Entwicklung der Europäischen Union fortführen sollte, ist nicht nur unter den in sie gesetzten Erwartungen geblieben. Sie beschreitet auch einen gefährlichen Irrweg, wenn sie bürgerschaftliches Engagement, wie es sich in einer pluralistischen organisierten Zivilgesellschaft ausdrückt, marginalisiert. Das Europa, das in den Werten und Zielen des EU-Vertrags beschrieben wird, muss die Rahmenbedingungen für Engagement zügig und gründlich verbessern, wenn es in der säkularen Auseinandersetzung um die politische Ordnung des 21. Jahrhundert bestehen will.

---

1   Redaktionsschluss: 24. Februar 2022

## 1. Enger werdende Räume für bürgerschaftliches Engagement

Sofern Engagement eine politische Konnotation hat oder unabhängig von Regierungszielen besteht, ist seit mindestens einem Jahrzehnt auch in der Europäischen Union ein Schrumpfen der Räume zu beobachten, in denen Bürger*innen sich engagieren können. Weltweit ist schon seit langer Zeit ein Trend zu *shrinking civic spaces* festzustellen. Laut Demokratieindex lebte 2021 eine Mehrheit der Weltbevölkerung nicht mehr in demokratisch verfassten Staaten, sondern in autoritären Systemen (The Economist 2022). Auch in der Europäischen Union ist nach den Fortschritten, die im ausgehenden 20. Jahrhundert erzielt wurden, spätestens seit 2010 eine Negativentwicklung zu verzeichnen. Schon bald nach dem Wahlsieg der Fidesz-Partei und der Rückkehr Viktor Orbáns an die Regierungsspitze in Budapest begannen in Ungarn massive Angriffe auf die Grundlagen der liberalen Demokratie. Die polnische Partei für Recht und Gerechtigkeit, PiS, ahmte das ungarische Vorbild wenige Jahre später nach. Seither sehen sich Demokratie und Rechtsstaatlichkeit und damit auch die organisierte Zivilgesellschaft schweren Angriffen ausgesetzt, die zudem durch autoritäre Drittstaaten, allen voran China und Russland, mit unterschiedlichen Methoden – teils offen, teils verdeckt – befördert werden, um das Modell der liberalen Demokratie in der Welt zurückzudrängen oder gar zu zerstören. Die Frage nach der Zukunft bürgerschaftlichen Engagements ist mit dieser säkularen Auseinandersetzung untrennbar verwoben.

## 2. Fehlende bürgerschaftliche Engagementerfahrung

Die beiden Visegrád-Staaten Polen und Ungarn sind bei Weitem nicht die einzigen EU-Mitgliedstaaten, in denen bürgerschaftlich Engagierte und ihre Organisationen, die sich für Gemeinwohlziele einsetzen, massiv von staatlichen Stellen bedrängt werden. Shrinking spaces sind auch in alten EU-Mitgliedstaaten zu beobachten, wenngleich es richtig ist, dass die postkommunistischen Transformationsgesellschaften stärker gefährdet zu sein scheinen, zivilgesellschaftliche Räume einzuengen. Dabei spielen massive sozioökonomische Anpassungsschocks ebenso eine Rolle wie fehlende liberale und bürgerschaftliche Engagementtraditionen. Für einzelne EU-Staaten, etwa für Ungarn, ist festzuhalten, dass es dort vor 1989/1990 noch nie eine liberale Demokratie mit pluralistischer Zivilgesellschaft gab. Für viele andere gilt, dass die Erfahrung der Demokratie bereits in der Zwischenkriegszeit oder spätestens mit Beginn der deutschen Terrorherrschaft ab 1938/1939 endete.

## 3. Staatliche Repression erstickt Engagement

Wenn die Räume für die Zivilgesellschaft eng werden, geht es bei Weitem nicht nur um schlechtere Förderbedingungen bürgerschaftlichen Engagements oder um die, euphemistisch ausgedrückt, ambivalenten Wirkungen von Internet und sozialen Medien. In Ländern wie Polen und Ungarn kann der Einsatz für gesellschaftliche Ziele, die nicht den Vorstellungen der Regierenden entsprechen, bereits zu erheblichen staatlichen Repressionen führen. Die Regierungen Polens und Ungarns befördern zudem aktiv ein gesellschaftliches Klima, in dem auch anonyme Morddrohungen gegenüber Andersdenkenden an der Tagesordnung sind. Letztere gibt es allerdings in Ländern wie Deutschland auch immer häufiger. Zahlreiche politisch Engagierte, vor allem auf kommunaler Ebene, sind betroffen. Gesellschaftliche Spannungen und Spaltungen, eine Tendenz zur Verrohung, die sich im Übrigen auch in immer häufigeren Übergriffen auf staatliche Funktionstragende äußert, sind hier ursächlich. Im Unterschied zu Polen und Ungarn ist diese besorgniserregende Entwicklung in Deutschland aber nicht auch auf Hassbotschaften zurückzuführen, die Regierende aussendeten. Kurzum, bürgerschaftliches Engagement ist nicht mehr überall in der EU gefahrlos möglich, obwohl die EU auf Werten gründet und diese, vertraglich garantiert, für das Engagement eigentlich förderlich sein müssten.

## 4. Europas Werte, Engagement in liberalen und in defekten Demokratien

Bürgerschaftliches Engagement ist charakteristisch für die liberale Demokratie, in der eine pluralistische Gesellschaft die hoheitlichen Aufgaben des Staates durch vielfältige gemeinnützige Zielsetzungen ergänzt und damit sowohl für eine hohe gesellschaftliche Innovationskraft sorgt als auch aktiv zur Sicherung der Gewaltenteilung beiträgt. Bürgerschaftliches Engagement ist zugleich Ausfluss von und Voraussetzung für die in Artikel 2 des EU-Vertrags niedergelegten Werte. Engagementpolitik auf europäischer Ebene ist ohne diese Werte überhaupt nicht denkbar, weshalb es lohnt, den Wortlaut dieses europäischen Primärrechts in Erinnerung zu rufen: „Die Werte, auf die sich die Union gründet, sind die Achtung der Menschenwürde, Freiheit, Demokratie, Gleichheit, Rechtsstaatlichkeit und die Wahrung der Menschenrechte einschließlich der Rechte der Personen, die Minderheiten angehören. Diese Werte sind allen Mitgliedstaaten in einer Gesellschaft gemeinsam, die sich durch Pluralismus, Nichtdiskriminierung, Toleranz, Gerechtigkeit, Solidarität und die Gleichheit von Frauen und Männern auszeichnet."

## 5. Konformistisches Engagement

Die liberale Demokratie, die in der EU als gesichert galt, wird aber spätestens seit 2010 offen herausgefordert. Dabei ist Viktor Orbán nicht der geistige Urheber ihres Widerparts, der illiberalen Demokratie als einer Form der defekten Demokratie. Orbán hat die illiberale Demokratie aber als erster und in dieser Klarheit bis anhin einziger europäischer Regierungschef zum Ziel seiner Politik erklärt und übt damit besonders auf rechtspopulistische bis rechtsextreme politische Strömungen weit über Ungarn hinaus große Anziehungskraft aus. Auch in defekten Demokratien gibt es von den Regierenden toleriertes oder gar gefördertes gemeinnütziges Engagement. Dieses unterscheidet sich jedoch fundamental von dem bürgerschaftlichen Engagement, das für liberale Demokratien prägend ist. Die autoritären Regierungen in Budapest und Warschau fördern und unterstützen Engagement, das ihren Werten und Zielen entspricht, also beispielsweise den Einsatz für polnische bzw. ungarische Familien, wobei für dieses Engagement ein traditionelles bis reaktionäres Verständnis der Rollenbilder maßgeblich ist. Es gibt also in illiberalen Demokratien durchaus akzeptiertes Engagement, dieses ist aber nicht mehr autonom, nicht mehr frei und vielfältig. Umso wichtiger erscheint es für die liberalen Demokratien, die Engagementförderung nicht ihrerseits von allzu engen Zielsetzungen abhängig zu machen. Denn das würde der Autonomie bürgerschaftlichen Engagements Schaden zufügen.

## 6. Vorschläge für Engagementpolitik in Europa

Besonders auf europäischer Ebene gibt es strategische Ansatzpunkte für eine Erfolg versprechende Engagementpolitik, denn es ist den entscheidenden Brüsseler Akteuren – der Kommission, einer großen Mehrheit im Parlament und einer Mehrzahl der Regierungen im Rat – sehr bewusst, dass die liberale Demokratie, von der viele in den 1990er-Jahren dachten, dass sie weltweit auf dem Siegeszug sei, auch in Europa nicht mehr selbstverständlich ist. Engagementpolitik und die Verteidigung der liberalen Demokratie gehen heute Hand in Hand. Deshalb braucht es als integralen Bestandteil besserer Rechtsetzung einen Zivilgesellschafts- oder Engagementtest für die Rechtsetzung, der eine ex ante Prüfung erlaubt, welche Auswirkungen die jeweiligen Rechtsakte auf bürgerschaftliches Engagement haben. Darüber hinaus müssen die Fördermöglichkeiten für zivilgesellschaftliche Organisationen so ausgeweitet werden, dass insbesondere in defekten europäischen Demokratien bürgerschaftliches Engagement möglich bleibt. Für die gesamte EU gilt, dass Engagementförderung auch für kleinere

Organisationen, die begrenzte Co-Finanzierungsmöglichkeiten haben, zugänglicher werden muss, denn eine vielfältige Engagementlandschaft ist ein automatischer Stabilisator für die liberale Demokratie. Daneben sind auch legislative und nichtlegislative Rahmenbedingungen für Engagement wichtig, die über Fördermittel hinausreichen. Partizipation muss barrierefrei sein, und sie lässt sich nicht allein über neue Bürgerforen abbilden, wie sie im Zentrum der Arbeiten der Konferenz zur Zukunft Europas standen.

## 7. Das Scheitern der Konferenz zur Zukunft Europas

Die Konferenz zur Zukunft Europas ist in mehrfacher Hinsicht gescheitert, auch wenn ihr Ergebnis positiv verkauft werden wird. Die Debatte um Europas Zukunft muss in jedem Fall weitergeführt werden. Worauf es nun ankommt, ist, dass aus den Fehlern gelernt wird, die bei der Gestaltung der Konferenz gemacht wurden. Aus engagementpolitischer Sicht ist die Konferenz gescheitert, weil sie die Debatte zu Europas Zukunft bestenfalls halbherzig mit Unterstützung der europäischen organisierten Zivilgesellschaft zu führen suchte. Insgesamt ist die Konferenz vor allem hinsichtlich ihrer mangelhaften öffentlichen Wahrnehmung gescheitert. Sie ist den meisten Menschen praktisch unbekannt.

## 8. Ein Monstrum mit drei Köpfen

Die Gründe für dieses Scheitern sind vielfältig. Die Konferenz war keineswegs nur pandemiebedingt eine Spätgeburt, ein Monstrum mit drei Köpfen, geführt von Vertreter*innen der EU-Institutionen, die hinsichtlich Zielsetzung und Arbeitsweise zu keiner Zeit auf einen gemeinsamen Nenner kamen. Die öffentliche Plattform der Konferenz, überwiegend von Männern und europapolitisch ohnehin Interessierten bespielt, erreichte die Bürger*innen nicht. Dementsprechend sind die Empfehlungen, die hier online hinterlegt und durch künstliche Intelligenz ausgewertet wurden, weder reliabel noch valide zu nennen.

## 9. Sachverstand und legitime Interessen

Die 800 europaweit gelosten Bürger*innen, die in Bürgerforen arbeiteten, hatten kaum ein Jahr Zeit, es gab nur wenige Sitzungen, und die Art der Aufnahme ihrer Empfehlungen bleibt ebenso fragwürdig wie die Legitimation eines solchen Instruments. Dennoch wollen maßgebliche politische Kräfte, dass diese Art der Konsultation fortgesetzt, gar institutionalisiert wird. Dabei hat die EU ein starkes Parlament, das für deliberative Prozesse, Transparenz und Verantwortlichkeit sorgt und sich Wahlen stellt. Und die EU zeichnet sich durch eine lebendige, vielfältige Zivilgesellschaft aus, in der sich jede Menge Sachkunde und legitime Interessen sammeln und die über nationale und europäische Dachverbände und Netzwerke verfügt. Die europäische Zivilgesellschaft hat darüber hinaus auch mit einer Reihe von Vertreter*innen großer, repräsentativer Verbände im Europäischen Wirtschafts- und Sozialausschuss (EWSA) eine beratende Stimme in Europa.

## 10. Die stabilisierende Rolle der organisierten Zivilgesellschaft

Zwar waren der Europäische Wirtschafts- und Sozialausschuss und einzelne Vertreter*innen von Civil Society Europe und der Europäischen Bewegung International als Beobachter an der Konferenz beteiligt. Jedoch wurde ihr Potenzial, Interessen zu bündeln, Multiplikator für Millionen engagierte und organisierte Bürger*innen zu sein, im Großen und Ganzen nicht abgerufen. Braucht die moderne Demokratie ein Orakel, das sie sich per Losdemokratie organisiert, oder besinnt sie sich der Stabilisierungsfunktion, die organisierten Interessen als Katalysator wie auch als Puffer in Veränderungsprozessen zukommt? Diese Frage wird für die künftige Bedeutung von bürgerschaftlichem Engagement in Vereinen und Verbänden nicht unerheblich sein.

## 11. Engagementpolitik und die Europäische Bürgerinitiative

Für die Engagementpolitik ist auch die Europäische Bürgerinitiative (EBI) ein wichtiger Bezugspunkt. Die bisher erfolgreichen EBIs haben allerdings gezeigt, dass die EBI eben kein Instrument für die Beteiligung von Bürger*innen ist. Erfolgreich waren die Initiativen, die sich grenzübergreifend auf große Organisationen wie etwa Gewerkschaften stützen konnten. Es klafft somit eine Lücke zwischen Anspruch und Wirklichkeit. Wenn Bürger*innen tatsächlich Initiativen starten können sollen, von denen die Kommission schließlich Notiz nehmen muss, müssen die Hürden weit gesenkt werden. Dies allerdings würde trotz der rechtlichen Unverbindlichkeit der EBI ein direktdemokratisches Moment bedeuten, das nicht ohne Risiken ist in einem politischen Raum von 450 Millionen Menschen. Das gilt besonders in Zeiten großer Verunsicherung, populistischer Versuchungen und desinformativer Einflussnahmen.

## 12. Hochrangige zivilgesellschaftliche Konferenzen für eine bessere europäische Engagementpolitik

Zielführender wäre die Durchführung hochrangiger zivilgesellschaftlicher Konferenzen, die über die – konkret die europäischen Rechtsetzungsinitiativen betreffende – beratende Funktion des Europäischen Wirtschafts- und Sozialausschusses hinaus einen neuen demokratischen Resonanzkörper auf europäischer Ebene schaffte und regelmäßig große gesellschaftliche Debatten mit Vertreter*innen bürgerschaftlicher Engagementstrukturen als Multiplikatoren erlaubte, die für den Gesetzgeber die Bedeutung großer Anhörungen zu Fragen von öffentlichem Interesse haben könnten.

Der EWSA könnte in Zusammenarbeit mit zivilgesellschaftlichen Dachorganisationen und Netzwerken auf europäischer Ebene der Ort für diese Konferenzen sein, wobei die Teilnahme nicht auf die Mitglieder des EWSA zu beschränken wäre. Nicht zu verwechseln wäre ein solcher zivilgesellschaftlicher Dialog allerdings mit dem bestehenden und reformbedürftigen sozialen Dialog. Denn die organisierte Zivilgesellschaft ist zu divers, um eine der Autonomie der Sozialpartner gleichkommende, potenziell legislative Funktion beanspruchen zu können. Der richtige Ort für demokratische Entscheidungen über konkrete Politiken und Rechtsetzung sind das Europäische Parlament und die Parlamente im europäischen Mehrebenensystem. Sie sind, unterstützt und begleitet von einer lebendigen, vielfältigen Zivilgesellschaft, also einem ungehinderten bürgerschaftlichen Engagement und autonomen Sozialpartnern, die besten Garanten für den Fortbestand und die Behauptung der liberalen Demokratie.

## 13. Bürgerschaftliches Engagement und Lotteriedemokratie passen nicht zusammen

Ein Europa der Bürger*innen sollte nicht auf Zufallsauswahl der Teilnehmenden gründen, sondern auf Partizipation, wie sie bürgerschaftliches Engagement bietet. Wäre der Zufall maßgeblicher als die bewusste Entscheidung, sich für oder auch gegen etwas zu engagieren, könnte dies der Engagementbereitschaft schaden und am Ende der liberalen Demokratie selbst. Denn wenn der Losbürger/die Losbürgerin zur zentralen Figur wird, braucht es am Ende weder Engagement noch Wahlen. Zunächst würde die organisierte Zivilgesellschaft überflüssig, schließlich auch das gewählte Parlament. Denn es ist doch offensichtlich, dass niemand erfolgreicher direkt mit den Bürger*innen kommuniziert als Populist*innen und Demagog*innen. Der beschrittene Weg ist gefährlich. Bürgerforen müssen im notwendigerweise schwierigen deliberativen Prozess demokratischer Institutionen zu Enttäuschung führen, und sie entbinden die gewählten Mandatstragenden nicht von ihrer Verantwortung. Das Argument, Bürgerforen spiegelten die Wünsche der Menschen wider, ist ein fadenscheiniges, denn dies tun wissenschaftlich seriöse Umfragen, von denen es eine Vielzahl gibt, weit zuverlässiger.

## 14. Zum Schluss

Engagement und Teilhabe muss auf europäischer Ebene aktiv verteidigt werden, weil die Dammbrüche, die es in vielen EU-Staaten bereits gibt, sonst schlussendlich auch die Grundlagen jeder partizipativen Demokratie in Deutschland unterspülen werden. In der EU ist der ungarische Regierungschef Viktor Orbán die Galionsfigur autoritärer Nationalpopulist*innen, die gerne die Massen bewegen, bürgerschaftliches Engagement aber aus gutem Grunde scheuen wie der Teufel das Weihwasser. Es ist kein Zufall, dass Orbáns großes Vorbild jener Mann im Kreml ist, der Europa 77 Jahre nach dem Ende des Zweiten Weltkriegs in einen neuen Weltenbrand zu stürzen droht.

### Quelle

THE ECONOMIST 2022: A new low for global democracy. More pandemic restrictions damaged democratic freedoms in 2021, im Internet unter https://www.economist.com/graphic-detail/2022/02/09/a-new-low-for-global-democracy (eingesehen am 29.3.2022).

# Schwerpunkt-
# thema

**Schwerpunkt-
thema**

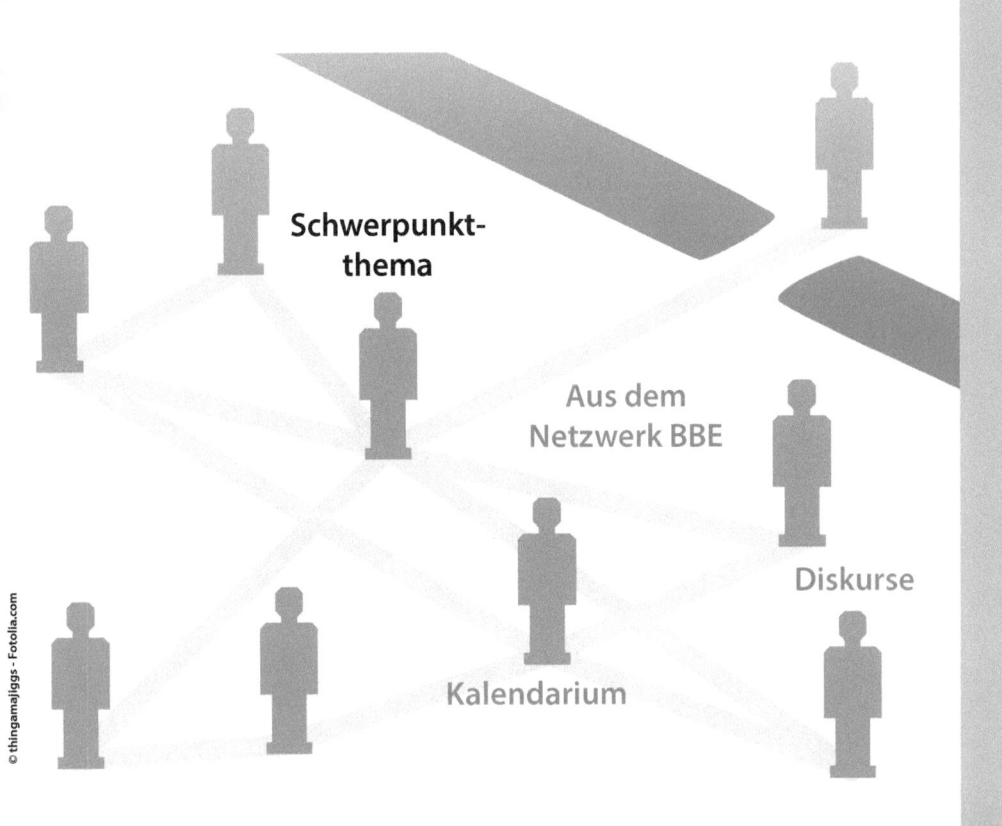

Aus dem
Netzwerk BBE

Diskurse

Kalendarium

# Engagement-
# strategien und
# Engagementpolitik

## HANNELORE KOHL, ADRIANA LETTRARI

# Sieben Jahre Ehrenamtsstiftung Mecklenburg-Vorpommern: ein Interview

Die Stiftung für Ehrenamt und bürgerschaftliches Engagement in Mecklenburg-Vorpommern feierte am 1. Juni 2022 ihr siebenjähriges Bestehen. Wir blicken mit Hannelore Kohl, der Vorstandsvorsitzenden der Ehrenamtsstiftung MV, auf die Anfänge zurück und geben ein kleines Resümee zum Stiftungsaufbau. Dr. Adriana Lettrari, ebenfalls Vorstandsmitglied und Geschäftsführerin der in Güstrow ansässigen Stiftung, gibt uns anschließend einen Einblick in die aktuelle Arbeit des Teams und schafft mit einem Blick in die Zukunft neue Visionen.

*Redaktion:* Guten Tag Frau Kohl. Sieben Jahre Ehrenamtsstiftung – das ist Grund genug für uns, ein kleines Resümee zu ziehen. Sie haben die Stiftung seit dem ersten Tag der Gründung mit begleitet. Wie gestaltete sich der Start und wer gab die Initialzündung zur Umsetzung der Idee?

*Hannelore Kohl:* Das Ehrenamt und bürgerschaftliches Engagement im Land zu stärken und deren Unterstützung durch die Landesregierung auszubauen, das stand 2014/2015 für den damaligen Ministerpräsidenten Erwin Sellering auf der Agenda. Mit vielen Engagierten wurden in sogenannten Werkstattgesprächen Ideen, Erwartungen und Wünsche zusammengetragen, wie die öffentliche Hand auf Landesebene unterstützen kann. Um ein ständiges und langfristiges Angebot zu schaffen, wurde die Idee einer Stiftung geboren. Das oberste Ziel hierbei war immer, ohne einen großen Verwaltungsapparat und ohne viel Aufwand auf allen Seiten eine direkte Hilfe ohne Umwege zu gewährleisten. Eine formale Unabhängigkeit der Stiftung war bei der Gründung ebenso wichtig. Daher wurde die Organisationsform einer Stiftung bürgerlichen Rechts, aber mit der gesicherten Finanzierung durch das Land Mecklenburg-Vorpommern gewählt.

*Redaktion:* Bereits zum Start der Stiftung wurde durch die berufenen Vorstands- und Gremienmitglieder zusammen mit den eingestellten Mitarbeiterinnen und Mitarbeitern alles schnell auf Erfolg und Wachstum ausgerichtet. Welche Herausforderungen gab es neben der eigentlichen Gründung zu bewältigen und ab wann konnten erste Erfolge gefeiert werden?

*Hannelore Kohl:* Alle Vorstandsmitglieder waren und sind vielfältig ehrenamtlich engagiert im Land und verfolgen gleiche Ziele. Sicher musste anfänglich viel Lobbyarbeit geleistet und die Notwendigkeit einer Stiftung im Land erklärt werden. Jedoch konnte durch alle, zum Beispiel auch durch unseren stellvertretenden Vorsitzenden Rainer Prachtl aus den Erfahrungen in seiner Funktion als ehemaliger Landtagspräsident des Landes Mecklenburg-Vorpommern und als Initiator des Dreikönigsvereins in Neubrandenburg heraus, schnell der Sinn des Aufbaus einer Stiftung unterstrichen werden.

Die eigentliche Herausforderung bestand aber im Organisationsaufbau der Stiftung und der Erstellung eines gut funktionierenden Personalkörpers. Mit anfänglich sieben Personalstellen wurde zügig eine interne Struktur entwickelt, um möglichst zeitnah in die Ideenumsetzung zu kommen. Parallel zur Personalgewinnung wurde schon der Fokus auf die praktische Arbeit gelegt, die darin bestand, ein Netzwerk aufzubauen, die Stiftung mit ihren Zielen und Möglichkeiten in Kreisen der Engagierten vorzustellen, aber auch umgekehrt aufzunehmen, was an Wünschen, Ideen und Vorstellungen aus dem Bereich des Ehrenamts kommt.

*Redaktion:* Die Projekte der Ehrenamtsstiftung haben sich im Laufe der Jahre zu einem vielfältigen Angebot entwickelt. Können Sie uns einen kleinen Einblick in die verschiedenen Arbeitsbereiche der Stiftung geben?

*Hannelore Kohl:* Das Stichwort „Projekte" erfasst mehrere Aspekte: Viele Vereine und Engagierte erbitten bei uns die klassische finanzielle Förderung, um ihre eigenen Ideen und Vorhaben („Projekte") umsetzen zu können. Auf der anderen Seite haben wir ein breites Angebot an Informations- und Austauschveranstaltungen, die wir sowohl digital als auch in Präsenz zur Weiterbildung aller anbieten. Wichtige Themen für viele Vereine und engagementfördernde Akteure im Land – wie Mitglieder- und Nachwuchsgewinnung, aber auch Crowdfunding und Fundraising als alternative Einnahmequelle zum herkömmlichen Sponsoring oder der klassischen Förderung – rücken immer mehr in den Fokus. Hier bieten wir detaillierte Information und Beratung von der Planung über Umsetzung bis hin zur juristischen Absicherung an.

Es wurden aber auch neue Formate wie das Programm „#Engagement neu gedacht" entwickelt, mit dem zunächst 40 Vereinen konkrete Hilfe bei der internen Organisationsentwicklung durch sachkundige Beratung geleistet wurde. Das Programm mündete schließlich in die Erstellung eines Organisationshandbuchs, welches eine Art Leitfaden für die Selbstentwicklung an die Hand gibt.

*Redaktion:* Gibt es ein Projekt, was Ihnen in den letzten Jahren besonders in Erinnerung geblieben ist?

*Hannelore Kohl:* Auf Anhieb denke ich da an gleich zwei spannende Projekte. Der Engagementpreis des Landes Mecklenburg-Vorpommern ist eines der emotionalsten Projekte der letzten Jahre, in dem es um die anerkennende Würdigung des Ehrenamts in verschiedensten Kategorien geht. Als zweites Projekt erinnere ich mich gern an unsere 2017 gestartete Veranstaltungsreihe „Für ein buntes Vereinsleben" zurück: Gemeinsam mit der Finanzverwaltung boten wir an den zehn Standorten der Finanzämter Informations- und Gesprächsforen zu steuerrechtlichen Fragen an, die als gemeinnützig anerkannte Vereine betreffen. Neben den fachlich zuständigen Personen aus den Finanzämtern nahm der damalige Finanzminister Brodkorb selbst aktiv an allen sehr gut besuchten Veranstaltungen teil. Ziel war, mit offenen Diskussionen das gegenseitige Verständnis sowie die lösungsorientierte Zusammenarbeit zwischen Vereinen und Ämtern zu fördern – dies wurde, wie zahlreiche Rückmeldungen ergaben, erreicht.

*Redaktion:* Im Laufe des Gesprächs kristallisierte sich schnell heraus, dass Sie mit Herz und Seele beim Thema Förderung des Ehrenamts sind. Woher nehmen Sie Ihre Kraft und Motivation, um das Pensum einer Vorstandsvorsitzenden zu bewerkstelligen, und was wünschen Sie sich zukünftig?

*Hannelore Kohl:* Viele Menschen im Land engagieren sich ehrenamtlich und sorgen somit auch für den gesellschaftlichen Zusammenhalt, was besonders im ländlichen Raum nicht immer einfach ist. Die Vielfalt an Projekten und Visionen zur Entwicklung und Verbesserung der Lebensqualität in Mecklenburg-Vorpommern muss gewürdigt und gefördert werden. Das ist meine tägliche Motivation dafür, auch in meinem „Unruhestand" weiterhin Engagement zu zeigen und zu leben.

*Redaktion:* Hallo Dr. Lettrari, sieben Jahre Ehrenamtsstiftung Mecklenburg-Vorpommern – von Frau Kohl haben wir einen spannenden Einblick in die Gründungszeit und Anfänge der Stiftung bekommen. Viele Förderprojekte wurden bisher umgesetzt, vieles hat sich etabliert. Die Geschäftsführung der Stiftung hat allerdings gewechselt. 2020 haben Sie die Geschäftsführung übernommen und rückten damit auch in den Vorstand ein. Können Sie uns einen kurzen Abriss Ihrer Anfänge geben und mit welchen Vorstellungen und Ideen sind Sie gestartet?

*Adriana Lettrari:* Mein Antritt im Oktober 2020 stellte mich kurzhand vor eine besondere Herausforderung. Zu diesem Zeitpunkt kamen wir alle in die zweite Welle der Coronapandemie. Dabei kam ich doch eigentlich in eine Organisation, die es gewohnt war, mit ihren vielseitigen Angeboten nah an den Engagierten zu arbeiten, und die immer den Fokus auf ein Engagement auf Augenhöhe hatte. Man kann sich den Werdegang der Stiftung ähnlich wie den Werdegang eines Start-ups vorstellen. Aufgrund einer unglaublich hohen Nachfrage und der gut geleisteten Vorarbeit in den vergangenen fünf Jahren mussten die gesammelten Ideen schnell auf die Straße gebracht werden. Um das Ziel zugunsten aller Engagierten zu erreichen, herrschte im Team eine tolle Anpack-Mentalität und die Unterstützung war aus jedem Bereich gegeben.

Die Zeit der Pandemie haben wir intern schnell auch als Chance gesehen, die Stiftung aus den Kinderschuhen eines Start-ups herauszuheben und neu zu strukturieren. Hierfür habe ich in meinen Anfängen in Zusammenarbeit mit allen Bereichen der Stiftung einen einjährigen Organisationsentwicklungsprozess erarbeitet. Die Erfolgsgeschichte der Stiftung konnte weitergeschrieben werden, indem klare Zuständigkeiten, ausdifferenzierte Rollen sowie die strategische Ausrichtung der Organisation evaluiert wurden. Wir haben uns im Team dem Beratungsansatz der Organisationsentwicklung gestellt und diesen in neun Bausteinen durchlaufen. Hierbei ist auch unser aktuelles Förderprogramm der Organisationsentwicklung für Non-Profit-Organisationen entstanden. Parallel dazu haben wir auch eine erste Bilanz der einzelnen Bereiche – wie juristische Beratung, finanzielle Förderung und Weiterbildung – gezogen und einen signifikanten Anstieg der Nachfrage feststellen können. Somit war bei meinem Antritt in der Stiftung der Fokus klar auf den Ausbau der Erfolgsgeschichte gerichtet – mit noch besserer interner Struktur, zum Wohle des Ehrenamts in Mecklenburg-Vorpommern.

*Redaktion:* Nach zwei von der Pandemie geprägten Jahren startet die Ehrenamtsstiftung MV wieder mit neuen Formaten und Präsenzveranstaltungen. Neben vielen Unterstützungsangeboten in dieser Zeit: Können Sie uns einen Ausblick auf die aktuellen Projekte der Stiftung geben? Welche Zielgruppen wollen Sie ansprechen und welche Kompetenzen hat die Ehrenamtsstiftung, um beratend tätig zu werden?

*Adriana Lettrari:* Von Beginn an haben wir gemeinnützige Organisationen juristisch beraten und projektbezogen finanziell unterstützt. Wie schon eingangs erwähnt, haben wir auch mit der Organisationsentwicklung ein neues Format entwickelt. Ziel ist es immer, die aktuellen Bedarfe und Herausforderungen der Hilfesuchenden zu analysieren und punktgenau zu unterstützen. Die Analyse der einzelnen Bedarfe haben wir Mittels einer empirischen Erhebung gestaltet. Auf Basis von belastbaren Daten konnten wir so unseren Fokus und das entsprechende Angebot besser ausarbeiten. Beispielsweise sind die Themen Generationswechsel und Mitgliederbindung und -gewinnung, besonders im ländlichen Raum wie Mecklenburg-Vorpommern, die Herausforderungen für Vereine. Hier setzen wir mit unseren ausgearbeiteten Beratungen an und gehen gemeinsam den Weg der Umsetzung. Ab Herbst dieses Jahres wird hierzu auch unser Handbuch Organisationsentwicklung in größerer Auflage erscheinen. Es zeigt in Verbindung mit einem unserer geschulten Berater Lösungswege und Bearbeitungsansätze auf, die einzelnen Herausforderungen zu meistern.

Wir planen in diesem Jahr auch noch ein neues Projekt, das sich auf das Engagement der Unternehmen im Land Mecklenburg-Vorpommern konzentriert. In Zusammenarbeit mit den Industrie- und Handelskammern in MV wollen wir mit Unternehmen und Unternehmer*innen ins Gespräch kommen, um zu evaluieren, wie die jeweiligen Mitarbeiter, die sich ehrenamtlich engagieren, vom Arbeitgeber unterstützt werden können. Mit einer besseren Vereinbarkeit von Beruf, Familie und Ehrenamt wird viel Potenzial zur Verbesserung der ehrenamtlichen Strukturen im Land freigesetzt – und Arbeitgeber und Mitarbeiter können zugleich davon profitieren. Zum Beispiel kann ein Unternehmen an Wochenenden seine Konferenzräume gemeinnützigen Vereinen zur Verfügung stellen oder Arbeitgeber bieten Arbeitnehmern Sonderurlaub bei ehrenamtlichem Engagement.

*Redaktion:* Die Ehrenamtsstiftung fördert und unterstützt also gemeinnützig anerkannte Organisationen in den verschiedensten Sektoren und Branchen. Sie haben uns eben einen Einblick in das laufende Jahr gegeben. Was aber ist für die kommenden Jahre geplant? Haben Sie bestimmte Ziele und Visionen, auf die Sie hinarbeiten? Können Sie vielleicht auch schon konkret aus dem Nähkästchen plaudern?

*Adriana Lettrari:* In der Reflexion der letzten Jahre haben wir festgestellt, dass in der Regel die Vereinslenker und Repräsentanten der Organisationen mit ihren Fragen zu uns kommen. In der Analyse bedeutet es für uns, die Ausrichtung und

Profilierung unserer Angebote noch besser auf diese Akteure auszurichten. Die in Vorstandspositionen für die Vereinsführung Verantwortlichen sollen durch Weiterbildungsangebote besser geschult werden. Mit unserem Praxistag am 25. Juni 2022 und dem entsprechenden Workshop „Leadership in Vereinen" setzen wir damit das erste Ausrufezeichen, um die Entscheider in Vereinen zu stärken. Gute Führung der gemeinnützigen Organisationen ist maßgeblich der Erfolgsgarant, die Projekte der Vereine im Land umzusetzen, damit ganz nach unserem Slogan „MV tut gut" die Vereinsstruktur weiterentwickelt werden kann.

ANN-CATHRINE BÖWING, MAREIKE EINFELD,
ANDREAS KERSTING

# Landesengagementstrategie und Landesnetzwerkbildung Nordrhein-Westfalen

## 1. Einleitung

Dem Start zur Entwicklung einer nordrhein-westfälischen Engagementstrategie ging ein langer Prozess voraus. Einige Bundesländer, wie Baden-Württemberg und Hamburg, sowie auch das Bundesministerium für Familie, Senioren, Frauen und Jugend (Engagementstrategie BMFSFJ - Strategische Ausrichtung der Engagementpolitik, 2016) hatten bereits in den Jahren zuvor eigene Strategien veröffentlicht. Auch in Nordrhein-Westfalen wurde die Engagementförderung strategisch vorangebracht. Es gab jedoch kein formales Strategiepapier oder eine koordinierte akteursübergreifende Vorgehensweise auf Landesebene.

Bereits zu Beginn der Überlegungen zur Entwicklung einer eigenen Strategie spielten bestehende Vernetzungsstrukturen eine große Rolle. So waren es insbesondere die Kommunen im Kommunen-Netzwerk: engagiert in NRW, welche durch ihre eigenen Strategievorhaben immer wieder überrascht waren, dass es keine landesweite Engagementstrategie in Nordrhein-Westfalen gab. Aus den guten Erfahrungen mit bestehenden Kooperationen im Kommunen-Netzwerk, aber natürlich auch mit Akteuren wie zum Beispiel der Landesarbeitsgemeinschaft der Freiwilligenagenturen in Nordrhein-Westfalen war schnell klar, dass ein Strategieentwicklungsprozess für Nordrhein-Westfalen nur durch einen breiten Beteiligungsprozess realisiert werden kann.

Die Tatsache, dass die im Jahr 2017 gewählte Landesregierung der Förderung des bürgerschaftlichen Engagements durch die Umressortierung des Themenfeldes in die Staatskanzlei und mit der Berufung einer eigenen Staatssekretärin für Sport und Ehrenamt einen besonderen Stellenwert eingeräumt hat, führte zu einer Beschleunigung der Strategieentwicklung.

Gesteuert wurde der Erarbeitungsprozess durch das Referat Bürgerschaftliches Engagement in der Abteilung Sport und Ehrenamt in der Staatskanzlei. Zu den Aufgaben dieses Referates gehört es, die Rahmenbedingungen für das Ehrenamt insgesamt zu verbessern, die Anerkennungskultur zu stärken und Informationen bereitzustellen.

## 2. Engagementstrategie für das Land Nordrhein-Westfalen

In den Strategieprozess in Nordrhein-Westfalen wurden Akteurs- und Multiplikatorenkreise des bürgerschaftlichen Engagements sowie die Engagierten selbst umfassend einbezogen. Denn Veränderungen und Verbesserungen können nur entstehen, wenn in geteilter Verantwortung daran gearbeitet wird, sich die Ergebnisse am Bedarf der Akteure orientieren sowie deren Wissen und Erfahrungswerte eingebunden werden. Gleichzeitig erhöht sich dadurch die Akzeptanz der Zivilgesellschaft gegenüber den Ergebnissen und die Nachhaltigkeit der Strategie wird gesichert.

Die Landesregierung Nordrhein-Westfalen beschloss daher im April 2018, eine Engagementstrategie für das Land Nordrhein-Westfalen im Rahmen eines breiten Beteiligungsprozesses zu entwickeln. Erklärtes Ziel war es, herauszufinden, wie es gemeinschaftlich gelingen kann, die Rahmenbedingungen für bürgerschaftliches Engagement – auch in Anbetracht gesellschaftlicher Veränderungen – zu verbessern und noch mehr Menschen daran teilhaben zu lassen. Dazu wurden verschiedene Formate wie zum Beispiel eine Ehrenamtstour.NRW[1] initiiert und prozessbegleitende Gremien eingerichtet. Mit dieser Bustour fand ein im Land bislang einmaliges, wohnortnahes Beteiligungsangebot im öffentlichen Raum Anwendung, mit 110 Stopps in allen 54 Kreisen und kreisfreien Städten des Landes. An einem Aktionsstand äußerten sich Passant*innen in Interviews und durch schriftliche Anmerkungen. Sie brachten ihre Anregungen, Hinweise und Kritik zu den Rahmenbedingungen für bürgerschaftliches Engagement ein. Daraus entstand ein lebendiges Bild der individuellen Engagementerfahrungen, von Veränderungsideen oder auch den Hinderungsgründen.

### 2.1. Der Prozess zur Entwicklung einer Engagementstrategie

Der Prozess zur Entwicklung einer Engagementstrategie für das Land Nordrhein-Westfalen startete im Sommer 2018. Die Resonanz war groß und bewies das bestehende Interesse an einer Mitgestaltung. Über 2 000 Menschen nahmen die Beteiligungs- und Gesprächsangebote wahr und brachten eine Fülle von Anregungen ein. Die Staatssekretärin für Sport und Ehrenamt, Andrea Milz, ist zusätzlich bei zahlreichen Gesprächsterminen im Land mit weiteren geschätzten

---

1  https://www.engagiert-in-nrw.de/engagementstrategie, S. 17ff. (eingesehen am 2.6.2022).

900 Engagierten in den Austausch getreten und hat deren Anregungen entgegengenommen. Hinzu kamen Rückmeldungen aus zahlreichen Terminen und Veranstaltungen im Land, die zwar nicht unmittelbar im Zusammenhang mit dem Strategieentwicklungsprozess standen, aber dennoch Eingang in den Diskussionsprozess fanden. Dieser breite Beteiligungsprozess vor allem durch die Ehrenamtstour.NRW war besonders und stellte bereits einen Mehrwert für sich dar. Denn eine Vielzahl an Menschen kam auch durch den Prozess miteinander ins Gespräch, hatte dabei auch die Möglichkeit, Verständnis für die Perspektive des Anderen zu entwickeln und Netzwerke zu knüpfen.

Die maßgeblichen Bausteine des Strategieprozesses waren die Ehrenamtstour.NRW und Gesprächsforen mit vorgeschalteten Onlinebefragungen in den fünf Regierungsbezirken in Nordrhein-Westfalen[2] sowie die prozessbegleitendenden Gremien: Steuerungsgruppe[3], Interministerielle Arbeitsgruppe (IMAG)[4] und themenspezifische Arbeitsgruppen[5].

Diese Prozessbausteine dienten dazu, zunächst die aktuellen Rahmenbedingungen für bürgerschaftliches Engagement im Land kritisch zu betrachten, Ideen der Engagierten zu sammeln, Zukunftsbilder zu entwerfen und Handlungsansätze für praktische Veränderungen zu erarbeiten.

Mit dem vielgestaltigen und regional breit angelegten Prozess sollte ein möglichst weites Spektrum an Teilnehmenden erreicht werden. Die Arbeitsformen und -formate gewährleisteten, dass unterschiedliche Perspektiven zur Geltung kamen. Dies war ein Gebot für eine gemeinsame Strategie von Zivilgesellschaft, engagierten Unternehmen sowie von Land und Kommunen. Die Beteiligten konnten Neues voneinander lernen und die Grundlagen für ihre weitere Zusammenarbeit legen.

Im Dezember 2019 endeten die formellen Dialogformate. Die Ergebnisse wurden danach zusammengeführt, ausgewertet und konkretisiert. Dieser Prozess mündete in der Verabschiedung der Strategie im Februar 2021.

---

2   Veranstaltungen in den fünf Regierungsbezirken im Format des Open Space.
3   Repräsentant*innen aus mehr als 30 Organisationen und Institutionen aus Zivilgesellschaft, Staat und Wirtschaft identifizierten die zentralen Themen und Fragen, moderierten Veranstaltungen, brachten ihre fachliche Expertise ein und koppelten den Entwicklungsprozess in ihren jeweiligen Sektor zurück.
4   Ziel: Transparenz über die Engagementförderung in den einzelnen Ministerien zu erhöhen und innerhalb der Landesverwaltung die ressortübergreifende Zusammenarbeit sicherzustellen.
5   In acht Arbeitsgruppen haben Mitglieder der Steuerungsgruppe, der Interministeriellen Arbeitsgruppe sowie weitere Fachexpert*innen die Vielfalt der geäußerten Anliegen und Ideen aus den partizipativen Veranstaltungen gesichtet und ausgewertet.

## 2.2. Ergebnisse und Umsetzung der Engagementstrategie: ausgewählte Beiträge des Landes NRW

Insgesamt sind in der am 2. Februar 2021 durch die Landesregierung beschlossenen Engagementstrategie für das Land Nordrhein-Westfalen[6] 56 Ziele in neun Handlungsfeldern formuliert, die im Fokus der Engagementstrategie stehen:

- Teilhabe für alle ermöglichen,
- Vielfalt anerkennen,
- Entbürokratisieren, rechtliche Rahmenbedingungen und finanzielle Förderung engagementfreundlich gestalten,
- Zusammenarbeit von Ehrenamtlichen und Hauptamtlichen erfolgreich gestalten,
- Organisationen weiterentwickeln – Kompetenzen stärken,
- Engagement anerkennen – Image stärken – Engagierte gewinnen,
- Engagementlandschaft koordinieren und vernetzen,
- Digitales Engagement voranbringen,
- Engagement von Unternehmen sichtbar machen und unterstützen,
- Engagement in verschiedenen Lebensphasen ermöglichen.

Bei der Umsetzung dieser Strategie wird dem Zusammenwirken sämtlicher Beteiligten, den Vereinen, Verbänden und Organisationen, den Kommunen, der Wirtschaft, der Wissenschaft und allen Akteuren, die das bürgerschaftliche Engagement wertschätzen und zukunftsfähig gestalten wollen, eine herausragende Bedeutung beigemessen.

Die Landesregierung leistet ebenfalls ihren Beitrag, das bürgerschaftliche Engagement nachhaltig zu stärken. Dies ist ein Querschnittsthema und somit für verschiedene Ministerien bedeutsam. Die Ressorts der Landesregierung sind gehalten, in ihren Zuständigkeitsbereichen mitzuhelfen, die Bedingungen für das bürgerschaftliche Engagement zu verbessern. Allein das Referat Bürgerschaftliches Engagement in der Staatskanzlei hat dafür zusätzlich Mittel in Höhe von 24 Millionen Euro bis Ende 2024 zur Umsetzung der Engagementstrategie zur Verfügung gestellt bekommen. Ziel ist es, sich in einem ersten Schritt den nachfolgenden vier Bausteinen zu widmen, welche sich an den dringendsten Bedarfen orientieren, die im Prozess benannt worden waren, und die zur Stärkung des bürgerschaftlichen Engagements in Nordrhein-Westfalen beitragen sollen. Konkret geht es um:

---

6  https://www.engagiert-in-nrw.de/engagementstrategie (eingesehen am 2.6.2022).

- die Umsetzung eines Förderprogramms zur Kleinstförderung „2.000 x 1.000 Euro für das Engagement" (*Ziel 12 der Engagementstrategie*),
- die Förderung von Qualifizierungsangeboten für Engagierte (*Ziel 19 der Engagementstrategie*),
- die Finanzierung eines Landesnetzwerks für bürgerschaftliches Engagement (*Ziel 28 der Engagementstrategie*) und
- die Einrichtung einer Landesservicestelle für bürgerschaftliches Engagement (*Ziel 29 der Engagementstrategie*).

Dadurch sollen die Informations- und Beratungsstrukturen verbessert, Koordination und Vernetzung gestärkt sowie möglichst unbürokratische Förderverfahren und ergänzende Angebote zur Aus- und Weiterbildung für Engagierte geschaffen werden. Die Umsetzung dieser Bausteine hat bereits 2021 begonnen und wird nachfolgend skizziert.

### 2.2.1. Förderprogramm „2.000 x 1.000 Euro für das Engagement" (Ziel 12)

Gefördert werden sollen jährlich 2 000 Projekte mit jeweils 1 000 Euro für Vorhaben oder Maßnahmen, die das ehrenamtliche Engagement unterstützen. In jedem Jahr werden Schwerpunkte festgelegt, die im Rahmen des Programms außerordentlich gefördert werden können. Antragsberechtigt sind natürliche und juristische Personen des privaten und öffentlichen Rechts (Vereine, Verbände, Initiativen). Ziel ist es, dass die Förderanträge möglichst unbürokratisch gestellt werden können. Für die digitale Antragsstellung wurde eine Onlineplattform entwickelt. Zur Umsetzung dieses Landesprogramms wurde im Jahr 2021 eine entsprechende Förderrichtlinie erlassen. Das Verfahren wird durch die 54 Kreise und kreisfreien Städte in Nordrhein-Westfalen umgesetzt, welche dafür eine Aufwandspauschale erhalten. Dem vorhergegangen waren Abstimmungen mit den kommunalen Spitzenverbänden und den Kreisen und kreisfreien Städten zur Umsetzung des Förderprogramms.

### 2.2.2. Qualifizierungsangebote für Engagierte (Ziel 19)

Ziel ist es, das bestehende Angebot zu erweitern und vorhandene Lücken zu schließen. Institutionen, die auf dem Gebiet der Weiterbildung über Erfahrung und Expertise verfügen, wurden im Frühjahr 2021 erstmalig dazu aufgerufen, sich mit einem Förderantrag zur Umsetzung konkreter Vorhaben und Ideen an die Staatskanzlei des Landes Nordrhein-Westfalen zu wenden. Die ersten geförderten Weiterbildungen und Qualifizierungen konnten im Oktober 2021 angeboten werden. Der größte Anteil fand meist digital oder als hybrides Format, teils tagsüber, teils abends oder am Wochenende statt, von zwei Unterrichtseinheiten bis zu mehrtägigen Kursen, damit jede und jeder Engagierte das zu ihr bzw. ihm passende Format finden konnte.

Nach Ende der ersten Förderphase im Februar 2022 konnte eine positive Bilanz gezogen werden. Daher wird an diesem Baustein landesseitig festgehalten und die Förderung von Angeboten auch in der neuen Förderphase im Jahr 2022 fortgesetzt.

### 2.2.3. Landesservicestelle für bürgerschaftliches Engagement (Ziel 29)

Der Beteiligungsprozess hatte offengelegt, dass weitere Informations- und Beratungsangebote gewünscht sind, insbesondere im Zusammenhang mit Förderprogrammen und Fördermöglichkeiten. Es wurde außerdem deutlich, dass es nicht ausschließlich darum geht, neue Unterstützungsangebote für Engagierte und zivilgesellschaftliche Organisationen zu schaffen. Die Herstellung von Transparenz und die Zusammenstellung von Informationen über bereits vorhandene Angebote sind ebenfalls zentrale Bedarfe, die aus dem Prozess abgeleitet werden konnten. Es geht also auch darum, bestehenden Informationsdefiziten etwas entgegenzusetzen und die bei unterschiedlichen Trägern und Akteuren vorhandene Expertise für die Engagementlandschaft in Nordrhein-Westfalen noch bekannter und zugänglich zu machen.

Hier setzt die Landesservicestelle für bürgerschaftliches Engagement an. Sie bietet Engagierten, Vereinen, zivilgesellschaftlichen Organisationen und Verbänden Orientierung und Hilfestellung, knüpft an bestehende Wissens- und Informationsstände an und ergänzt diese.

Im Jahr 2021 wurde begonnen, die Landesservicestelle für bürgerschaftliches Engagement als Projektgruppe in der Staatskanzlei des Landes Nordrhein-Westfalen, angedockt an das Referat für Bürgerschaftliches Engagement, einzurichten und aufzubauen. Zu diesem Zweck wurden fünf Projektstellen geschaffen. Diese Projektmitarbeiter*innen sind den fünf Regierungsbezirken des Landes zugeordnet und arbeiten von dort aus dem Homeoffice. Dieser Ansatz soll die Netzwerkarbeit unterstützen und die Möglichkeit zur ortsnahen Beratung sicherstellen. Ziel und Auftrag der Landesservicestelle für bürgerschaftliches Engagement ist es, mit Akteuren der Engagementförderung, mit Verbänden und Kommunen in einem guten Austausch zu stehen und in Erfahrung zu bringen, welche Informationen und Hilfestellung die Engagierten in den verschiedenen Landesteilen benötigen. Die Landesservicestelle für bürgerschaftliches Engagement ergänzt somit bereits etablierte Unterstützungs- und Beratungsstrukturen.

Ihr erster und wesentlicher Arbeitsschwerpunkt ist die Förderberatung. Ziel ist es, Engagierte und Zivilgesellschaft zu entlasten und einen Überblick über

Angebote des Landes, des Bundes, der Europäischen Union sowie von Stiftungen zu schaffen und sie auf der Suche nach einer passenden Förderung zu unterstützen und zu beraten.

Engagierte sind selten Steuer- oder Verwaltungsfachleute, Finanz- oder Rechtsexpert*innen, gleichwohl stehen sie immer wieder vor entsprechenden Aufgaben. Sie haben Fragen zum Versicherungsschutz im Ehrenamt oder zum Vereinsrecht und benötigen Orientierung zu haftungs- oder datenschutzrechtlichen Fragen. Für Hinweise zu Rechten, Pflichten und zur Sicherheit im Engagement können sich Engagierte und Interessierte an die Landesservicestelle wenden, auch wenn eine individuelle Rechtberatung nicht durch das Projektteam erfolgen kann. Sie verweist hier auch auf kostenlose und nicht kommerzielle Hilfsangebote Dritter, die für Engagierte und Zivilgesellschaft abrufbar und zugänglich sind. Neben individuellen Beratungsangeboten werden in regelmäßigen Newslettern Informationen für eine breite Leserschaft gebündelt zur Verfügung gestellt.

## 3. Netzwerk bürgerschaftliches Engagement NRW

Schon während der Entwicklung der Engagementstrategie war die Vernetzung der Akteure der Engagementszene in Nordrhein-Westfalen gleichzeitig ein Gelingensfaktor für die Strategieentwicklung und ein Mehrwert an sich. Durch die positive Kooperationserfahrung im Rahmen des Entwicklungsprozesses wurde für die beteiligten Akteure unmittelbar sichtbar, welcher Einfluss geltend gemacht und welche Durchsetzungskraft mit vereinten Kräften erreicht werden kann. Die Engagementszene in Nordrhein-Westfalen als Ganzes hat die Engagementstrategie für das Land Nordrhein-Westfalen gestaltet und dadurch den Grundstein für die aktuell stattfindende Umsetzung der gemeinsamen Strategie gelegt.

Es ist also nicht verwunderlich, dass auch der Wunsch nach Stärkung von Koordination und Vernetzung einen wichtigen Baustein der Engagementstrategie bildet. Gemeinsam hat die Engagementszene in Nordrhein-Westfalen den Beschluss gefasst, auch über den Strategieentwicklungsprozess hinaus diese Form der sektorenübergreifenden Zusammenarbeit aufrechtzuhalten, um auch in Zukunft weiterhin die Engagementförderung in Nordrhein-Westfalen gemeinsam zu stärken. Die Landesregierung unterstützt die Organisationen der Zivilgesellschaft, der staatlichen Stellen und der Wirtschaft in deren eigenem Bestreben, sich enger zu vernetzen sowie im Hinblick auf gewünschte Synergieeffekte besser zusammenzuarbeiten und stellt dafür jährlich 200 000 Euro zur Verfügung.

Durch eine engere Vernetzung sowie Bündelung gemeinsamer Interessen sollen das bürgerschaftliche Engagement als Ganzes sowie die Arbeit der lokalen Vereine, Initiativen und Engagierten gestärkt werden. Dafür sind Kooperationen ebenso wichtig wie die kritische Auseinandersetzung mit unterschiedlichen Handlungslogiken. Der Diskurs über unterschiedliche Herangehensweisen und Schwerpunktsetzungen spiegelt dabei insbesondere die Diversität der Engagementlandschaft in Nordrhein-Westfalen wider und stellt eine Bereicherung der Debattenkultur dar.

Rund drei Monate nach dem Beschluss der Engagementstrategie für das Land Nordrhein-Westfalen startete der Gründungsprozess für das Landesnetzwerk und mündete am 4. Dezember 2021 in der offiziellen Gründung des Netzwerks bürgerschaftliches Engagement NRW (NBE NRW) als nicht eingetragener Verein. In dem vorbereitenden Prozess zur Gründung waren viel Geduld und Fingerspitzengefühl gefragt, was schlussendlich mit diesem großen Erfolg, der Gründung eines Landesnetzwerks, gekrönt wurde.

Inzwischen haben bereits mehr als 60 Organisationen die Kooperationsvereinbarung unterschrieben und sind dem NBE NRW beigetreten (Stand: September 2022). Das Netzwerk ist ein unabhängiger und freiwilliger Zusammenschluss von Organisationen und Institutionen aus Zivilgesellschaft, Politik, Verwaltung, Wirtschaft und Wissenschaft. Erstmals wurde damit in Nordrhein-Westfalen eine gemeinsame Plattform geschaffen, die die vielfältigen Akteure der Engagementlandschaft in Nordrhein-Westfalen miteinander vernetzt und ihre kontinuierliche Zusammenarbeit fördert.

Das Netzwerk hat sich verpflichtet, die Umsetzung, Weiterentwicklung und nachhaltige Verankerung der Engagementstrategie für das Land Nordrhein-Westfalen voranzutreiben. Mit dem Netzwerk sollen die lokale und regionale Ebene wie auch die Landesebene sowie unterschiedlicher Sektoren in der Engagementförderung stärker vernetzt werden. Das Netzwerk bürgerschaftliches Engagement NRW kann dabei als Brückenbauer und Bindeglied fungieren und einen Beitrag zur Vermeidung von Doppelstrukturen leisten. Dabei steht die bedarfsgerechte Projekt-, Qualifizierungs- und Fördergestaltung im Fokus.

Die Staatskanzlei des Landes Nordrhein-Westfalen versteht sich als Partner des Netzwerks. Sie hat deshalb auch die Kooperationsvereinbarung unterzeichnet und gehört zu den Gründungsmitgliedern des NBE NRW.

Zu den zentralen nächsten Schritten gehört die Absicherung der begonnenen Arbeit durch eine Förderung der Staatskanzlei des Landes Nordrhein-Westfalen. Damit soll die Arbeitsfähigkeit des Netzwerks sichergestellt werden, ohne dass die Mitglieder die Kosten der Netzwerkarbeit selbst tragen müssen. Die

Landesregierung bietet somit einen ermöglichenden finanziellen Rahmen, der durch die handelnden Akteure gefüllt werden kann. Der Prozess des Aufbaus des NBE NRW hat zwar begonnen, die Wirksamkeit und der Mehrwert des NBE NRW werden sich jedoch erst in den kommenden Monaten und Jahren durch die thematische Arbeit zeigen.

## 4. Fazit

Viele gute Handlungsansätze werden in der Engagementstrategie vorgestellt. Nicht alle Wünsche richten sich an die Landesregierung. Daher ist es erforderlich, dass sich eine Vielzahl von Akteuren im bürgerschaftlichen Engagement, in den Kommunen, Vereinen und Verbänden oder in der Wirtschaft mit den Vorschlägen auseinandersetzt und prüft, wo auch sie etwas zum Gelingen beitragen können. Dazu kann insbesondere das NBE NRW in Zukunft beitragen. Für die Umsetzung bedarf es einer gemeinschaftlichen Herangehensweise. Dies kann nur gelingen, wenn noch weit mehr Menschen und Organisationen in gemeinsamer Verantwortung und in ihrem jeweiligen Kompetenzbereich aktiv daran mitwirken.

Die formulierten Ziele und Maßnahmen entsprechen dem aktuellen Diskussionsstand der beteiligten Akteure. An vielen Stellen sind nun Handlungsansätze entlang der Ziele zu konkretisieren und praktische Schritte abzuleiten. Vor dieser Aufgabe stehen die Landesregierung und die Kommunen ebenso wie die zivilgesellschaftlichen Organisationen in Nordrhein-Westfalen.

SUSANNE KELLER

# Das Landesnetzwerk Bürgerschaftliches Engagement Baden-Württemberg und die Engagementstrategie Baden-Württemberg

## 1. Auftakt

Eine USA-Reise des damaligen Ministerpräsidenten Dr. Lothar Späth vor bald drei Jahrzehnten war der Anstoß für ein Modellprojekt für Seniorengenossenschaften im Land. Zuständig war seinerzeit das Sozialministerium, in dem heute das Referat Bürgerschaftliches Engagement (BE) verortet ist. Das Modellprojekt bildete quasi den Startschuss für das Landesnetzwerk Bürgerschaftliches Engagement Baden-Württemberg. Die wesentlichen Verankerungspunkte des Landesnetzwerks BE fußen in der Kooperationsvereinbarung zwischen Ministerium und den drei kommunalen Landesverbänden, also dem Gemeindetag, dem Städtetag und dem Landkreistag Baden-Württemberg.

## 2. Kooperationsvereinbarung

Im Jahr 2020 konnte bereits die „6. Vereinbarung zum Ausbau des Landesnetzwerks Bürgerschaftliches Engagement zwischen den Kommunalen Landesverbänden in Baden-Württemberg und dem Ministerium für Soziales und Integration Baden-Württemberg" unterzeichnet werden.[1] In der Regel wird sie für die Dauer von fünf Jahren geschlossen. In der Kommunikation innerhalb des Fachreferates, aber auch innerhalb des Landesnetzwerks BE wird diese Vereinbarung schlicht als „Kooperationsvereinbarung" bezeichnet. Dort heißt es unter anderem: „Das Landesnetzwerk Bürgerschaftliches Engagement in Baden-Württemberg verfolgt seit seiner Gründung im Jahr 1999 das Ziel, die Bedeutung des Bürgerschaftlichen Engagements, die Vielfalt der Tätigkeitsformen und die Zu-

---

1 Im Internet unter https://sozialministerium.baden-wuerttemberg.de/fileadmin/redaktion/ m-sm/intern/downloads/Downloads_B%C3%BCrgerengagement/Kooperationsvereinbarung-LBE_6_2020.pdf (eingesehen am 3.6.2022).

sammenarbeit der Engagierten zu stärken und zugunsten der kommunalen Gemeinschaft und einer starken Demokratie zu entfalten."

Ganz wesentlich ist dabei, dass die jeweiligen Ministerinnen und Minister sowie die jeweiligen Präsidentinnen und Präsidenten der Kommunalen Landesverbände für die Kooperationsvereinbarung eintreten und diese – teilweise öffentlichkeitswirksam – unterzeichnen. Mit der Verankerung auf der höchsten Ebene der Kooperationspartner wird die Wertschätzung des Themas Bürgerschaftliches Engagement deutlich. Dabei wird nicht nur eine ideelle Unterstützung signalisiert. Vielmehr fördert das Sozialministerium seit vielen Jahren die Fachberatungen für Bürgerschaftliches Engagement bei den Kommunalen Landesverbänden.

## 3. Fachberatungen für Bürgerschaftliches Engagement

Die Fachberatungen für Bürgerschaftliches Engagement bei den Kommunalen Landesverbänden fungieren quasi als Bindeglied zwischen der Landes- und der kommunalen Ebene. Sie sind fest etablierte Ansprechpersonen und stehen auch den Mitgliedern in den jeweiligen Netzwerken zur Seite mit dem Ziel, die Innovation und Nachhaltigkeit zu fördern. Zu einem der Schwerpunkte der Fachberatungen zählt sicherlich die Pflege und der Ausbau des jeweiligen kommunalen Netzwerks, insbesondere mit Blick auf die Regionen, die bisher unterrepräsentiert sind. Die Beratung der Mitgliedskommunen der jeweiligen Netzwerke beim Auf- und Ausbau von lokalen Infrastrukturen ist als ein weiterer Schwerpunkt der Fachberatungen zu nennen.

## 4. Landesnetzwerk Bürgerschaftliches Engagement

Gemeindenetzwerk, Städtenetzwerk und Landkreisnetzwerk bilden den Mittelpunkt innerhalb des vielfältigen Landesnetzwerks Bürgerschaftliches Engagement.[2] Zwar sind manche Mitglieder innerhalb des Landesnetzwerks BE förmlich benannt, wie beispielsweise die ARBES, in der sich bürgerschaftlich engagierte Gruppen zusammengeschlossen haben, oder die LagEB, die die kommunalen Fachkräfte für Bürgerschaftliches Engagement und Bürgerbeteiligung in Baden-Württemberg vertritt. Grundsätzlich steht das Landesnetzwerk BE jedoch allen interessierten Institutionen und Verbänden offen. Innerhalb des Landesnetzwerks

---

2   Näheres unter https://sozialministerium.baden-wuerttemberg.de/de/soziales/buergerengagement/netzwerke/ (eingesehen am 3.6.2022).

entstand wiederum die Idee für eine Engagementstrategie Baden-Württemberg. Der förmliche Startschuss für die Erarbeitung einer Engagementstrategie erfolgte vor zehn Jahren mittels eines Beschlusses durch das Kabinett.

## 5. Engagementstrategie Baden-Württemberg – drei Phasen

Die frühere Leiterin des Referates Bürgerschaftliches Engagement, Dr. Susanne Diemer, die 2017 in das Referat kam, gliederte gemeinsam mit Rosa Geiger-Wahl, Ehrenamtsexpertin beim Caritasverband der Diözese Rottenburg-Stuttgart, die Engagementstrategie Baden-Württemberg bei der Jahrestagung des Bundesnetzwerks Bürgerschaftliches Engagement (BBE) im Jahr 2019[3] in drei Phasen. Für die Phase von 2012 bis 2014 sehen sie den Schwerpunkt beim Beteiligungsprozess und der Öffentlichkeitsarbeit. Insbesondere durch den Regierungswechsel rückte das Thema Bürgerbeteiligung in den Fokus und ist seitdem nicht mehr weg zu denken. Daher konzipierten die damaligen Akteure die Erarbeitung der Engagementstrategie als einen mehrjährigen landesweiten Beteiligungsprozess.[4] Es wurden – unter Mitwirkung der Mitglieder im Landesnetzwerk BE – mehrere sogenannte Forschungs- und Entwicklungsteams (FETs) gebildet, die sich jeweiligen Themenschwerpunkten widmeten und mit viel Engagement die Arbeit aufnahmen. 2014 erfolgte öffentlichkeitswirksam der Start für die Umsetzung der Engagementstrategie Baden-Württemberg. Dabei wurde vernachlässigt, dass sich das Kabinett im Frühjahr zwar erneut mit der Engagementstrategie befasst, diese jedoch nur zur Kenntnis genommen hatte. Statt der 141 heterogenen, zum Teil sehr detaillierten Handlungsempfehlungen wurde eine komprimierte Fassung der Empfehlungen der Engagementstrategie als Umsetzungsschritte der Landesregierung beschlossen.

Die zweite Phase von 2015 bis 2016 beschreiben die beiden Autorinnen als Umsetzungsschritte und „Repositionierung". Damals begonnene erste Umsetzungsschritte wirken jedoch teilweise noch heute. So entstand beispielsweise aus dem damaligen Programm „Gemeinsam sind wir bunt" eine Bildungsplattform[5], die aktuell weiter ausgebaut wird. Die Vergabe einer Studie zu Qualifizierungs-

---

3 Näheres unter https://www.b-b-e.de/fileadmin/Redaktion/06_Service/02_Publikationen/2019/2019-bbe-reihe-arbeitspapiere-010.pdf (eingesehen am 3.6.2022).
4 Vgl. hierzu auch den BBE-Newsletter 16/2014, im Internet unter https://www.b-b-e.de/newsletter/bbe-newsletter/archiv/newsletter-nr-16-vom-1892014/ (eingesehen am 3.6.2022).
5 Näheres unter https://qualifiziert-engagiert-bw.de/ (eingesehen am 3.6.2022).

bedarfen im Engagement mündete in einer deutschlandweiten Ausschreibung und der modularen Erprobung, die leider in die Pandemiejahre 2020 und 2021 fiel. Die von den Autorinnen erwähnten Erfolge beim Bildungszeitgesetz, das eine Freistellung für Qualifizierung im Ehrenamt beinhaltet sowie die Qualitätssicherung im Freiwilligen Sozialen Jahr (FSJ)[6] bestehen fort.

Seit 2017 ist die dritte Phase durch die Weiterentwicklung und neue Umsetzungsformate bei der Engagementstrategie gekennzeichnet. Etwa seit diesem Zeitpunkt begleitet die Autorin das Thema und kann daher aus eigener Erfahrung berichten. So wurde intensiv an der Weiterentwicklung der Engagementstrategie Baden-Württemberg gearbeitet. Ziel war es, die Engagementstrategie aus der vergangenen Legislaturperiode fachlich kritisch zu überprüfen und in einen aktualisierten und erweiterten Bezugsrahmen zu setzen. Damit sollten neue Engagementpotenziale und -themen erschlossen sowie gesellschaftspolitisch relevante Fragestellungen wie Demokratieentwicklung, Beteiligung und Werte oder neue Partizipationsformen stärker mit dem Politikfeld BE verknüpft werden.

## 6. Die weiterentwickelte Engagementstrategie Baden-Württemberg

Ende 2018 wurden die Ergebnisse der Arbeit zur Weiterentwicklung der Engagementstrategie vorgestellt. Besonders deutlich wurde dabei, dass eine aktive Engagementpolitik den gesellschaftlichen Zusammenhalt und die Demokratie fördert. Vorgesehen war, die Bedeutung der Engagementpolitik für die Demokratie stärker in den Blick zu nehmen und zu betonen. Außerdem sollten mit konkreten Formaten die Ziele der Engagementstrategie in neuen Vernetzungen verfolgt werden. 2019 wurden daher drei bisher eher voneinander unabhängige Förderprogramme stärker zusammengeführt und parallel ausgeschrieben.

Außerdem wurden Projekte aus der Phase 2 aufgegriffen und in neue Formate überführt. So basiert beispielsweise das von den Autorinnen genannte Förderprogramm „Engagiert in BW" auf dem Programm „Gemeinsam sind wir bunt" und wurde 2022 in „Gemeinsam engagiert in BW"[7] überführt. Es besteht

---

6   Näheres unter https://www.fsj-baden-wuerttemberg.de/media/Home/2015-11_Mindestqualitaetsstandards_FSJ_Ba-Wue.pdf (eingesehen am 3.6.2022).

7   Näheres unter https://sozialministerium.baden-wuerttemberg.de/fileadmin/redaktion/m-sm/intern/downloads/Foerderaufrufe/Foerderaufruf_Gemeinsam-engagiert-in-BW_2022.pdf (eingesehen am 3.6.2022).

die berechtigte Hoffnung, dass die erstmalig für die Engagementstrategie Baden-Württemberg zur Verfügung gestellten Haushaltsmittel erhöht und hoffentlich auch verstetigt werden. Die oben bereits erwähnte Bildungsplattform wurde mit neuen Bausteinen 2019 erneut in die Förderung aufgenommen und wird auch 2022 gefördert. Aktuell bestehen Überlegungen, wie die Erfahrungen aus der modularen Erprobung von Qualifizierungsangeboten mit der Bildungsplattform verknüpft werden können.

Die Pandemie führte insbesondere zu Beginn im Frühjahr 2020 zu Unterbrechungen und verhinderte bekanntermaßen viele Begegnungen. Diese Friktionen wurden mit viel Kreativität und Engagement überbrückt. Unterstützt wurde dies von Seiten des Ministeriums mit einer unkomplizierten Verlängerung der Durchführungszeiträume der geförderten Projekte bis weit ins Jahr 2021. So zeigt eines der 2019 in die Förderung aufgenommenen Projekte beispielhaft, wie die Engagementstrategie vor Ort ihre Wirkung entfaltet. Das Projekt „Meine.Deine.Unsere Heimat!?" wurde im Landkreis Göppingen umgesetzt. Ähnlich wie bei anderen Projekten zwangen die äußeren Umstände zu einem Umdenken und zu einer Verlagerung ins Digitale. „Dass die Gruppe aus verschiedensten Kooperationspartnern entschieden hat, den Kraftakt zu wagen und (fast) alles zu digitalisieren, zeigt, wie stark dieses Netzwerk geworden ist, wie resilient und überzeugt die Gruppe war, dass dieses Projekt wichtig ist – gerade in Zeiten der Pandemie."[8]

## 7. Fazit

Die Engagementstrategie Baden-Württemberg ist kein starres Gebilde, sondern einem stetigen Prozess und fortlaufender Weiterentwicklung unterworfen. Auf diesen Umstand wurde bereits in der ersten Phase, also bereits bei der Entstehung der Engagementstrategie, hingewiesen. Dies wurde auch stets betont. Aus heutiger Sicht war es richtig, die Fokussierung auf die FETs zu verlassen und das Politikfeld Bürgerschaftliches Engagement wieder stärker zu betonen. Wie wichtig eine engagierte Zivilgesellschaft ohne starre Grenzen auf bestimmte Bevölkerungsgruppen ist, hat sich nicht nur 2015 bei den großen Fluchtbewegungen, sondern auch in der Pandemie und bei dem Angriffskrieg Russlands auf die Ukraine gezeigt.

Die Ziele der Engagementstrategie Baden-Württemberg, wie allen Menschen in allen Lebenslagen und mit allen Lebenskonzepten ein Engagement zu

---

[8] Landkreisnachrichten 1/22.

ermöglichen und hierfür die geeigneten Rahmenbedingungen zu schaffen, Engagement zu verstetigen sowie die Vielfalt des Engagements weiterzuentwickeln, bestehen unverändert. Auch wenn sie sich bewährt hat, schließt dies nicht aus, dass die Ziele und Maßnahmen regelmäßig überprüft und gegebenenfalls angepasst werden. Mit Interesse werden daher die Überlegungen auf Bundesebene für eine neue Engagementstrategie verfolgt.

OLEG CERNAVIN, SERGE EMBACHER, HANS SENDLER

# Infrastrukturen der Engagementförderung trisektoral entwickeln

## 1. Ausgangslage, Herausforderungen und Potenziale

Das sogenannte Böckenförde-Diktum unterstreicht, was mittlerweile allgemeine Überzeugung ist: Der freiheitliche säkularisierte Staat lebt von Voraussetzungen, die er selbst nicht garantieren kann. Dies trifft nicht nur auf die Zivilgesellschaft zu, sondern ebenso auf die kohäsiven, gemeinwohlorientierten Grundhaltungen aller Sektoren (Staat/Verwaltung, Wirtschaft/Arbeit, Zivilgesellschaft) im Rahmen der für sie jeweils geltenden Regeln. Die Zukunft der demokratischen Gesellschaft hängt auf vielen Gebieten wesentlich davon ab, dass die damit verbundene Erwartung an eine sektorübergreifende Zusammenarbeit nachhaltig, kohärent und inklusiv mit Leben erfüllt wird.

Eine Reihe schwerwiegender Herausforderungen erfordert auch in Deutschland inzwischen eine gesellschaftliche Transformation und einen Sinneswandel, der den gesellschaftlichen Kräften Orientierung bietet. Es geht hier insbesondere um:

- die Förderung demokratischen Bewusstseins gegen stärker werdende autoritäre Denkmodelle,
- die Vermeidung gesellschaftlicher Spaltung durch zunehmende Ungleichheit,
- die Integration unterschiedlicher Gruppen in ein produktives und existenzsicherndes Arbeitsleben,
- die kreative Nutzung gesellschaftlicher Vielfalt,
- gemeinsames Engagement für Klimaschutz, Artenvielfalt und Mobilitätswende,
- eine bessere Vereinbarkeit von Berufs- und Privatleben,
- die Entwicklung eines kritischen Bewusstseins gegenüber intelligenten Technologien sozialer Plattformen und in Alltagsanwendungen auf Grundlage globaler Wirtschaftsstrukturen,
- dringende Qualitätsverbesserungen im Bildungsbereich im Sinne lebenslangen Lernens,

- erfolgreiche Unternehmensführung entlang einer gesellschaftlich und ökologisch verantwortlichen Wertschöpfungskette,
- aber auch um Antworten auf andere drängende Fragen zu Migration, demografischem Wandel und der Bekämpfung von Pandemien.

Als eine wesentliche Grundlage für die Bewältigung dieser gewaltigen Herausforderungen gelten die bestehenden Potenziale der trisektoralen Zusammenarbeit. Diese sind künftig wirkungsvoller als bislang zu nutzen. Für die Ausrichtung auf nachhaltige Lösungen sind allerdings offenkundige Schwächen in der bisherigen Kooperation von Unternehmen, Verwaltungen und zivilgesellschaftlichen Organisationen zu überwinden.

Ein Kreativschub in der gesellschaftlichen Transformation durch vernetztes Denken und Handeln ist erforderlich – jetzt! So werden übergreifende perspektivische Impulse möglich, die den praktischen Interessen und Bedarfen aller Sektoren und Ebenen entsprechen. Dazu ist die gemeinsame Infrastruktur für die Zusammenarbeit systematisch zu entwickeln und zu verbessern. Geplante systematische Impulse können dafür sorgen, die Innovationskraft der beteiligten Sektoren durch erleichternde Instrumente zu flankieren und zu unterstützen, nicht als theoretisch-akademisches Postulat, sondern auf Grundlage von handfestem praktischen Bedarf. Das Wesentliche der Zusammenarbeit ist seit Langem gedanklich durchdrungen und konzeptionell weitgehend ausgereift und bekannt. Wir haben kein Wissensproblem, sondern ein Transferproblem.

Die Überzeugung des Nutzens der Zusammenarbeit kann nicht von oben implementiert werden, sondern es sind Rahmenbedingungen zu schaffen, damit die Akteure der Sektoren selbst die Zusammenarbeit voranbringen und mit Leben erfüllen. Beherzigung und Umsetzung sind gefordert und Förderung der Eigeninitiative der Akteure vor Ort. Dem dient das Forschungs- und Entwicklungsvorhaben TRIS (Trisektorale Infrastruktur schaffen), das unter Federführung der Offensive Mittelstand (OM) und in Kooperation mit dem Bundesnetzwerk Bürgerschaftliches Engagement (BBE) und anderen Partnerorganisationen durchgeführt werden soll.

Es geht in diesen Beitrag darum, in einer Zusammenfassung die Ziele des Vorhabens zu benennen (2.), die Hemmnisse anzudeuten (3.), die Ansatzpunkte zu beleuchten (4.), auf die Wege, Instrumente und Produkte zur Nachhaltigkeit eines solchen Vorhabens einzugehen (5.) und dann beispielhaft den gegenseitigen Nutzen (6.) zu skizzieren.

## 2. Ziele des TRIS-Vorhabens

In dem Forschungs- und Entwicklungsvorhaben TRIS soll ermittelt werden, wie die bestehenden Potenziale der Akteure vor Ort wirkungsvoller erschlossen werden können, um kontinuierliche Kooperationen künftig zu erleichtern. Es geht dabei um bessere Rahmenbedingungen, Infrastrukturen und Prozesse für alle, ihre eigenen Aufgaben besser realisieren und für die gesellschaftliche Transformation systematischer nutzen zu können.

Das Vorhaben wird die Potenziale vollständiger ausleuchten, systematisieren und konzeptionell für Infrastrukturen und Prozesse erschließen. TRIS wird also nicht selbst Praxisansätze durchführen, sondern aus bestehenden Ansätzen Schlussfolgerungen ziehen und Konzepte, Modelle und Produkte entwickeln, mit denen die handelnden Akteure oder auch potenzielle künftige Kooperationen ihre Arbeit weiterentwickeln und besser gestalten können. Für bis zu sechs ausgewählte Regionen sollen auf diese Weise Funktions- und Anforderungsbeschreibungen detailliert beschrieben und mit der bestehenden Praxis verbunden werden.

Insbesondere soll erforscht und ermittelt werden, inwiefern personell qualifiziert ausgestattete, trisektoral getragene Knotenpunkte (zum Beispiel „Häuser der Kooperation") für die Zusammenarbeit in den verschiedenen Themenbereichen sinnvoll und nützlich sein können und inwiefern digitale Plattformlösungen strukturelle und prozessuale Hilfe bei der Erschaffung von neuartigen Informations- und Kooperationsräumen bieten können.

## 3. Hemmnisse

Die sektorale Dreiteilung wird herkömmlich immer wieder unzutreffend als Ermutigung, Aufforderung oder gar Pflicht beschrieben. Faktisch ist das Ergebnis oft unabgestimmtes, getrenntes, mit Misstrauen verbundenes Handeln. Ursache sind gegenseitige Vorbehalte, fehlende Akzeptanz der Unterschiedlichkeit auch in der Sprache. Hier fehlt oft das Verständnis, dass in unserer Gesellschaft die eine Seite ohne die andere nicht existieren kann.

Es sollte allen Beteiligten bewusst sein, dass jede*r nach seinem/ihrem Interesse, seinen/ihren Regeln und Präferenzen handelt und dass jede*r einen Vorteil von dieser Zusammenarbeit haben muss. Nur so kann das für dauerhafte Zusammenarbeit erforderliche Vertrauen wachsen.

Unterschiedliche Handlungskulturen der Beteiligten sind dann kein Hindernis, sondern können sich gegenseitig ergänzen.

Das vielfach faktische Nebeneinander statt Miteinander vergeudet bisher Ressourcen und Innovationen auf wichtigen gesellschaftlichen Handlungsfeldern, die hier nur angedeutet werden können.

## 4. Ansatzpunkte

Auf vielen Feldern der gesellschaftlichen Transformation kommen bessere Ergebnisse nur durch gezielteres Zusammenwirken zustande. Aus der Sicht der Verwaltungen geht es um öffentliche Güter, aus der Sicht der Unternehmen um faire, soziale und produktive Wirtschaftsbedingungen und aus der Sicht der Zivilgesellschaft um wirkungsvolles Engagement in Partnerschaft, in der die bestehende eigene Kreativität und Stärke besser zum Tragen kommt. So sind in der Vergangenheit immer wieder Produktlinien, Formen sozialer Bewältigung und regionaler Attraktivität entstanden, mit zukunftsweisenden Perspektiven für die gesellschaftliche Entwicklung, mit Produkten, Diensten und Verfahren guter Qualität deutlich über den jeweiligen Status quo hinaus.

TRIS setzt als Forschungs- und Entwicklungsvorhaben hier an. Dabei geht es darum, die bislang gewonnenen Praxisperspektiven zu bündeln und daraus Modelle bzw. Blaupausen für andere trisektorale Kooperationen vor Ort oder in der Region zu gewinnen. Die erkenntnisleitende Frage lautet, welche Elemente wie entwickelt werden müssen, damit sektorübergreifende Kooperationen gelingen können. Das Forschungs- und Entwicklungsvorhaben versucht diese Fragestellung entlang einer Reihe von Schlüsselthemen für erfolgreiche Kooperationskulturen zu verfolgen. Folgende Schwerpunktthemen sollen dabei aufgegriffen werden: Netzwerkentwicklung und -pflege, sektorenübergreifende Kooperation (unter Berücksichtigung der jeweiligen Handlungslogiken), Ressourcen und Förderstrukturen (unter der Berücksichtigung des Zusammenspiels von Haupt- und Ehrenamt), Rolle der Kommunen und kommunalen Netzwerke, Bedeutung der bestehenden regionalen Netzwerke von intermediären Organisationen der Arbeitswelt, Rolle von Unternehmen, Unternehmensnetzwerken und intermediären Organisationen, Rolle von gemeinnützigen Organisationen.

Dazu kann bisher an überzeugende Fälle aus der Kooperationspraxis zwischen kleinen und mittleren Unternehmen (KMU) und zivilgesellschaftlichen Organisationen angeknüpft werden, die unter Hinweis auf erforderliche Ergänzungen bereits untersucht und aufgearbeitet sind (zum Beispiel allgemein OM/BBE 2019a, b und c; Sendler 2019; für den Bildungsbereich Süß 2015 und 2021; Sendler 2022b), um jetzt systematisch in aller Breite Eingang in die Kultur der Zusammenarbeit für Synergien – auch mit den Kommunen – zu finden.

Dabei sind die legitimen unterschiedlichen Kulturen der Akteure bewusst zu berücksichtigen, deren Stellenwert für das Gemeinwesen regelmäßig fahrlässig unterschätzt wird. Jeder hat nach seinen Regeln zu arbeiten, dabei aber die überall vorhandenen Spielräume für zielbezogene Synergie zu nutzen. Diese Kulturen beeinflussen sich gegenseitig. Ein aktiver und übergreifender Lern- und Kreativitätsprozess öffnet die bestehenden Potenziale der Trisektoralität und bringt einen Schub für die gesellschaftliche Transformation. Ziel sind nicht schlichte Kompromisse. Unvermeidliche Spannungsverhältnisse zwischen den Beteiligten und Handlungsebenen bergen Innovationskraft, bessere Synergie und Koproduktion zwischen den Akteuren der Zivilgesellschaft, der Wirtschaft und der Verwaltung.

Entsprechende aktivierende Impulse mit Kreativ- und Energieschüben für die Gesellschaft brauchen allerdings die bereits erwähnte berechenbare, aktivierende Infrastruktur und verlässliche Prozesse zwischen den Beteiligten jenseits des Zufalls. Dann werden die Potenziale der trisektoralen Akteure in lebendigen Prozessen die Bereitschaft fördern, gemeinsam – jeder in seiner Kernrolle – nach guten Lösungen zu suchen und diese gemeinsam zu realisieren.

Die Beteiligten der Zivilgesellschaft und die intermediären Organisationen der Arbeits- und Wirtschaftswelt besitzen im BBE und in der OM bereits eigene vernetzte Strukturen, die innerhalb der Sektoren die beschriebenen beteiligungsorientierten Ansätze belegen. Die Potenziale dieser beiden großen Netzwerke der Akteure der Sektoren sollen für eine lebendige trisektorale Infrastruktur genutzt und ausgebaut werden.

Ein Blick auf die Zahlen macht das Potenzial dieser Akteure nachvollziehbar. Es geht um circa 630 000 gemeinnützige Organisationen mit rund 30 Millionen freiwillig in der Zivilgesellschaft Engagierten, um circa 12 000 Kommunen und eine Vielzahl weiterer Verwaltungen auf allen Ebenen, um circa drei Millionen KMU in den Regionen, die 70 Prozent des Arbeitsmarktes abdecken, sowie um rund 200 000 Beratende intermediärer Organisationen, die diese Betriebe unterstützen.

Fast alle diese Institutionen und Menschen arbeiten ständig in Millionen von Einzelfällen auf denselben – oder letztlich aus trisektoraler Perspektive vergleichbaren – Handlungsfeldern, die sich nach adäquatem Lösungsverständnis kaum noch voneinander trennen lassen und eher nur verschiedene Blickwinkel auf die Tragweite der gesellschaftlichen Potenziale und auf echte Struktur- und Prozessprobleme eröffnen.

## 5. Wege, Instrumente und Produkte zur Nachhaltigkeit des TRIS-Vorhabens

Die Potenziale der Synergien sind in Projekten des BBE und der OM – zwischen insbesondere den KMU und den gemeinnützigen Organisationen der Zivilgesellschaft – durch breit gefächerte praktische Beispiele bestätigt worden. Auch erste Entwicklungspfade dafür haben die OM und das BBE bereits angestoßen (OM/BBE 2019a, b und c).

Das TRIS-Vorhaben wird die Potenziale besser ausleuchten, systematisieren und konzeptionell für Infrastrukturen und Prozesse erschließen. Es wird seine Konzepte, Modelle und Produkte mit den Akteuren in und zwischen den zu beteiligenden Sektoren und mit anderen Initiativen und Projekten auf diesen Feldern abstimmen, auch um zu Inhalten und organisatorischen Lösungen geeignete, vorhandene Strukturelemente aufzugreifen, Synergien zu erzielen und Parallelstrukturen und -prozesse zu vermeiden. Dies gilt zum Beispiel auch für Projekte wie „Engagierte Stadt", „Engagiertes Land", Netzwerke zur Engagementinfrastruktur, zur Digitalisierung, zum Klimaschutz, zur Fachkräftesicherung, zur Wirtschaftsförderung und zur Zukunft in den Regionen, zu lokalen Bildungslandschaften, gegebenenfalls auch zur Strukturförderung in bisherigen Kohleregionen oder zu Unternehmensnetzwerken und zu Initiativen neuen sozialen Unternehmertums. Die in den Konzepten und Modellen des TRIS-Projektes entwickelten rahmenbildenden Funktions- und Anforderungsbeschreibungen sowie die Produkte sollen in Pilotregionen detailliert erprobt, überarbeitet und verstetigt werden.

Diese infrastrukturellen Möglichkeiten werden nur dann nachhaltig realisiert werden, wenn sie den handelnden Akteuren einen Nutzen bringen und zu ihrer eigenen Sache werden. Diese Akteure werden daher in die Entwicklung mit eingebunden. Wesentliche Gestaltungsfreiheit für die Ausprägungen und Konkretisierungen im Rahmen der grundlegenden Funktionserwartungen soll deshalb bei den in den Regionen handelnden Akteuren liegen. Zu den Einzelheiten wird es also Unterschiede zwischen den Regionen geben, die aber eine gegenseitige Perspektiverweiterung ermöglichen. Bei Vorrang der Funktionalität vor organisatorischen Aspekten sind vor allem Instrumente wie Kooperationsräume in der Region (zum Beispiel im Rahmen bestehender Einrichtungen wie Sozialversicherungen, Kammern, kommunale Einrichtungen und regionale Netzwerke) sowie digitale Informations- und Koordinierungsräume (Plattformlösungen etc.) von besonderem Erkenntnisinteresse (ergänzend hierzu Sendler 2022a, S. 44).

TRIS ist als Forschungs- und Entwicklungsvorhaben auf diese Weise ein Beobachtungs- und Klassifikationsprojekt für die tägliche Praxis geerdeter lebendiger Lern- und Experimentierräume. Der nach den aktuellen nationalen und internationalen Erschütterungen (Coronapandemie, Klimawandel, Ukrainekrieg) erforderliche Aufbruch ist hier gleichermaßen Chance und Herausforderung. Die Erfahrungen sollen über die bestehenden Netzwerke BBE und OM nach Projektende flächendeckend ausgerollt werden.

## 6. Der gegenseitige Nutzen

Im Folgenden sollen am Beispiel der Zusammenarbeit von zivilgesellschaftlichen Organisationen und von KMU in den Regionen noch einmal die gegenseitigen Potenziale beschrieben werden, an denen der TRIS-Gedanke ansetzt. Entsprechendes ist im Verhältnis zu den Verwaltungen ersichtlich.

Die Verbindungen zwischen zivilgesellschaftlichen Organisationen und Menschen aus KMU in der Region ist vielfältig: Viele Unternehmer*innen engagieren sich persönlich in Vereinen, Vorständen und Initiativen. Viele in gemeinnützigen Organisationen engagierte Menschen arbeiten in KMU der Region. Das eine funktioniert ohne das andere nicht. Diese Zusammenarbeit hat oft einen impliziten, informellen Charakter, sie funktioniert auf der Ebene der beteiligten Personen im Alltag ohne festgeschriebene Kooperationsvereinbarungen zwischen Betrieben und gemeinnützigen Organisationen (implizite Zusammenarbeit).

Die Zusammenarbeit zwischen zivilgesellschaftlichen Organisationen und KMU in der Region bietet beiden Bereichen nicht *den* Lösungspfad für die Herausforderungen, vor denen sie stehen. Aber er kann in vielen Bereichen einen hohen Nutzen für die Beteiligten erzeugen. Diese Potenziale wurden bisher von gemeinnützigen Organisationen und KMU nur ansatzweise ausgeschöpft.

Beide Seiten könnten sehr viel mehr voneinander haben, wenn sie die Zusammenarbeit bewusst, systematisch und geplant angehen (explizite Zusammenarbeit). Hierfür Konzepte, Produkte und Rahmenbedingungen zu untersuchen und zu beschreiben, ist eines der Ziele von TRIS.

Einige Beispiele für den Nutzen einer planvollen und systematischen Zusammenarbeit für beide Seiten werden in der folgenden Tabelle dargestellt.

# Infrastrukturen der Engagementförderung trisektoral entwickeln

| Nutzen einer systematischen Zusammenarbeit zwischen zivilgesellschaftlichen Organisationen und KMU in Regionen – Beispiele ||
|---|---|
| ... für zivilgesellschaftliche Organisationen in der Region | ... für KMU in der Region |
| **Handlungsbereich Mensch** | **Handlungsbereich Personal** |
| • Aktive Gemeinnützige können sich über gezielte Besuche in Unternehmen zu Organisationsfragen qualifizieren.<br>• Durch interessante gemeinsame Projekte mit Unternehmen kann die zivilgesellschaftliche Organisation engagierte Menschen aus den Unternehmen finden, begeistern und binden.<br>• Die gemeinnützige Organisation kann für ihre Organisation auf spezifische Kompetenzen von Gemeinnützigen, die über deren Erfahrungen mit Unternehmen entstanden sind, zurückgreifen – wie IT-Wissen, Administration, Budgetierung, Personalführung, Arbeitsschutz, Qualitätssicherung.<br>• Für einzelne Aktionen und Projekte, an denen Unternehmen beteiligt sind, kann die zivilgesellschaftliche Organisation Helfer*innen gewinnen. | • Engagement in der Zivilgesellschaft führt zu intensiveren Kontakten zu potenziellen Fachkräften und Auszubildenden. Dadurch steigen die Chancen der Personalrekrutierung (Beschäftigte werben Beschäftigte).<br>• Ein sozial engagiertes Unternehmen steigert die Personalbindung.<br>• Unterstützung von Beschäftigten in ihrem zivilgesellschaftlichen Engagement steigert ihre Motivation im Betrieb. Sie fühlen sich wertgeschätzt.<br>• Verantwortungsübernahme in der Zivilgesellschaft fördert Persönlichkeitsbildung und damit Verantwortungsübernahme im Betrieb.<br>• Das gesellschaftliche Engagement und die Übernahme von Verantwortung für die Gesellschaft fördern die Arbeitgeberattraktivität. |
| **Handlungsbereich Kommunikation** | **Handlungsbereich Kund*innen** |
| • Die zivilgesellschaftliche Organisation kann bei der Werbung für ihre inhaltlich (ethisch-normativ) motivierten Anliegen auf Kompetenzen von Menschen aus Betrieben gezielt zurückgreifen bzw. Unternehmen um Unterstützung bitten.<br>• Durch die Zusammenarbeit können die Rolle der zivilgesellschaftlichen Organisationen sowie die Bedeutung von sozialem Engagement für ein erfülltes Leben im Bewusstsein der Bevölkerung gefördert und gestärkt werden, da Menschen in Unternehmen dies durch die Zusammenarbeit erfahren.<br>• Die zivilgesellschaftliche Organisation kann von der Aufstellung und Vermittlung von Leitbildern aus betrieblichen Erfahrungen lernen (auch Mission Statements).<br>• Die gemeinnützige Organisation kann für die Organisation wirkungsvoller Kommunikationswege von Menschen aus Unternehmen lernen.<br>• Die zivilgesellschaftliche Organisation kann bei der Einrichtung, Organisation und Nutzung von IT/Social Media für die Kommunikation von Menschen aus Unternehmen lernen. | • Systematisches Engagement des Unternehmens in zivilgesellschaftlichen Organisationen schafft ein positives Bild bei Kund*innen und fördert die Kundenbeziehungen.<br>• Systematisches Engagement des Unternehmens in zivilgesellschaftlichen Organisationen führt zur Gewinnung neuer Kund*innen.<br>• Die zivilgesellschaftlichen Organisationen sind empfindliche Sonden für Entwicklungen. Dies erleichtert es dem Unternehmen, neue Trends, Entwicklungen und Ideen kennenzulernen und so seine Angebote und Produkte entsprechend kundenorientiert weiterzuentwickeln.<br>• Durch das Engagement des Unternehmens werden (strategische) Ressourcen erhalten und entwickelt – wie Kontakte zu Kund*innen, Kennenlernen der Bedarfe von Kund*innen, Absicherung von Aufträgen.<br>• Über die gemeinnützigen Organisationen werden die Netzwerke des Unternehmens produktiv erweitert. Das Unternehmen gewinnt Zugang zu Partnerorganisationen aus der Zivilgesellschaft. |

- Die zivilgesellschaftliche Organisation kann für das Ansprechen und die Werbung neuer Mitglieder von Menschen aus Unternehmen lernen.
- Die Zusammenarbeit kann für die öffentliche Wirksamkeit von bürgerschaftlichem Engagement hilfreich sein. Hier können Kommunikationsroutinen von Unternehmen häufig ohne großen Aufwand weiterhelfen (wie Medienpartnerschaften, das Zur-Verfügung-Stellen von PR-Kanälen).

| Handlungsbereich Finanzierung | Handlungsbereich Marketing |
|---|---|
| <ul><li>Durch Zusammenarbeit mit KMU aus der Region kann die zivilgesellschaftliche Organisation teilweise eine dauerhafte und verlässliche Finanzierung absichern (Abkehr von der „Projektitis").</li><li>Durch die Kooperation mit KMU aus der Region kann die zivilgesellschaftliche Organisation die Attraktivität als Fördernehmer*in und strategische*r Partner*in steigern.</li><li>Bei der Buchhaltung und Buchführung kann die zivilgesellschaftliche Organisation auf die Kompetenzen oder die Unterstützung von KMU der Region zurückgreifen.</li><li>Die zivilgesellschaftliche Organisation kann die Digitalisierungskompetenz der Betriebe im Bereich der Buchhaltung nutzen.</li></ul> | <ul><li>Ein systematisches Engagement mit Organisationen der Zivilgesellschaft fördert das Bild des Unternehmens und führt zur Imageverbesserung.</li><li>Eine bewusste Darstellung einer wertschätzenden Unternehmenskultur in zivilgesellschaftlichen Organisationen verbessert das Unternehmensbild („positiv über das Unternehmen sprechen").</li><li>Engagement und das damit verbundene positive Bild des Unternehmens in der Region können die Bekanntheit und den Absatz der Produkte und Dienstleistungen fördern.</li><li>Durch Engagement in der Zivilgesellschaft kann sich das Unternehmen positiv von der Konkurrenz abgrenzen.</li></ul> |
| Handlungsbereich eigene Anliegen und Werte | Handlungsbereich Verantwortung |
| <ul><li>Die zivilgesellschaftliche Organisation hat die Möglichkeit, die Kontakte zu den KMU in der Region systematischer zu nutzen, um ihre eigenen Anliegen und Werte wirkungsvoller bei den Menschen in den Unternehmen zu verbreiten.</li><li>Die zivilgesellschaftliche Organisation hat die Möglichkeit, KMU in der Region als aktive Mitstreiter für die Unterstützung und Verbreitung ihrer Anliegen und Werte zu gewinnen.</li><li>Die zivilgesellschaftliche Organisation hat die Möglichkeit, mit KMU in der Region möglichst langfristige strategische Kooperationen (Partnerschaften) zu vereinbaren und so stabiler die eigenen Anliegen und Werte zu verbreiten und auch neue Zielgruppen zu erreichen.</li></ul> | <ul><li>Das Unternehmen investiert bewusst in die Gemeinschaft und engagiert sich in der Region, um seine Bindung an die Region zu dokumentieren. Die Rolle des Unternehmens als wichtiger sozial engagierter Bestandteil der Region wird sichtbar.</li><li>Das Unternehmen zeigt seine soziale und moralische Verantwortung für die Gesellschaft und die Region (Tradition des sozialen Unternehmertums).</li><li>Durch gezielte Unterstützung gemeinnütziger Projekte dokumentiert das Unternehmen seine Verantwortung und gibt etwas an die Region zurück (Aspekt der sozialen Marktwirtschaft).</li></ul> |

Quelle: OM/BBE 2019a, S. 4 ff.

Ohne die Leistungen der zivilgesellschaftlichen Organisationen für die Gesellschaft könnten die KMU in der Region nicht existieren. Ohne die Arbeitsplätze und die finanziellen gesellschaftlichen Leistungen der KMU könnten die zivilgesellschaftlichen Organisationen nicht existieren. Die Leistungen der zivilgesellschaftlichen Organisationen und der KMU machen die Region lebensfähig und attraktiv. Politik und Verwaltung fördern in der Trisektoralität diese Grundlagen für eine attraktive Region, ohne die die Region nicht erfolgreich und lebenswert existieren könnte.

Diese trisektorale Zusammenarbeit ist somit auch Voraussetzung dafür, dass Politik und Verwaltung in der Region ihre originäre Aufgabe erfüllen können. Ein Verständnis dieser gegenseitigen Abhängigkeit und Bedingtheit sollte allen Akteuren der Trisektoralität bewusst sein. Am wirkungsvollsten wächst das Verständnis durch das Kennenlernen des anderen, durch konkrete Zusammenarbeit und durch kontinuierliche gemeinsame Erfahrungen im Laufe der Zeit.

Überkommene Denkmuster lassen sich nur durch gemeinsames Handeln und Lernen miteinander in praktischer Zusammenarbeit überwinden. Wie sich hierfür über Kooperationsräume in den Regionen infrastrukturelle Bedingungen schaffen und über übergreifende Informations- und Koordinierungsräume Rahmenbedingungen fördern lassen, ist das Anliegen des skizzierten Forschungs- und Entwicklungsvorhabens.

## Quellen

**BBE** 2021: BBE-AG Bildung und Engagement im gesellschaftlichen Raum, Zivilgesellschaft als zentraler Akteur in der deutschen Bildungslandschaft. In: BBE-Arbeitspapier 13, S. 43ff., im Internet unter https://www.b-b-e.de/fileadmin/Redaktion/06_Service/02_Publikationen/2021/2021-bbe-reihe-arbeitspapiere-013.pdf (eingesehen am 2.6.2022).

**OFFENSIVE MITTELSTAND (OM)/BUNDESNETZWERK BÜRGERSCHAFTLICHES ENGAGEMENT (BBE)** 2019a: Zusammenarbeit gemeinnütziger Organisationen mit kleinen und mittleren Unternehmen in der Region. Leitfaden zur Förderung der Synergien, im Internet unter https://www.b-b-e.de/unternehmen/projekt-synergie-unternehmen-zivilgesellschaft/ (eingesehen am 2.6.2022).

**OFFENSIVE MITTELSTAND (OM)/BUNDESNETZWERK BÜRGERSCHAFTLICHES ENGAGEMENT (BBE)** 2019b: Praxishilfe für kleine und mittlere Unternehmen. Zusammenarbeit mit gemeinnützigen Organisationen in der Region systematisch angehen. Neue Potenziale für ein erfolgreiches Unternehmen nutzen. Eine Selbstbewertung, im Internet unter https://www.b-b-e.de/unternehmen/projekt-synergie-unternehmen-zivilgesellschaft/ (eingesehen am 2.6.2022).

**OFFENSIVE MITTELSTAND (OM)/BUNDESNETZWERK BÜRGERSCHAFTLICHES ENGAGEMENT (BBE)** 2019c: Praxishilfe für gemeinnützige Organisationen. Zusammenarbeit mit

KMU in der Region systematisch angehen. Neue Potenziale nutzen. Eine Selbstbewertung, im Internet unter https://www.b-b-e.de/unternehmen/projekt-synergie-unternehmen-zivilgesellschaft/ (eingesehen am 2.6.2022).

SENDLER, Hans 2019: Recherchebericht Synergie Unternehmen/Zivilgesellschaft, BBE-Arbeitspapier Nr. 9, im Internet unter https://www.b-b-e.de/fileadmin/Redaktion/06_Service/02_Publikationen/2019/2019-bbe-reihe-arbeitspapiere-009.pdf (eingesehen am 2.6.2022).

SENDLER, Hans 2022a: Trisektoraler Bedarf an digitalen Informations- und Interaktionsplattformen. In: BBE-Dossier Nr. 10, S. 44, Digitales Europa und Zivilgesellschaft, im Internet unter https://www.b-b-e.de/fileadmin/Redaktion/06_Service/02_Publikationen/2021/2021-bbe-reihe-dossier-10.pdf (eingesehen am 2.6.2022).

SENDLER, Hans 2022b: Bildungsengagement besser beleuchten. In: BBE-Newsletter 9/2022, im Internet unter https://www.b-b-e.de/bbe-newsletter/ (eingesehen am 2.6.2022).

SÜSS, Sabine für den Bundesverband Deutscher Stiftungen (Hg.) 2015: Bildung ist Gemeinschaftsaufgabe, Stiftungen und ihr Beitrag zu einem kommunalen Bildungsmanagement, Lernen vor Ort, Erfahrungsberichte und Erfolgsgeschichten. Berlin.

SÜSS, Sabine (Hg.) 2022: Bildung bleibt Gemeinschaftsaufgabe. Berlin.

ANNETTE ZIMMER, ECKHARD PRILLER

# Zur Lage des Nonprofit-Sektors in Deutschland

## 1. Einleitung – ein Sektor im Wandel?

Der gesellschaftliche und politische Kontext hat sich in Deutschland in den letzten Dekaden deutlich verändert. Noch ist nicht abzusehen, wie sich dies auf den Nonprofit-Sektor als Infrastruktur des bürgerschaftlichen Engagements auswirken wird. Wird der Sektor seine ökonomische Stellung behaupten? Und was bedeutet die Zunahme des ungebundenen Engagements für den Sektor und seine Organisationen? Diesen Fragen wird im Folgenden unter Rekurs vorhandenen Datenmaterials zum deutschen Nonprofit-Sektor nachgegangen. Dabei weist das statistische Profil des Sektors Kontinuitäten auf, deutet aber auch auf Veränderung hin. Um die sich abzeichnenden Trends besser einordnen zu können, wird zunächst auf die typisch deutsche Tradition der privilegierten Partnerschaft zwischen Staat und NPOs (Nonprofit-Organisationen) eingegangen. Daran anschließend folgen ein Überblick über die Entwicklung des Sektors in Zahlen und eine Diskussion der Folgen der gesellschaftlichen und wirtschaftlichen Veränderungen für NPOs.

## 2. Korporatismus und Subsidiarität als privilegierte Partnerschaft zwischen Staat und NPOs

Um die aktuelle Entwicklung des Sektors einzuschätzen, ist zunächst seine traditionelle politische Einbindung in Form des Korporatismus und der Subsidiarität in den Blick zu nehmen. Als Korporatismus bezeichnet die Politikwissenschaft die Einbindung von NPOs in Form von Verbänden in die Gestaltung und Formulierung von Politik; der Rekurs auf NPOs als gemeinnützige Dienstleister bei der Umsetzung von Politiken (zum Beispiel Sozial- und Gesundheitspolitik) erfolgt eher unter Hinweis auf das Prinzip der Subsidiarität. Beide Begriffe, Korporatismus wie Subsidiarität, beziehen sich in Deutschland auf eine privilegierte Partnerschaft zwischen Staat und NPOs: Die Auswahl der NPOs und speziell der Verbände erfolgt staatlicherseits, wobei nur solche Verbände infrage kommen, die große gesellschaftliche Gruppen repräsentieren und deren föderaler Aufbau innerverbandliche Demokratie sicherstellt. Eine korporatistische Gestaltung der Staat-NPO-Beziehungen setzt voraus, dass die gesellschaftlichen Teilbereiche umfassend organisiert bzw. verbandsstrukturiert sind, und es sich bei den in das korporatistische oder subsidiäre Arrangement eingebundenen NPOs um die „Dächer" von Mitgliederorganisationen und damit von lokal tätigen NPOs handelt.

Dabei ist die Zusammenarbeit zwischen Staat und NPOs für beide Seiten von Vorteil. Die NPOs stellen ihre Organisationsressourcen in den Dienst staatlicher Politikziele und entlasten den Staat von Kosten für Steuerung und Kontrollen sowie für den Aufbau umfänglicher sozialstaatlicher Dienste. Als Gegenleitung erhalten die NPOs unter Beibehaltung ihrer Autonomie staatliche Unterstützung und öffentliche Förderung. In den wohlfahrtsstaatlichen (Gesundheit und Soziale Dienste) wie auch in den lebensweltlichen Bereichen (Sport und Freizeit) werden NPOs als privilegierte Partner unter Ausschluss kommerzieller Konkurrenz in eine „welfare partnership" (Salamon und Sokolowski 2018, S. 70) eingebunden und staatlicherseits in die Lage versetzt, Leistungen und Dienste bürgernah und flächendeckend anzubieten.

In Deutschland wurde dieses Arrangement unter Bezugnahme auf das aus der katholischen Soziallehre stammende Prinzip der Subsidiarität in der Sozialgesetzgebung festgeschrieben. Korporatismus und Subsidiarität dienten lange Zeit zur Legitimation der engen Zusammenarbeit zwischen Staat und Nonprofit-Sektor. Gleichzeitig war diese Public-private-Partnerschaft entscheidend für das stetige Wachstum des Sektors in ökonomischer wie arbeitsmarktpolitischer Hinsicht (Zimmer und Priller 2004, S. 55ff.).

## 3. Mitgliedschaft als Basiskonzept und Ende der privilegierten Partnerschaft

Die enge Zusammenarbeit zwischen Staat und NPOs basiert auf zwei grundlegenden Voraussetzungen: 1. Die Gesellschaft zeichnet sich durch einen hohen Organisationsgrad aus; sie ist verbandsstrukturiert und die Verbände sind insofern repräsentativ, als sie weite Teile der Bevölkerung qua Mitgliedschaft umfassen. 2. Individuelle Mitgliedschaft ist ein gesellschaftliches Strukturmoment und dient als Indikator für die Zugehörigkeit zu einem bestimmten sozialen Milieu, das sich durch Solidarität und Homogenität im Hinblick auf eine spezifische politisch-normative Orientierung auszeichnet. Das katholische und das sozialdemokratische – mit Abstrichen auch das liberale – waren die sozialen Milieus, die in Deutschland infolge von gesellschaftlicher Modernisierung und Industrialisierung im 19. Jahrhundert entstanden und bis in die jüngste Vergangenheit wirkungsmächtig geblieben sind.

Hierbei bildet das breite Spektrum der NPOs als Mitgliederorganisationen – die lokalen Vereine, Bezirksvertretungen, Ortsgruppen sowie auch Kirchengemeinden – die Basis der sozialen Milieus. Ihre jeweiligen Verbände übernehmen die Interessenvertretung auf den verschiedenen politischen Ebenen. Die direkte Einbindung in die Politik obliegt bis in die jüngste Zeit den milieuspezifischen Parteien, der CDU/CSU und der SPD als Volksparteien in Deutschland, wobei auf allen Ebenen eine enge Verbindung und personelle Verflechtung zwischen Parteien, Verbänden und Vereinen besteht. NPOs in Form der Dachverbände übernehmen hierbei Koppelungsfunktionen, indem sie die dezentralen politischen Entscheidungs- und Verwaltungsstrukturen miteinander verbinden und gesellschaftlich rückkoppeln. Danach waren die Staat-NPO-Beziehungen in Deutschland lange Zeit so gestaltet, dass der dezentralen Politik des deutschen Föderalismus mittels NPOs eine konzertierte Gesellschaft als Ausgleich gegenübergestellt war (Katzenstein 1987).

Durch diese Verbands- und Parteistrukturierung, die auf Mitgliedschaft als gesellschaftlichem Strukturmoment basiert, kommen NPOs und dem Nonprofit-Sektor insgesamt für gesellschaftliche Integration, Interessenausgleich, Demokratie und soziale Dienstleistungserstellung zentrale Bedeutung zu. Die Legitimation des NPO-Sektors als Partner der Politik, und zwar im Hinblick auf soziale Dienstleistungserstellung – „welfare partnership" – wie auch auf Mitregierung – „private interest government" (Streeck und Schmitter 1985) –, basiert auf der Bodenhaftung seiner Organisationen in Form sowohl von Mitgliedschaft als auch der Bereitschaft der Mitglieder zur freiwilligen Mitarbeit in Form von Engagement und zur Übernahme von Verantwortung im Ehrenamt bzw. in Leitungs- und Führungspositionen von NPOs. Diese Form der Einbindung des Sektors setzt vonseiten der Politik voraus, dass als primärer Steuerungsmodus von Politikgestaltung und Umsetzung nicht in erster Linie auf Wettbewerb und Konkurrenz rekurriert wird, sondern eben die privilegierten Partner – die Dachverbände des Sektors und ihre NPO-Mitgliederorganisationen – einen Sonderstatus genießen und im Rahmen von Politikgestaltung und -umsetzung (soziale Dienstleistungserstellung) nicht unter Konkurrenz gesetzt werden. Sind beide Bedingungen – die Bodenhaftung der NPOs in Form der Repräsentation großer gesellschaftlicher Gruppen aufgrund von NPO-Mitgliedschaft sowie der Schutz vor Konkurrenz als Interessenvertreter sowie als soziale Dienstleister – nicht mehr erfüllt, so ist der privilegierten Partnerschaft zwischen Staat und NPOs sowie deren korporatistischer oder subsidiärer Einbettung der Boden entzogen.

Dies ist in Deutschland inzwischen weitgehend der Fall. Dabei haben der Prozess der Erosion der sozialen Milieus, der Bedeutungsverlust von Mitgliedschaft als gesellschaftsstrukturierendes Moment sowie die Umsteuerung staatlicher Politik im Sinne des Neoliberalismus, der auf Konkurrenz unter Anbietern setzt und NPOs keine Privilegien einräumt, bereits in den 1980er-Jahren des vergangenen Jahrhunderts eingesetzt. Entsprechendes gilt für die Erosion der sozialen Milieus, deren zentralen Großorganisationen zunehmend die „Stammkunden" (Streeck 1987) verloren gegangen sind. Inzwischen zieht sich der Mitgliederverlust durch die gesamte Gesellschaft und zeigt sich in besonderem Maße bei den Kirchen, Parteien und Gewerkschaften.

Doch nicht nur als Mitgliederorganisationen und damit als gesellschaftsstrukturierendes Moment haben NPOs in Deutschland an Bedeutung eingebüßt. Auch als soziale Dienstleister sind sie längst nicht mehr privilegiert. Zwar bilden die Wohlfahrtsverbände – AWO, Caritas, Diakonie, DPVW, DRK, Zentrale Wohlfahrtsstelle der Juden – mit fast zwei Millionen Mitarbeiter*innen und knapp 120 000 Einrichtungen auch heute noch das ökonomische Schwergewicht des Nonprofit-Sektors. Aber die Zusammenarbeit zwischen den Verbänden und dem Staat ist nur noch bedingt durch das Prinzip der Subsidiarität geprägt. Längst sind kommerzielle Anbieter im Gesundheits- und Sozialbereich den Einrichtungen der Wohlfahrtsverbände, die lokal als NPO-Dienstleister tätig sind, gleichgestellt (Backhaus-Maul 2019).

Als Themenanwälte und Interessenvertretung haben die NPOs als Dachverbände aufgrund des Bedeutungsverlustes korporatistischer Politikgestaltung bereits seit Längerem an politischer Wirkungsmacht eingebüßt. Entsprechendes gilt infolge der Erosion des Subsidiaritätsprinzips auch für ihre privilegierte Stellung als Dienstleister. In vielen Bereichen sind NPOs heute nicht mehr die zentralen Partner der Politik. Insofern erfüllt der Nonprofit-Sektor seine Koppelungsfunktion als Scharnier zwischen Staat und Gesellschaft in Deutschland nur noch rudimentär bis gar nicht mehr.

## 4. Zum quantitativen Bild des deutschen Nonprofit-Sektors

Das quantitative Bild des Sektors spiegelt die Folgen dieser massiven gesellschaftlichen und politischen Veränderungen für NPOs bisher nur bedingt wider. Dies liegt auch an der nach wie vor äußerst unbefriedigenden Datenlage zum Nonprofit-Sektor in Deutschland. Trotz vielfältiger Bemühungen hat sich die amtliche Statistik bisher nicht der Beobachtung des Sektors angenommen und die systematische Erfassung anhand des UN-Handbook on Nonprofit-Institutions in the

System of National Accounts (United Nations 2003) implementiert. Der Auftrag zur Berücksichtigung der Nonprofit-Thematik in der amtlichen Statistik hätte längst von der Politik erfolgen müssen, die zur Gestaltung einer zukunftsfähigen Politik in schwierigen Zeiten auf solide Information gerade zur Entwicklung dieses wichtigen gesellschaftlichen Teilbereichs dringend angewiesen ist.

Darstellungen des quantitativen Profils des Sektors müssen daher immer noch auf die statistischen Berichterstattungen eines breiten Spektrums von Organisationen und Einrichtungen zurückgreifen. Datenerfassung und Berichterstattung zu NPOs sind hierzulande bisher nicht aufeinander abgestimmt und erfolgen zu unterschiedlichen Zeitpunkten und mit jeweils spezifischen Zielsetzungen. Ein Überblick über die verschiedenen Datenquellen und deren Wertig- und Verfügbarkeit findet sich in dem „Handbuch Zivilgesellschaft" (Strachwitz et al. 2020, S. 103–136).

Dabei weist die statistische Betrachtung, zumindest unter einer Langzeitperspektive, einen kontinuierlichen Anstieg der ökonomischen Bedeutung des Nonprofit-Sektors aus. Dies trifft sowohl auf die Entwicklung der Arbeitsplätze als auch des Umsatzes bzw. der Gesamtausgaben des Sektors zu. Vor der Wiedervereinigung hatte der Sektor in den alten Bundesländern 1,3 Millionen Arbeitsplätze. Mitte der 1990er-Jahre war die Anzahl im vereinigten Deutschland bereits auf 2,1 Millionen gestiegen; 2007 lag die Zahl der NPO-Arbeitsplätze nach Angaben des IAB-Betriebspanel bei 3,4 Millionen und 2016 bei 3,7 Millionen (Hohendanner et al. 2019, S. 94). Es handelt sich hierbei allerdings nicht primär um Vollzeitarbeitsplätze, sondern der deutliche Anstieg ist insbesondere auf die Zunahme von Teilzeitarbeitsplätzen und Minijobs zurückzuführen.

Sind also die Zuwächse bei der NPO-Beschäftigung in einem starken Maße auf Teilzeit und die Zunahme flexibler Beschäftigungsverhältnisse zurückzuführen, hat sich der Anteil der Ausgaben des Nonprofit-Sektors am Bruttoinlandsprodukt (BIP) zwar über den Beobachtungszeitraum nicht wesentlich verändert, allerdings ist er etwas rückläufig. Lag er in den 1990er-Jahren nach Berechnungen des Johns Hopkins Comparative Nonprofit Sector Project bei 3,9 Prozent (Zimmer und Priller 2004, S. 55), erreichte er 2007 einen Wert von 3,4 Prozent (Rosenski 2012, S. 212) und nach eigenen Hochrechnungen für 2016 nur noch 3,3 Prozent. Tendenziell lassen diese Entwicklungen auf eine zurückgehende ökonomische Bedeutung des NPO-Sektors schließen.

Auf diesen Trend weisen auch andere Indikatoren hin. War das Gründungsgeschehen von NPOs, insbesondere von Vereinen, bis in die jüngste Zeit durchgängig auf Wachstum, wenn nicht sogar Boom, angelegt, so hat sich dieser Trend stark abgeschwächt. Die Anzahl der Löschungen (2019 rund 9 000) aus den Vereinsregistern nähert sich sukzessive der Anzahl der Neueintragungen (2019 rund 12 000) an. Zwar verzeichnen die Einrichtungen der Wohlfahrtsverbände nach wie vor Zuwächse bei der Anzahl der Arbeitsplätze in ihren Häusern. Doch handelt es sich hierbei überwiegend um flexible Arbeitsverhältnisse und nicht um Vollzeitarbeitsplätze.

Auch ist die Stellung der Wohlfahrtsverbände auf den nunmehr Sozial- und Gesundheitsmärkten nicht mehr unangetastet. So hat sich die Anzahl der freigemeinnützigen Krankenhäuser bzw. der NPOs in den vergangenen 20 Jahren um rund ein Viertel verringert und ist von 856 im Jahr 2003 auf 650 im Jahr 2018 zurückgegangen. Hingegen hat sich die Zahl der privaten Krankenhäuser im gleichen Zeitraum um 33 Prozent erhöht (Gesundheitsberichterstattung des Bundes 2022).

Schließlich ist auch die Entwicklung des bürgerschaftlichen Engagements derzeit weniger von Wachstum und eher von Stabilität bzw. Stagnation geprägt. Zu diesem Ergebnis kommt auf Basis eines breiten Engagementbegriffs der Freiwilligensurvey aus dem Jahr 2019. So wird für 2019 ein Anteil von 39,7 Prozent der Personen ab 14 Jahren in Deutschland ausgewiesen, die in den zurückliegenden zwölf Monaten mindestens ein freiwilliges Engagement ausübten. Bei den früheren Erhebungen lagen die Engagementquoten 1999 bei 30,7 Prozent, 2004 bei 32,7 Prozent, 2009 bei 31,9 Prozent und 2014 bei 40,0 Prozent (Simonson et al. 2022, S. 1). Deutlich zurückgegangen ist dagegen die Bereitschaft zur Übernahme ehrenamtlicher (Leitungs-)Funktionen. Eindrucksvoll lässt sich dies anhand des Bereichs Sport und Bewegung, der nach wie vor in der Beliebtheit an der Spitze der Engagementbereiche steht, zeigen. Gemäß den Untersuchungen des Sportentwicklungsberichts von 2017/2018 ist die Gewinnung und Bindung ehrenamtlicher Funktionsträger*innen das mit Abstand größte Problem der Sportvereine. Aufgrund von Nachfolgeproblemen und Rekrutierungsschwierigkeiten beim ehrenamtlichen Leitungspersonal sah mehr als jeder zehnte Sportverein (14,5 Prozent) seine Existenz gefährdet (Breuer und Feiler 2019, S. 31f.).

## 5. Zusammenfassung und Ausblick

Der deutsche Nonprofit-Sektor wurde vor dem Hintergrund der Veränderungen seines Kontextes betrachtet. Wie stark sich die gesellschaftlichen Veränderungen auswirken, lässt sich unter anderem an den markanten Mitgliederverlusten der traditionellen Großorganisationen des Sektors – Kirchen, Parteien, Gewerkschaften – ablesen. Diesen kam lange Zeit die Ankerfunktion für die korporatistische Einbettung und subsidiäre Privilegierung des Sektors zu. Ihre starke Mitgliederbasis legitimierte die Sonderstellung von NPOs im Hinblick auf den Zugang zu politischen Entscheidungsprozessen wie auch hinsichtlich der besonderen Position von NPOs auf den Sozialmärkten. Diese solide Basis ist nicht mehr vorhanden. Sowohl die Mitgliederbasis wie auch die Bereitschaft, Leitungsaufgaben in NPOs zu übernehmen, ist zurückgegangen. Die Veränderungen an der Basis schlagen bisher nur bedingt auf das statistisch-ökonomische Bild des Sektors durch.

Noch weisen die Zahlen einen ökonomisch starken Nonprofit-Sektor aus. Allerdings ist hier einschränkend zu bemerken, dass die Datenlage zum Sektor und somit zur institutionellen Infrastruktur des bürgerschaftlichen Engagements in Deutschland nach wie vor mehr als defizitär ist. Gleichwohl weist das quantitative Bild des Sektors tendenziell auf eine Entwicklung hin, die nicht mehr primär durch Wachstum geprägt ist. Bei genauerer Betrachtung wird deutlich, dass der Anteil des Sektors an der gesamtwirtschaftlichen Entwicklung nicht mehr gewachsen, sondern eher rückläufig ist. Hält der Trend an, ist prospektiv von einem Rückgang der wirtschaftlichen Bedeutung des Nonprofit-Sektors in Deutschland auszugehen. Von einem Wachstumsboom der NPOs kann auf jeden Fall nicht mehr die Rede sein. Das Gründungsgeschehen, insbesondere bei Vereinen als der häufigsten NPO-Organisationsform, ist eher von Stabilität und nur noch geringem Wachstum gekennzeichnet.

Die Gründe hierfür sind vielfältig und reichen von der veränderten Position der NPOs auf den Sozialmärkten bis hin zur Professionalisierung und gleichzeitigen Kommerzialisierung vieler klassischer NPO-Arbeitsfelder, wie etwa dem Sport. Auch sind NPOs – und hier insbesondere die lokal tätigen Vereine – von den Veränderungen des Engagementverhaltens betroffen. Für sie wird es immer schwieriger, ihre ehrenamtlichen Leitungspositionen zu besetzen. Aber auch insgesamt zeichnet sich hinsichtlich der Entwicklung des bürgerschaftlichen Engagements ein gewisser Stillstand ab. Analog zum Rückgang der ökonomischen Bedeutung des Sektors ist perspektivisch auch eher von einer nachlassenden Bereitschaft der Bevölkerung zum bürgerschaftlichen Engagement auszugehen.

Es stellt sich die Frage, ob die Gefahr besteht, dass der Sektor seine Identität verliert und in Zukunft immer weniger Anreize zur freiwilligen Mitarbeit sowie zur Übernahme von ehrenamtlichen Leitungsaufgaben bietet. Vielleicht ist es höchste Zeit, dass der Nonprofit-Sektor sich an seine sozialökonomische Tradition erinnert. Als einer solidarischen Ökonomie verpflichteten Wertegemeinschaft könnte dem Nonprofit-Sektor in Deutschland dann vielleicht sogar eine Vorreiterrolle beim Umbau von Wirtschaft und Gesellschaft in Richtung Nachhaltigkeit und Sozialökonomie zuwachsen.

## Quellen

**BACKHAUS-MAUL,** Holger 2019: Zentrifugalkräfte in der Freien Wohlfahrtspflege: Wohlfahrtsverbände als traditionsreiche und ressourcenstarke Akteure. In: Freise, Matthias/Zimmer, Annette (Hg.): Zivilgesellschaft und Wohlfahrtsstaat im Wandel. Wiesbaden, S. 83–100.

**BREUER,** Christoph/Feiler, Svenja 2019: Sportvereine in Deutschland: Organisationen und Personen. Sportentwicklungsbericht für Deutschland 2017/2018 – Teil 1. Bonn: Bundesinstitut für Sportwissenschaft.

**GESUNDHEITSBERICHTERSTATTUNG DES BUNDES** 2022: Statistisches Bundesamt, im Internet unter https://www.destatis.de/DE/Themen/Gesellschaft-Umwelt/Gesundheit/Krankenhaeuser/_inhalt.html (eingesehen am 19.5.2022).

**HOHENDANNER,** Christian/Priemer, Jana/Rump, Boris/Schmitt, Wolfgang 2019: Zivilgesellschaft als Arbeitsmarkt. In: Krimmer, Holger (Hg.): Datenreport Zivilgesellschaft. Wiesbaden, S. 93–112.

**KATZENSTEIN,** Peter J. 1987: Policy and Politics in West Germany: The Growth of a Semisovereign State. Philadelphia.

**ROSENSKI,** Natalie 2012: Die wirtschaftliche Bedeutung des Dritten Sektors. In: Wirtschaft und Statistik (Statistisches Bundesamt), März 2012, S. 209–217.

**SALAMON,** Lester M./Sokolowski, Wojciech 2018: The Size and Composition of the European Third Sector. In: Enjolras, Bernard/Salamon, Lester M./Sivesind, Karl Henrik/Zimmer, Annette (Hg.): The Third Sector as a Renewable Resource for Europe (Open Access). Cham, S. 49–94.

**SIMONSON,** Julia/Kelle, Nadiya/Kausmann, Corinna/Tesch-Römer, Clemens (Hg.) 2022: Freiwilliges Engagement in Deutschland. Der deutsche Freiwilligensurvey 2019 (Open Access). Wiesbaden.

**STATISTISCHES BUNDESAMT:** Statistisches Jahrbuch, verschiedene Jahrgänge.

**STRACHWITZ,** Rupert Graf/Priller, Eckhard/Triebe, Benjamin 2020: Handbuch Zivilgesellschaft. Oldenbourg.

**STREECK,** Wolfgang 1987: Vielfalt und Interdependenz. Überlegungen zur Rolle von intermediären Organisationen in sich verändernden Umwelten. In: Kölner Zeitschrift für Soziologie und Sozialpsychologie, 39, S. 471–495.

**STREECK,** Wolfgang/Schmitter, Philippe C. 1985: Community, Market, State – and Associations? The Prospective Contribution of Interest Governance in Social Order. In: European Sociological Review, 1, S. 119–138.

**UNITED NATIONS, DEPARTMENT OF ECONOMIC AND SOCIAL AFFAIRS** 2003: Handbook on nonprofit institutions in the System of National Accounts, im Internet unter http://unstats.un.org/unsd/publication/seriesf/seriesf_91e.pdf (eingesehen am 17.5.2022).

**ZIMMER,** Annette/Priller, Eckhard 2004: Gemeinnützige Organisationen im gesellschaftlichen Wandel. Wiesbaden.

ÜMIT KOŞAN, WILFRIED KRUSE

# Migrantische Selbstorganisationen im Wandel: einige Hinweise

Das Panorama der Migrant*innen-Organisationen hat sich im letzten Jahrzehnt stark gewandelt. Migrant*innen-Organisationen gibt es in Deutschland, seit es Migration gibt. Während sie in den 1950er- und 1960er-Jahren ihren Mitgliedern vor allem herkunftsbezogen geschützte Räume, ein Gefühl von Heimat, Vertrauen und Solidarität in der Fremde vermittelten, begannen sie spätestens mit dem Anwerbestopp und der Verstetigung von Migration weitere Funktionen zu übernehmen, wie zum Beispiel in Bildung, Religion, Sport, Kultur. Auch als Interessensvertretungen setzten sie sich – jedenfalls punktuell erfolgreich – für die Belange ihrer Mitglieder ein.[1]

Von der Politik und anderen relevanten Akteur*innen wurden sie hingegen lange Zeit wenig beachtet bzw. skeptisch gesehen. Dies veränderte sich allmählich. Nachdem die ausländerfeindlichen und rassistischen Anschläge der frühen 1990er-Jahre den fragilen Zustand der Einwanderungsgesellschaft Deutschland offenbart hatten, wuchs die politische Aufmerksamkeit gegenüber dem Beitrag der Migrant*innen-Organisationen für ihre Gestaltung. Das Zuwanderungsgesetz von 2005, das erstmals „Integration" zu einer bundespolitischen Aufgabe machte, die – späte – Initiierung der „Integrationsgipfel" 2006 und der „Islamkonferenzen" sind hierfür ein zögerlicher Ausdruck.

## 1. Die Gestaltung der Verhältnisse „hier und jetzt" rückt stärker ins Zentrum

Während es nach wie vor Vereine gibt, die ihre Hauptaufgabe in der Verbindung zum Herkunftsland und dessen Religionen und Kulturen sehen, wuchs bei anderen die Überzeugung, dass es notwendig ist, aktiv fordernd und sich beteiligend an der Verbesserung der Lebensverhältnisse der Menschen mit Einwanderungs- und Fluchtgeschichte mitzuwirken. Zustand und Entwicklung der Einwanderungsgesellschaft Deutschland wurden verstärkt ins Zentrum gerückt.

---

1   Zur Entwicklung und Aktualität von Migrant*innen-Organisationen vgl. unter anderem SVR 2020.

Um in diesem Sinne auch auf politische Entscheidungen einwirken zu können, entstanden Verbände auf Bundesebene, teilweise gefördert durch ein Programm der Bundesregierung, aber vor allem in Ostdeutschland auch auf Landesebene. Dabei kann man zwei Typen von Verbänden unterscheiden: jene, die sich vor allem auf Eingewanderte aus einem Herkunftsland, einer Bevölkerungsgruppe oder einer religiös-kulturellen Orientierung beziehen und dies üblicherweise auch in ihrem Namen tragen, und jene, die bei sich Vereine unterschiedlicher Herkunft, Kulturen und Orientierungen zusammenschließen. Die Entstehung solcher herkunftsübergreifenden Verbände gehört neben dem gewachsenen Mitgestaltungsanspruch und einer kritischen Auseinandersetzung mit der Einwanderungsgesellschaft Deutschland zu den wichtigsten Entwicklungen im letzten Jahrzehnt. Einer ihrer Kritikpunkte ist auch 2022 immer noch das Defizit an „Augenhöhe".

## 2. BV NeMO: ein neuer Typ von Migrant*innen-Organisation

Zu dem „neuen Typ" von Migrant*innen-Organisationen gehört auch der Bundesverband Netzwerke von Migrant*innen-Organisationen (BV NeMO), gegründet 2015 (vgl. BV NeMO 2018). Er teilt mit anderen das Prinzip, in sich Vereine unterschiedlicher Herkunft, Tradition, Kultur etc. zu vereinigen, unterscheidet sich aber in einem wichtigen politischen Organisationsprinzip: Der BV NeMO ist kein Dachverband der üblichen Art, sondern ein Zusammenschluss von zurzeit mehr als 20 lokalen Verbünden, die ihrerseits herkunftsübergreifend aufgestellt sind. Eine solche breite Entwicklung von herkunftsunabhängigen, kulturübergreifenden, partizipativen und säkularen Migrant*innen-Organisationen ist ein Novum. Neu sind dabei auch die explizite Ausrichtung auf die Stadtgesellschaft, also dort, wo die Menschen leben und wo Teilhabe konkret wird, und das Ziel, die Mitgliedsvereine durch Professionalisierung, Beratung etc. systematisch zur Stadtgesellschaft hin zu öffnen, zu vernetzen und vor allem auch dort wirksam zu machen.

Der erste Verbund dieser Art entstand vor mehr als zehn Jahren mit dem vmdo in Dortmund: Es ist ein freiwilliger Zusammenschluss, dem sich keineswegs alle anschließen, sondern nur jene, die sehen, dass die gemeinsame Schnittmenge einer lokalen Interessenpolitik größer ist als zum Beispiel die Herkunftsgebundenheit. Insbesondere für kleinere Communitys, die ansonsten kaum eine Stimme haben, ist der Verbund attraktiv. Mittlerweile hat der vmdo über 60 Mitgliedsvereine, betreibt ein Begegnungshaus und ist kommunal durchaus anerkannt, was zum Beispiel darin zum Ausdruck kommt, dass er sowohl 2015/2016 als auch erneut für die Geflüchteten aus der Ukraine Übergangsunterbringungen betreibt (vgl. Hoesch 2019, S. 28–38).

BV NeMO als bundesweiter Zusammenschluss ist mehr und etwas anderes als ein Netzwerk, ähnelt eher einer sozialen Bewegung: Er gibt den gemeinsamen Grundorientierungen der lokalen Verbünde bundesweit „Stimme", zum Beispiel durch Positionierungen, die aber nicht „am Schreibtisch" entstehen, sondern in Erfahrungen und Bedarfen „vor Ort" wurzeln, also sich auf die Lebenswirklichkeit der Menschen mit Einwanderungs- und Fluchtgeschichte beziehen.[2]

## 3. Der „lange Sommer des Willkommens 2015" als Zäsur

Das Eintreffen einer großen Anzahl geflüchteter Menschen 2015/2016 stellt in verschiedener Hinsicht eine Zäsur dar.

Es zeigte sich im „langen Sommer des Willkommens" eine große Hilfsbereitschaft. Zugleich rief die starke Fluchtmigration völkische und nationalistische Akteure auf den Plan, wie zum Beispiel Pegida, die schon im Oktober 2014 mit ihren Demonstrationen in Dresden beginnt und eine Zeitlang einen erheblichen Zulauf zu verzeichnen hat. Das gesellschaftliche Klima wandelt sich; die rechtspopulistische Szene radikalisiert sich. Vor diesem Hintergrund kommt es zu gewalttätigen Übergriffen. Am 19. Februar 2020 tötete ein Rechtsextremist zehn Menschen in Hanau. Es war der dritte rechtsterroristische Anschlag in Deutschland innerhalb von neun Monaten, nach der Ermordung des Kasseler Regierungspräsidenten Walter Lübcke am 1. Juni 2019 und dem Attentat in Halle am 9. Oktober 2019. Mangelnde Aufklärung, wie sie schon für die mörderische Serie der NSU-Terrorist*innen beklagt wurde, wiederholt sich für Hanau und führt auch bei den Migrant*innen-Organisationen zu einer erheblichen Kritik an fortbestehendem und sich verschärfendem Rassismus und an diskriminierenden Verhältnissen.

## 4. In der Geflüchtetenarbeit vor Ort aktiv

Migrant*innen-Organisationen engagierten und engagieren sich in der Geflüchtetenarbeit „vor Ort". Sie bieten niedrigschwellig Verständigung, Orientierung, Unterstützung und eine Art „geschützten Raum". Bald zeigte sich, dass das Ankommen ein langwieriger und teilweise sehr schwieriger Weg ist. Im neuen Le-

---

2   www.bv-nemo.de (eingesehen am 7.6.2022).

ben müssen Alltagsroutinen entwickelt und eine materielle und soziale Basis für eine eigenständige Lebensführung erreicht werden. Manche Anerkennungsverfahren ziehen sich hin, Duldungen setzen hinter den neuen Alltag Fragezeichen. Das gesellschaftliche Klima wandelt sich: Übergriffe auf Gemeinschaftsunterkünfte und rassistische Diskriminierungen nehmen zu. Je länger das Hiersein nun schon ist, desto mehr belasten anhaltende Schwierigkeiten, unverständliche bürokratische Abläufe und Diskriminierungen.

Am Plan für den Aufbau eines neuen Lebensmittelpunkts hartnäckig festzuhalten und nicht den Mut zu verlieren, wird zu einer Herausforderung. Auch für die aktiven Unterstützer*innen, denn es ist so etwas Ähnliches wie ein „Langstreckenlauf". Die Erfahrungen, dass der Ankommensprozess langwierig ist und mit Schwierigkeiten und Rückschlägen verbunden sein kann, führt in Kombination mit der Tatsache, dass Fluchtmigration nicht aufhört, zu der Forderung, Arbeit mit Geflüchteten als lokal-kommunale Daueraufgabe zu verstehen, für die Migrant*innen-Organisationen unverzichtbar sind, und sie entsprechend aufzustellen und zu fördern. Wie berechtigt diese Forderung war und ist, wird aktuell durch die Ankunft vieler Geflüchteter aus der Ukraine mehr als deutlich.[3]

## 5. Das europäische Asylregime bleibt skandalös: bis auf Weiteres?

Was die europäische Asylpolitik betrifft, so wird „2015 darf sich nicht wiederholen" zum Credo einer zwischen den Mitgliedsländern kontroversen, aber insgesamt stark restriktiven und auf die Abschottung der „Festung Europa" angelegten Politik. Dabei kommt es an den Grenzen Europas vielfach zu einem inhumanen Umgang mit den Menschen auf der Flucht; das Ertrinken im Mittelmeer wird in Kauf genommen. Diese Erfahrungen machen gerade jene Migrant*innen-Organisationen, die sich in der Geflüchtetenarbeit stark engagieren, skeptisch gegenüber der Erwartung, dass die europaweite Offenheit gegenüber den Geflüchteten mit ukrainischer Staatsangehörigkeit der Beginn der Überwindung des restriktiven europäischen Asylsystems sei. Zumal gleichzeitig zu dieser Öffnung die skandalösen Zustände auf den griechischen Inseln, auf der Balkanroute, an der Grenze von Belarus zu Polen, an den spanischen Exklaven in Nordafrika und in Libyen fortbestehen (vgl. Beloe 2022).

---

3   Siehe als Beispiel für Geflüchtetenarbeit das Projekt Samo.fa: Stärkung von Aktiven aus Migrantenorganisationen in der Flüchtlingsarbeit, im Internet unter www.samofa.de (eingesehen am 7.6.2022).

## 6. Migrant*innen-Organisationen: immer stärker in wohlfahrtsstaatlichen Feldern aktiv

In diesen Jahren entsteht bei vielen Migrant*innen-Organisationen auch ein Professionalisierungsschub, vor allem durch die Übernahme sozialer Dienstleistungen, in der Regel in Form von Projektfinanzierungen. Schon vorher gab es dies, vor allem bei großen Organisationen. Aber die verstärkte Aufmerksamkeit, die Migrant*innen-Organisationen seit der zweiten Hälfte der 2010er-Jahre fanden, *und* die Herausforderungen der hohen Geflüchtetenzahlen führten zu einer deutlichen Akzentverlagerung von Migrant*innen-Organisationen von „reinen" Selbsthilfeorganisationen zu Aktivitäten, die traditioneller Weise mit den bestehenden Verbänden der Freien Wohlfahrtspflege in Verbindung gebracht werden. Sechs von deren Spitzenorganisationen sind in der Bundesarbeitsgemeinschaft der Freien Wohlfahrtsverbände (BAGFW) vertreten und werden unter Wahrung ihrer Autonomie staatlich gefördert.

Mit zunehmenden Aktivitäten von Migrant*innen-Organisationen in diesem Feld entwickelt sich eine neue wohlfahrtsstaatliche Gemengelage, die zum Beispiel um das Jahr 2015 herum zu einer Debatte um die Gründung islamischer Wohlfahrtsverbände führte (vgl. Schmid 2017, S. 189–210). Ob es Sinn macht – angesichts des Bedeutungsverlustes weltanschaulicher und religiöser Bindungen –, den mehrheitlich historisch so entstandenen Wohlfahrtsverbänden heute einen explizit religiös ausgerichteten Verband hinzuzufügen, steht eher infrage. Für die Bevölkerung mit Einwanderungsgeschichte insgesamt kann er jedenfalls keine exklusive „Vertretung" beanspruchen.

Nicht nur die islamischen Verbände, sondern auch die säkularen Organisationen und Verbünde reklamieren aber, dass sie mittlerweile unverzichtbare wohlfahrtsstaatlich erforderliche Leistungen erbringen, für ihre Durchführung allerdings vor allem auf ehrenamtliches Engagement und Projektförderung angewiesen sind, was unter anderem eine nachhaltige Professionalisierung erschwert (vgl. SVR 2022). Neben diesen ungleichen Arbeitsvoraussetzungen im Vergleich mit den etablierten Wohlfahrtsverbänden sehen sich die migrantischen Organisationen häufig von der strategisch-planerischen und koordinierenden Ebene ausgegrenzt, und dies sowohl auf Bundes- als auch auf Landes- und sogar auf kommunaler Ebene, was dort noch weniger als auf den anderen Ebenen nachvollziehbar ist. Eines ist sicher: Die gesellschaftlichen Realitäten erzwingen einen Wandel in der freien Wohlfahrtspflege.

## 7. Interne Herausforderungen

Für Migrant*innen-Organisationen, die sich im Feld wohlfahrtsstaatlicher Dienstleistungen bewegen, bringt dies auch eine Reihe von internen Spannungsverhältnissen und Herausforderungen mit sich. Sie sind charakteristisch für die aktuelle Phase der Entwicklung migrantischer Selbstorganisation.

So werden sie zum Beispiel mit der Etablierung von hauptamtlichen Stellen auch zum Arbeitgeber und zum Betrieb. Neben die vor allem ehrenamtlich getragene Vereinsarbeit tritt ein Dienstleistungsbereich mit angestelltem Personal, der bei Erfolg intern rasch an Gewicht gewinnt. Das Risiko des Bedeutungsverlustes der ehrenamtlichen Vereinsleitung und des ehrenamtlichen Engagements – bei gleichzeitigem weiteren Angewiesensein auf dieses – wächst. Das Verhältnis von Dienstleistung und ehrenamtlicher Arbeit muss neu austariert werden.

Mit dem zunehmenden Gewicht im lokalen Geschehen und darüber hinaus auf Bundes- und Landesebene wächst auch eine kritische Aufmerksamkeit. Die Einhaltung transparenter demokratischer Verfahrensweisen im Inneren wird zu einer Bedingung für den weiteren Erfolg im öffentlichen Raum. Dass sich Migrant*innen-Organisationen, die sich mit wohlfahrtsstaatlichen Aktivitäten und eigener Stimme einbringen, einer „besonderen Beobachtung" ausgesetzt sehen, ist eine Nachwirkung der jahrelang vorherrschenden Skepsis gegenüber Migrant*innen-Organisationen. Es gibt Wechsel bei verantwortlichen Personen; insgesamt werden die Anforderungen – insbesondere an Vorstände und Leitungen – komplexer. Es sind vielfältige Umbrüche in den Organisationskulturen zu beobachten. Alles dies ist auch Ausdruck eines tiefgreifenden Prozesses der Neuverortung der Migrant*innen-Organisationen im Rahmen dessen, wie sich die Einwanderungsgesellschaft Deutschland heute darstellt – eine aktive und noch nicht abgeschlossene „Suche" nach ihrem angemessenen Platz.

Die Coronakrise hat die Frage nach Platz und Rolle von Migrant*innen-Organisationen und damit auch die nach der Neuordnung der freien Wohlfahrtspflege erneut und nachdrücklich auf die Tagesordnung gesetzt.

## 8. Coronakrise: unermüdliches Engagement, wenig „Augenhöhe"

Im Frühjahr 2022 gibt es mit dem Ausstiegsfahrplan aus den strikten Coronamaßnahmen bei vielen ein Aufatmen. Dies aber mit Entwarnung gleichzusetzen, wäre fatal: Denn das würde nicht nur ignorieren, dass das Virus weiterhin aktiv ist, sondern auch, dass die sozialen Folgen der Coronakrise Langzeitwirkungen haben. Wer jetzt zu „business as usual" übergeht, nimmt in Kauf, dass sich die sozialen Ungleichheiten weiter verschärfen, die mit dem Beginn der Coronakrise ohnehin krasser wurden.

Bereits im April 2020 hatte der BV NeMO vor den gesundheitlichen und sozialen Folgen der Coronakrise gewarnt – auch eines sich verstärkenden Rassismus (vgl. BV NeMO 2020). Was vor knapp zwei Jahren befürchtet wurde, ist leider in erheblichem Umfange eingetreten, und zwar nicht nur hinsichtlich negativer sozialer Folgen, zum Beispiel für Kinder und Jugendliche in der Bildung, die durch das lahmende Sofortprogramm bei Weitem nicht aufgefangen werden, oder für Menschen in prekärer Beschäftigung oder für Geflüchtete in Gemeinschaftsunterkünften. Sondern es zeigt sich, dass auch die gesundheitlichen Risiken für Menschen in schwierigen sozialen Lagen größer sind, und hierzu zählen oftmals auch Menschen mit Einwanderungs- und Fluchtgeschichte.

Seit Beginn der akuten Coronakrise sind Aktive aus Migrant*innen-Organisationen engagiert: Sie besitzen Vertrauensbonus und Zugänge, die unverzichtbar sind, um insbesondere Menschen zu erreichen, denen vieles hier noch fremd ist oder die aufgrund verschiedener Erfahrungen oder problematischer Informationen auch auf Distanz zu offiziellen Stellen und Informationen gegangen sind.

Seit Beginn der Coronakrise machen Migrant*innen-Organisationen das Angebot zu einer engen, auch strategisch-konzeptionellen Zusammenarbeit. Nur selten ging die Politik auf dieses Angebot ein, während gleichzeitig der unermüdliche Einsatz vieler ehrenamtlich Aktiver gerne angenommen wurde. Und was sich überhaupt nicht erledigt hat, ist: Den Zugang zu Gesundheit und Gesundheitsdienstleistungen für alle so niedrigschwellig wie möglich zu machen. Auch hierbei sind Migrant*innen-Organisationen im Sinne von „Selbsthilfe & Dienstleistung" unverzichtbar. Auf Kontinuität gestellte Strukturförderung wäre ein politischer Ansatz, diese Unverzichtbarkeit materiell zum Ausdruck zu bringen.

## 9. Auch 2021 noch: Integration statt Teilhabe

In den letzten Jahren zeigt sich also ein erheblicher faktischer Bedeutungsgewinn von Migrant*innen-Organisationen, ohne dass dies seine Entsprechung im Sinne von „Augenhöhe" auf den politischen Ebenen hätte. Anhörung und Projektförderung waren und sind nach wie vor die gängigen Formate einer eher paternalistisch gefärbten „Zusammenarbeit", die merkwürdigerweise immer noch viele Anklänge an die alte Dualität von deutscher Aufnahmegesellschaft und migrantischer Zuwanderung hat. Dies spiegelt sich übrigens bis in das Jahr 2021 im offiziellen Wording wider: Das einwanderungsgesellschaftliche „Gipfeltreffen" hieß immer noch Integrationsgipfel, der Nationale Plan „Integrationsplan"; 2012 gab es den ersten Integrationsplan.

Inzwischen ist noch mehr Realität als vor 15 bis 16 Jahren, dass Deutschland eine Einwanderungsgesellschaft ist. Ein Teil der Menschen aus Familien mit Einwanderungsgeschichte ist erst vor einigen Jahren eingewandert, die große Mehrheit aber ist entweder hier geboren oder lebt seit Jahrzehnten hier. Dass im Titel des neuen Aktionsplans immer noch Integration steht und nicht Teilhabe, hat deshalb etwas Symptomatisches für die bisherige Politik. Migrant*innen-Organisationen waren zur Entwicklung des 2021 vorgestellten Aktionsplans eingeladen und haben sich beteiligt. Aus der Sicht zum Beispiel des BV NeMO ist es die Umsetzungsschwäche, die für viele Pläne der bisherigen Regierungen charakteristisch ist und die die Gipfel, die am Anfang durchaus einen symbolischen Anfangsimpuls setzten, zu einem „leerlaufenden Ritual" machte.

## 10. Neue Regierung: die Einwanderungsgesellschaft im Blick?

Diese Form der „Begegnung" zwischen der Politik und den Migrant*innen-Organisationen hat sich definitiv überholt, ein neues, angemessenes Format ist noch nicht gefunden. Ob der in der Koalitionsvereinbarung der Ampelkoalition festgehaltene Plan, die Repräsentanz und Teilhabe von Eingewanderten und ihrer Nachkommen durch ein Partizipationsgesetz zu verbessern, hierzu einen Beitrag leistet, müssen die konkreten Beratungen erbringen. Im Koalitionsvertrag kommen Migrant*innen-Organisationen nur an wenigen, eher nachgeordneten Stellen vor.

Mit Blick auf die neue Bundesregierung legte der BV NeMO „10 Punkte für 100 Tage" vor, um zu verdeutlichen, welche – frühen – Weichenstellungen für eine einwanderungsgesellschaftlich sensible neue Politik er für erforderlich hält (vgl. BV NeMO 2021). Dabei ging er davon aus, dass die Verschärfung sozialer Ungleichheiten, wie sie die Coronakrise erneut offenbart hat, und die überproportionale negative Betroffenheit von Menschen mit Einwanderungs- und Fluchtgeschichte darauf hinweisen, dass sich Deutschland als Einwanderungsgesellschaft in einer Krise befindet. Diese Einsicht wird offenbar von der „Ampel" so nicht geteilt: Denn trotz vieler guter Ansätze bleiben diese ressortgebunden. Das Ziel einer guten Einwanderungsgesellschaft wird *nicht* zu einer Querschnittsaufgabe für alle Ressorts gemacht. Dies und die Unterbewertung der Rolle von Migrant*innen-Organisationen – und übrigens auch der lokalen

Handlungsebene – lässt befürchten, dass die Chance zu einem fantasievollen neuen Denken, welches Migrant*innen-Organisationen unter anderem systematisch in jene Strukturen einbezieht, die Staat und Zivilgesellschaft verbinden, schon zu Beginn zumindest erschwert wird.

## Quellen

**BELOE**, Elizabeth 2020: Einwanderungsland auf dem Prüfstand. In: Frankfurter Rundschau vom 20. März 2022, im Internet unter https://www.fr.de/meinung/gastbeitraege/einwanderungsland-auf-dem-pruefstand-91422967.html (eingesehen am 7.6.2022).

**BV NEMO** 2018: Stadtgesellschaft neu denken: lokale Verbünde von Migrant*innen-Organisationen. Bundesverband Netzwerke von Migrantenorganisationen (BV NeMO e.V.): Geschichte, Ziele und Aufgaben, im Internet unter https://www.bv-nemo.de/fileadmin/_images_web/Medien/Broschueren/BV-NeMO_Broschu__re.pdf (eingesehen am 7.6.2022).

**BV NEMO** 2020: Corona-Krise: Teilhabe „vor Ort" darf nicht vertagt werden. Positionierung des BV NeMO vom 15. April 2020, im Internet unter https://www.bv-nemo.de/aktivitaeten-aktuelles/detail-1?tx_news_pi1%5Baction%5D=detail&tx_news_pi1%5Bcontroller%5D=News&tx_news_pi1%5Bnews%5D=55&cHash=3d99d93b743a22ed79ba8ff3aeca5930 (eingesehen am 7.6.2022).

**BV NEMO** 2021: Fortschritt ist auch: Aus Deutschland eine gute Einwanderungsgesellschaft machen, im Internet unter https://www.bv-nemo.de/meldungen/detail?tx_news_pi1%5Baction%5D=detail&tx_news_pi1%5Bcontroller%5D=News&tx_news_pi1%5Bnews%5D=234&cHash=d32514969be191d336712173dfec8472 (eingesehen am 7.6.2022).

**HOESCH**, Kirsten 2019: Heimatverein 4.0: Lokale Verbünde als Migrantenorganisationen neuen Tys. In: Migration und Soziale Arbeit, 41. Jahrgang, Heft 1/2019.

**SCHMID**, Hansjörg 2017: Von der Selbsthilfe zur Freien Wohlfahrtspflege. In: JCSW 58.

**SVR – SACHVERSTÄNDIGENRAT FÜR INTEGRATION UND MIGRATION** 2020: Vielfältig engagiert – breit vernetzt – partiell eingebunden. Migrantenorganisationen als gestaltende Kraft in der Gesellschaft. Berlin.

**SVR – SACHVERSTÄNDIGENRAT FÜR INTEGRATION UND MIGRATION** 2022: Systemrelevant: Migration als Stütze und Herausforderung für die Gesundheitsversorgung in Deutschland. Jahresgutachten. Berlin.

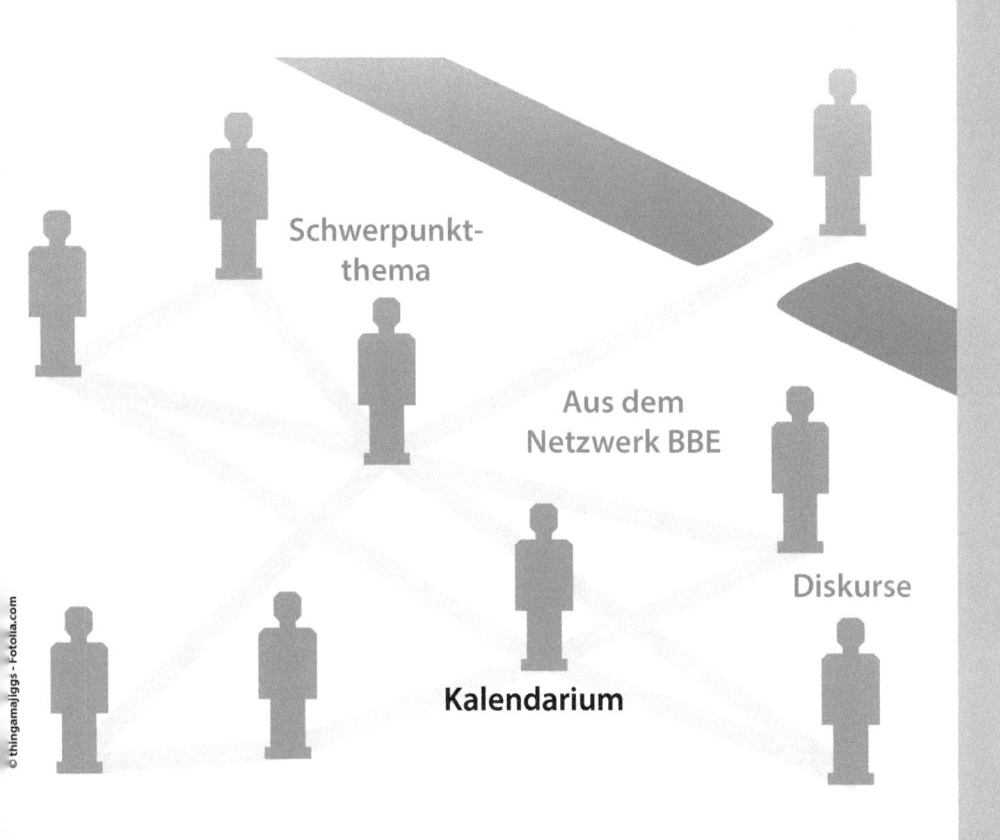

# Kalendarium

Schwerpunkt-
thema

Aus dem
Netzwerk BBE

Diskurse

**Kalendarium**

RAINER SPRENGEL

# Engagementpolitisches Kalendarium 1. Juni 2021 bis 31. Mai 2022

## Mai 2021 mit Nachträgen

*6.5.2021 (Berlin)*
**Positionspapier des Netzwerks Engagementförderung**

Am 6. Mai 2021 hat das Netzwerk Engagementförderung der Infrastruktureinrichtungs-Bundesverbände bei der Begleitung und Förderung von Engagement und Teilhabe ein Positionspapier veröffentlicht, mit dem es bessere Rahmenbedingungen für bürgerschaftliches Engagement fordert.

Positionspapier ◆ https://bagfa.de/wp-content/uploads/2021/05/2021_Positionspapier_Netzwerk_Engagementfoerderung.pdf

*12.5.2021 (Berlin)*
**Eckpunkte Demokratiefördergesetz**

Am 12. Mai 2021 hat das Bundeskabinett „Eckpunkte für ein Gesetz zur Stärkung und Förderung der wehrhaften Demokratie" beschlossen. Ein Gesetz ist daraus nicht mehr entstanden.

Eckpunkte ◆ https://www.bmfsfj.de/resource/blob/179334/97576dd4a085ab28e0cb56413 2e87e4c/20210512-eckpunkte-wehrhafte-demokratie-gesetz-data.pdf

## Juni 2021

*3.6.2021 (Berlin)*
**Forum Digitalisierung und Engagement: Schwerpunkt im „BBE-Newsletter"**

Der „BBE-Newsletter" Nr. 11 erscheint mit dem Schwerpunkt: Forum Digitalisierung und Engagement.

*9.6.2021 (Berlin)*
**Tätigkeitsbericht Unterausschuss „Bürgerschaftliches Engagement"**

Der Unterausschuss „Bürgerschaftliches Engagement" (UA BE) hat am 9. Juni 2021 den Bericht über seine Tätigkeit in der 19. Wahlperiode an den Ausschuss für Familie, Senioren, Frauen und Jugend übergeben. Im 8. Kapitel hat der UA BE zwölf Handlungsempfehlungen an Parlament und Regierung formuliert. Er empfiehlt im kommenden Bundestag die Einsetzung eines ordentlichen Ausschusses, der die Schwerpunktthemen bürgerschaftliches Engagement, Ehrenamt, Partizipation und Zivilgesellschaft zum Gegenstand haben soll.

Tätigkeitsbericht ◆ https://www.bundestag.de/resource/blob/846868/9c0ec7b2a2d4bcbb3 16d047dbd2591ab/Taetigkeitsbericht_19WP-data.pdf

*9.6.2021 (Berlin)*
**Transparenzregister- und Finanzinformationsgesetz**

Der Finanzausschuss hat am 9. Juni 2021 den von der Bundesregierung eingebrachten Entwurf eines Transparenzregister- und Finanzinformationsgesetzes beschlossen (Drucksache 19/28164). Elf Änderungsanträge der Koalitionsfraktionen wurden angenommen, bei denen es unter anderem um Erleichterungen für Vereine bei der Eintragung geht.

Transparenzregister- und Finanzinformationsgesetz ◆ https://dserver.bundestag.de/btd/19/281/1928164.pdf

*17.6.2021 (Berlin)*
**AG Freiwilligendienste: Schwerpunkt im „BBE-Newsletter"**

Der „BBE-Newsletter" Nr. 12 erscheint mit dem Schwerpunkt: AG Freiwilligendienste.

*22.6.2021 (Berlin)*
**Unterausschuss „Bürgerschaftliches Engagement": 32. Sitzung**

Am 22. Juni 2021 findet die 32. Sitzung des Unterausschusses „Bürgerschaftliches Engagement" des Deutschen Bundestages in der 19. Legislaturperiode öffentlich statt. Zentraler Tagungsordnungspunkt ist das Thema „Engagementpolitik in der 19. Wahlperiode – Bilanz und Ausblick".

Protokoll ◆ https://www.bundestag.de/resource/blob/863842/25423eec82433a462d050ee4 9d46f1fc/32-Sitzung_22-06-2021_Kurzprotokoll-data.pdf

*24./25.6.2021 (Berlin)*

**Stiftungsrechtsreform beschlossen**

Am 24. Juni 2021 wird das „Gesetz zur Vereinheitlichung des Stiftungsrechts und zur Änderung des Infektionsschutzgesetzes" beschlossen. Der Bundesrat stimmt diesem am 25. Juni 2021 in seiner 1006. Sitzung zu. Damit ersetzt zum 1. Juli 2023 ein bundeseinheitliches Stiftungsrecht das zersplitterte Landesstiftungsrecht und führt zu unterschiedlichen zeitlichen Daten weitere Änderungen ein, wie etwa ein Stiftungsregister mit Publizitätswirkung ab dem 1. Januar 2026.

    Stiftungsrechtsreform ◆ https://www.bundesrat.de/SharedDocs/drucksachen/2021/0501-0600/569-21.pdf?__blob=publicationFile&v=1

## Juli 2021

*1.7.2021 (Berlin)*

**Bürgerschaftliches Engagement zwischen Bürokratieentlastung & Gemeinnützigkeitsrechtsreform: Schwerpunkt im „BBE-Newsletter"**

Der „BBE-Newsletter" Nr. 13 erscheint mit dem Schwerpunkt: Bürgerschaftliches Engagement zwischen Bürokratieentlastung & Gemeinnützigkeitsrechtsreform.

*1.7.2021 (Berlin)*

**Engagementpolitische Empfehlungen des BBE zur Bundestagswahl 2021**

Das BBE benennt mit seinen Engagementpolitischen Empfehlungen für die im September anstehende Wahl zum 20. Deutschen Bundestag gegenüber den politischen Parteien die aus seiner Sicht wesentlichen Herausforderungen und zentralen Empfehlungen an die Engagementpolitik auf Bundesebene. Die Engagementpolitischen Empfehlungen wurden durch die Gremien des BBE beschlossen und liegen in Kurz- wie Langfassung vor.

    Engagementpolitische Empfehlungen ◆ https://www.b-b-e.de/engagementpolitische-empfehlungen

*1.7.2021 (Berlin)*

**Oppositionelle Engagementpolitik im Deutschen Bundestag 2017-2021**

Als Arbeitspapier Nr. 12 des BBE erscheint eine umfängliche Studie zur Engagementpolitik der Oppositionsfraktionen AfD, Bündnis 90/Die Grünen, Die Linke und FDP im Deutschen Bundestag 2017-2021. Es führt auch in Begriffe und Institutionen moderner Engagement- und Demokratiepolitik in einer kurzen Rekonstruktion seit der Jahrtausendwende ein.

    Arbeitspapier 12 des BBE ◆ https://www.b-b-e.de/aktuelles/detail/arbeitspapier-nr-12-oppositionelle-engagementpolitik-im-deutschen-bundestag-2017-2021-2021/

*5.7.2021 (Berlin)*
**Pandemie und Engagement: Aktivitäten der Bundesregierung**
Am 5. Juli 2021 beantwortet die Bundesregierung eine Kleine Anfrage der FDP-Fraktion zu den „Auswirkungen der Corona-Krise auf bürgerschaftliches Engagement in Deutschland" (Drucksache 19/31000). Die Seiten drei bis 15 bieten eine Tabelle mit ihren „Corona-Hilfs- und Unterstützungsmaßnahmen für den Engagementbereich".

Antwort der Bundesregierung ◆ https://dserver.bundestag.de/btd/19/310/1931000.pdf

*8.7.2021 (Berlin)*
**Engagement und Inklusion in Europa: Schwerpunkt in den „BBE Europa-Nachrichten"**
Die „BBE Europa-Nachrichten" Nr. 6 erscheinen mit dem Schwerpunkt: Engagement und Inklusion in Europa.

*12./19.7.2021 (West- und Mitteleuropa)*
**Hochwasserkatastrophe in West- und Mitteleuropa**
Vom 12. bis 19. Juli 2021 führt das Wettertief Bernd zu einer Hochwasserkatastrophe, die besonders in Nordrhein-Westfalen, Rheinland-Pfalz und Belgien zu über 200 Todesopfern führt. Die Ereignisse lösen viel finanzielles und ehrenamtliches bürgerschaftliches Engagement aus.

*29.7.2021 (Berlin)*
**Forum Digitalisierung und Engagement: Schwerpunkt im „BBE-Newsletter"**
Der „BBE-Newsletter" Nr. 15 erscheint mit dem Schwerpunkt: Forum Digitalisierung und Engagement.

## August 2021

*2.8.2021 (Berlin)*
**Entwurf für neues Gemeinnützigkeitsrecht**
Die Gesellschaft für Freiheitsrechte (GFF) hat am 2. August 2021 einen Entwurf für ein neues Gemeinnützigkeitsrecht vorgelegt. Die neue Bundesregierung, so die Erwartung, möge die Reform des Gemeinnützigkeitsrechtes auf ihre Agenda setzen.

Gesetzentwurf ◆ https://freiheitsrechte.org/demokratiestaerkungsgesetz/

*5.8.2021 (Berlin)*
**EU, Zivilgesellschaft und Klimawandel: Schwerpunkt in den „BBE Europa-Nachrichten"**
Die „BBE Europa-Nachrichten" Nr. 7 erscheinen mit dem Schwerpunkt: EU, Zivilgesellschaft und Klimawandel.

*18.8.2021 (Berlin)*
## BBE-Stellungnahme zu Afghanistan
Am 18. August 2021 äußert sich der BBE-Sprecher*innenrat zur Lage in Afghanistan mit einer Stellungnahme: „Wir fordern: Solidarität mit der Zivilgesellschaft Afghanistans". Der Sprecher*innenrat fordert eine unbürokratische Hilfe für alle Menschen, die für eine internationale Organisation gearbeitet haben, sich für Medienfreiheit, Frauenrechte und Demokratie einsetzten bzw. die Entwicklung der Zivilgesellschaft unterstützten. Alle diese Personen sieht er in Gefahr und unterstreicht die besondere Gefährdung von Frauen und Mädchen.

Stellungnahme ◆ https://www.b-b-e.de/aktuelles/detail/bbe-sprecherinnenrat-zur-lage-in-afghanistan/

*18.8.2021 (Berlin)*
## Arbeitspapier Zivilgesellschaft als zentraler Akteur in der deutschen Bildungslandschaft!
Mit dem Arbeitspapier Nr. 13 „Zivilgesellschaft als zentraler Akteur in der deutschen Bildungslandschaft!" macht die BBE-Arbeitsgruppe „Bildung und Engagement im gesellschaftlichen Raum" auf eine Lücke in der gesellschaftspolitischen Diskussion aufmerksam. Zivilgesellschaft ist ein wichtiger Bildungsakteur und sollte daher auch in der Bildungsdebatte berücksichtigt werden.

Arbeitspapier 13 des BBE ◆ https://www.b-b-e.de/aktuelles/detail/arbeitspapier-nr-13-zivilgesellschaft-als-zentraler-akteur-in-der-deutschen-bildungslandschaft-2021/

*26.8.2021 (Berlin)*
## Engagement und Tod: Schwerpunkt im „BBE-Newsletter"
Der „BBE-Newsletter" Nr. 17 erscheint mit dem Schwerpunkt: Engagement und Tod.

*26.8.2021 (Berlin)*
## Zivilgesellschaft und Bundestagswahl 2021
Das Dossier „Zivilgesellschaft und Bundestagswahl 2021" dokumentiert engagement- und demokratiepolitische Positionierungen und Forderungen zur Bundestagswahl 2021 aus der Zivilgesellschaft. Dabei handelt es sich vor allem um Stimmen aus dem zivilgesellschaftlichen Feld des BBE – ergänzt um weitere wichtige Stimmen.

Dossier Nr. 9 des BBE ◆ https://www.b-b-e.de/aktuelles/detail/zivilgesellschaft-und-bundestagswahl-2021-2021/

## September 2021

*9.9.2021 (Berlin)*

**Engagierte Stadt: Schwerpunkt im „BBE-Newsletter"**

Der „BBE-Newsletter" Nr. 18 erscheint mit dem Schwerpunkt: Engagierte Stadt.

*10.9.2021 (Berlin)*

**Auftakt zur 17. Woche des bürgerschaftlichen Engagements**

Am 10. September 2021 wird die Woche des bürgerschaftlichen Engagements feierlich eröffnet. Die Zuschauer*innen im Livestream erwartet ein vielfältiges Programm mit der Ernennung des Engagementbotschafters für „Engagement und Inklusion" und Livemusik von Tayo Awosusi-Onutor.

Auftaktveranstaltung ◆ https://www.engagement-macht-stark.de/engagementkalender/detail/auftaktveranstaltung-17-woche-des-buergerschaftlichen-engagements-ernennung-engagement-botschafterin/

*16.9.2021 (Berlin)*

**Europäische Werte sichtbar machen: Schwerpunkt in den „BBE Europa-Nachrichten"**

Die „BBE Europa-Nachrichten" Nr. 8 erscheinen mit dem Schwerpunkt: Europäische Werte sichtbar machen.

*23.9.2021 (Berlin)*

**Frauenrechte: Schwerpunkt im „BBE-Newsletter"**

Der „BBE-Newsletter" Nr. 19 erscheint mit dem Schwerpunkt: Frauenrechte.

## Oktober 2021

*4.10.2021 (Berlin)*

**Engagement der Künstler*innen für Europa: Schwerpunkt in den „BBE Europa-Nachrichten"**

Die „BBE Europa-Nachrichten" Nr. 9 erscheinen mit dem Schwerpunkt: Engagement der Künstler*innen für Europa.

*7.10.2021 (Berlin)*

**Angriff von rechts: Wie wehrt sich die demokratische Zivilgesellschaft?: Schwerpunkt im „BBE-Newsletter"**

Der „BBE-Newsletter" Nr. 20 erscheint mit dem Schwerpunkt: Angriff von rechts: Wie wehrt sich die demokratische Zivilgesellschaft?

*21.10.2021 (Berlin)*
**Dekolonisierungs- und Antirassismusarbeit: Schwerpunkt im „BBE-Newsletter"**
Der „BBE-Newsletter" Nr. 21 erscheint mit dem Schwerpunkt: Dekolonisierungs- und Antirassismusarbeit.

## November 2021

*11.11.2021 (Berlin)*
**Digitales Europa und Zivilgesellschaft, Teil I: Schwerpunkt in den „BBE Europa-Nachrichten"**
Die „BBE Europa-Nachrichten" Nr. 10 erscheinen mit dem Schwerpunkt: Digitales Europa und Zivilgesellschaft, Teil I.

*18.11.2021 (Berlin)*
**STAEpolSEL*: Schwerpunkt im „BBE-Newsletter"**
Der „BBE-Newsletter" Nr. 23 erscheint mit dem Schwerpunkt: STAEpolSEL*.

*24.11.2021 (Berlin)*
**Koalitionsvertrag der neuen Bundesregierung**
Am 24. November 2021 stellt die angehende Bundesregierung, gebildet von SPD, Bündnis 90/Die Grünen und FDP, den Koalitionsvertrag vor. Der Abschnitt „Zivilgesellschaft und Demokratie" beginnt so: „Bürgerschaftliches Engagement ist für den gesellschaftlichen Zusammenhalt sowie die Demokratiepolitik in den vergangenen Jahren immer bedeutsamer geworden." Das Gemeinnützigkeitsrecht soll modernisiert und der Förderauftrag der Deutschen Stiftung für Engagement und Ehrenamt (DSEE) gestärkt werden. Ein Demokratiefördergesetz soll nach Beratschlagung mit der Zivilgesellschaft bis Ende 2023 entstehen und das Bundesprogramm „Demokratie leben!" gestärkt werden. Und: „Wir erarbeiten mit der Zivilgesellschaft eine neue nationale Engagementstrategie." Am 7. Dezember 2021 wird der Vertrag von allen Beteiligten unterschrieben.

Koalitionsvertrag der Ampelregierung ◆ https://www.spd.de/fileadmin/Dokumente/Koalitionsvertrag/Koalitionsvertrag_2021-2025.pdf

*25.11.2021 (Berlin)*
**Digitales Europa und Zivilgesellschaft, Teil II: Schwerpunkt in den „BBE Europa-Nachrichten"**
Die „BBE Europa-Nachrichten" Nr. 11 erscheinen mit dem Schwerpunkt: Digitales Europa und Zivilgesellschaft, Teil II.

## Dezember 2021

### 2.12.2021 (Berlin)
**Forum Digitalisierung und Engagement: Schwerpunkt im „BBE-Newsletter"**

Der „BBE-Newsletter" Nr. 24 erscheint mit dem Schwerpunkt: Forum Digitalisierung und Engagement.

### 2./3.12.2021 (Berlin)
**Sechster Deutscher EngagementTag**

„Zivilgesellschaft zwischen Krisen und Nachhaltigkeit: Neue Themen – Zukunft schaffen" lautet das Motto des 6. Deutschen Engagementtages, den das Bundesministerium für Familie, Senioren, Frauen und Jugend (BMFSFJ) gemeinsam mit dem BBE ausrichtet, pandemiebedingt erneut digital.

### 9.12.2021 (Berlin)
**Zukunft Europas und CoFoE: Schwerpunkt in den „BBE Europa-Nachrichten"**

Die „BBE Europa-Nachrichten" Nr. 12 erscheinen mit dem Schwerpunkt: Zukunft Europas und CoFoE.

### 9.12.2021 (Berlin)
**Einsetzung der Ausschüsse im 20. Deutschen Bundestag**

Am 9. Dezember 2021 wurden mit einem gemeinsamen Antrag aller sechs Fraktionen des Deutschen Bundestages 25 ständige Ausschüsse eingesetzt (Drucksache 20/228). Ein ständiger Ausschuss für engagement- und demokratiepolitische Fragen ist nicht beschlossen worden – insofern müsste der Familienausschuss wieder einen Unterausschuss für bürgerschaftliches Engagement einsetzen.

> Einsetzungsbeschluss ◆ https://dserver.bundestag.de/btd/20/002/2000228.pdf

### 16.12.2021 (Berlin)
**Spenden/Fundraising/Anerkennungskultur: Schwerpunkt im „BBE-Newsletter"**

Der „BBE-Newsletter" Nr. 25 erscheint mit dem Schwerpunkt: Spenden/Fundraising/Anerkennungskultur.

### 22.12.2021 (Straßburg/Brüssel)
**Europäisches Jahr der Jugend offiziell beschlossen**

Die Europäische Kommission hatte am 14. Oktober 2021 ein Europäisches Jahr der Jugend 2022 vorgeschlagen, das von Kommissionspräsidentin Ursula von der Leyen in ihrer Rede zur Lage der Union am 15. September 2021 angekündigt worden war. Am 22. Dezember 2021 haben Europäisches Parlament und Rat den Vorschlag offiziell angenommen. Am 12. Januar 2022 wird die Europäische Kommission eine eigens geschaffene Website zum Europäischen Jahr der Jugend 2022 starten.

## Januar 2022

*12.1.2022 (Berlin)*
**Anwendungserlass zur Abgabenordnung: Änderungen vom 12. Januar 2022**
Der Anwendungserlass zur Abgabenordnung (AO) wurde am 12. Januar 2022 mit einem Schreiben des Bundesministeriums für Finanzen (BMF) geändert. Das 22-seitige Schreiben befasst sich dabei vor allem mit den steuerbegünstigten Organisationen ab § 51 der AO, landläufig als Gemeinnützigkeitsrecht diskutiert. Ein Schwerpunkt der Änderungen liegt beim Thema der politischen Betätigung zivilgesellschaftlicher Organisationen innerhalb wie außerhalb ihrer Satzungszwecke.

Anwendungserlass ◆ https://www.bundesfinanzministerium.de/Content/DE/Downloads/BMF_Schreiben/Weitere_Steuerthemen/Abgabenordnung/AO-Anwendungserlass/2022-01-12-aenderung-des-anwendungserlasses-zur-abgabenordnung-AEAO.pdf?__blob=publicationFile&v=2

*17.1./8.2.2022 (Berlin)*
**BBE-Arbeitsgruppen: konstituierende Sitzungen**
Im Zuge des Agenda-Setting-Prozesses 2021 beschloss die BBE-Mitgliederversammlung im November 2021 die Neu- und Wiedereinsetzung von zwölf Themenfeldern. Sieben davon wurden in Form von Arbeitsgruppen eingesetzt. Die konstituierenden Sitzungen dieser AGs fanden zwischen dem 17. Januar und dem 8. Februar 2022 statt. Sie beschäftigen sich mit den Themen: „Bürgerschaftliches Engagement und Kommune", „Migration, Teilhabe, Vielfalt", „Zivilgesellschaftsforschung", „Bildung und Engagement", „Digitalisierung", „Freiwilligendienste" sowie „Engagement junger Menschen". Im Rahmen der konstituierenden Sitzungen wurden die Sprecher*innenteams der jeweiligen AGs für die Jahre 2022 bis 2024 gewählt.

Bericht zu den konstituierenden Sitzungen ◆ https://www.b-b-e.de/bbe-newsletter/newsletter-nr-4-vom-2422022/konstituierende-sitzungen-der-bbe-ags-2022/

## Februar 2022

*3.2.2022 (Berlin)*
**Europäisches Jahr der Jugend: Schwerpunkt in den „BBE Europa-Nachrichten"**
Die „BBE Europa-Nachrichten" Nr. 1 erscheinen mit dem Schwerpunkt: Europäisches Jahr der Jugend.

## 16.2.2022 (Berlin)
### Unterausschuss „Bürgerschaftliches Engagement" erneut eingesetzt

In seiner Sitzung vom 16. Februar 2022 hat der Bundestagsausschuss für Familie, Senioren, Frauen und Jugend mit einem gemeinsamen Antrag der Fraktionen SPD, CDU/CSU, Bündnis 90/Die Grünen, FDP, AfD und Die Linke die Einsetzung eines Unterausschusses „Bürgerschaftliches Engagement" gemäß § 55 der Geschäftsordnung des Bundestages beschlossen. Er soll im Dialog mit den zivilgesellschaftlichen Akteuren an der Fortentwicklung der Engagementpolitik des Bundes mitwirken und dabei besonders die Stärkung von demokratischen Strukturen und Beteiligungsformaten im Blick haben. Der Unterausschuss soll an der Erarbeitung einer neuen Nationalen Engagementstrategie mitwirken sowie sich mit laufenden Gesetzesvorhaben und Initiativen befassen, die bürgerschaftliches Engagement und Demokratiepolitik betreffen. Schließlich soll er auch ausdrücklich, falls erforderlich, politische Initiativen vorbereiten.

Einsetzungsbeschluss ◆ https://www.bundestag.de/presse/hib/kurzmeldungen-881226

## 17.2.2022 (Brüssel/Straßburg)
### Bessere Bedingungen für zivilgesellschaftliches Engagement: Lagodinsky-Bericht

Am 17. Februar 2022 nimmt das EU-Parlament eine Reihe von Legislativempfehlungen an, um die Rechtslage der europäischen gemeinnützigen Organisationen zu harmonisieren und zu stärken. Der Lagodinsky-Bericht für die Gesetzesinitiative wurde mit 530 Ja-Stimmen, 146 Nein-Stimmen und 15 Enthaltungen angenommen.

Bericht ◆ https://www.europarl.europa.eu/doceo/document/A-9-2022-0007_DE.html

## 17.2.2022 (München)
### Neuer Sprecher*innenrat des BBE gewählt

Der Koordinierungsausschuss (KOA) des BBE wählt am 17. Februar 2022 einen neuen Vorsitzenden und vier neue Mitglieder in den fünfköpfigen BBE-Sprecher*innenrat. Rainer Hub (Diakonie Deutschland) wird zum Vorsitzenden gewählt. Ihm zur Seite stehen als weitere Mitglieder Oleg Cernavin (Stiftung „Mittelstand – Gesellschaft – Verantwortung", Offensive Mittelstand), Olaf Ebert (Stiftung Bürger für Bürger), Katja Hintze (Stiftung Bildung) und Friedemann Walther (Senatskanzlei Berlin).

## 18./20.2.2022 (München)
### Bundesweites Friedensgebet zur Münchener Sicherheitskonferenz

Vom 18. bis 20. Februar 2022 findet die Münchener Sicherheitskonferenz statt. An verschiedenen Orten der Landeshauptstadt München laden Hilfswerke, Verbände und kirchliche Friedensinitiativen zum Gebet am 18. Februar 2022 ein.

## 21.2.2022 (Moskau)
### Putins Kriegserklärung, auch an die internationale Zivilgesellschaft

In einer einstündigen Rede legitimiert der russische Präsident Wladimir Putin am 21. Februar 2022 den bevorstehenden Angriffskrieg auf die Ukraine. Er fordert nicht nur völkerrechtswidrig territoriale Grenzverschiebungen zugunsten Russlands, sondern erklärt auch seinen Krieg gegen die internationale Zivilgesellschaft. In der Ukraine sieht Putin NGOs neben den USA als den zweiten Aggressor an, die zusammen die Ukraine übernommen hätten und die Sicherheit Russlands bedrohen würden: „[…] Ukraine itself was placed under external control, directed not only from the Western capitals, but also on the ground, as the saying goes, through an entire network of foreign advisors, NGOs and other institutions present in Ukraine. They have a direct bearing on all the key appointments and dismissals and on all branches of power at all levels, from the central government down to municipalities, as well as on state-owned companies and corporations, including Naftogaz, Ukrenergo, Ukrainian Railways, Ukroboronprom, Ukrposhta, and the Ukrainian Sea Ports Authority."

    Rede Putins in der vom Kreml verbreiteten englischen Fassung ◆ http://en.kremlin.ru/events/president/news/67828

## 22.2.2022 (Berlin)
### Dachverband ukrainischer Organisationen fordert Sanktionen

Der Dachverband der Ukrainischen Organisationen in Deutschland (DUOD), Mitglied im Weltkongress der Ukrainer (WKU), verurteilt scharf die Entscheidung der Russischen Föderation, die von Russland sogenannten Volksrepubliken Donezk und Luhansk (DVR und LVR) anzuerkennen, die sie als von Terrororganisationen kontrolliert ansehen. Die DUOD fordert unter anderem die Sperrung der Konten und Beschlagnahmung aller Vermögenswerte von Präsident Wladimir Putin, seiner Familie, seinen Soldaten und seinem Gefolge, den Ausschluss Russlands von SWIFT und das Verbot des Einlaufens aller russischen Schiffe in westliche Häfen, ebenso auch das Ende der Gaspipeline Nord Stream 2. Zugleich erinnern sie an die seit acht Jahren andauernde, schleichende Besetzung der Ostukraine durch Russland.

    Erklärung des DUOD ◆ https://www.dach-ukraine.de/de/nachrichten/314-nord-stream-2-muss-sterben-sanktionen.html

## 24.2.2022 (Ukraine)
### Russland überfällt die Ukraine

Am 24. Februar 2022 überfällt die Russische Föderation von drei Seiten nach monatelangen Vorbereitungen die Ukraine.

*24.2.2022 (Berlin)*

**Diskussionspapier zu Demokratiefördergesetz**

Am 24. Februar 2022 haben das Bundesfamilienministerium (BMFSFJ) und das Bundesinnenministerium (BMI) zusammen ein Diskussionspapier zu einem Demokratiefördergesetz vorgelegt, das die neue Bundesregierung laut Koalitionsvertrag verabschieden will. Das Papier ist die Grundlage für eine Beteiligung der Zivilgesellschaft. Mehr als 200 Dachverbände, Fachorganisationen sowie Wissenschaftler*innen werden zu einer Stellungnahme eingeladen.

Diskussionspapier ◆ http://www.bmfsfj.de/diskussionspapier-demokratief%C3%B6rdergesetz

*24.2.2022 (Berlin)*

**Zivilgesellschaft und Ukraine-Russland-Krise: Schwerpunkt im „BBE-Newsletter"**

Der „BBE-Newsletter" Nr. 4 erscheint mit dem Schwerpunkt: Zivilgesellschaft und Ukraine-Russland-Krise.

## März 2022

*März 2022 (Berlin)*

**Alliance4Ukraine gegründet**

In Reaktion auf den Krieg in der Ukraine hat sich ein Bündnis aus zivilgesellschaftlichen Organisationen, Stiftungen und Unternehmen gebildet: die Alliance4Ukraine. Die Organisationen der Alliance4Ukraine wollen bestehende Strukturen in Deutschland stärken, die insbesondere die Aufnahme von Menschen auf der Flucht ermöglichen oder erleichtern können.

Informationen ◆ https://alliance4ukraine.org/

*3.3.2022 (Berlin)*

**Stellungnahme des BBE-Sprecher*innenrates zur Lage in der Ukraine**

Das BBE verfügt als europäisch vernetztes Engagementnetzwerk über Kontakte zu Partnerorganisationen in der Kriegsregion. In einer Stellungnahme vom 3. März 2022 solidarisieren sich der Sprecher*innenrat und die Geschäftsführung des BBE „mit den Menschen in der Ukraine, die unter Einsatz ihres Lebens für Freiheit und Demokratie ihres Landes einstehen". Zugleich unterstreichen sie, welche Bedeutung eine demokratische Zivilgesellschaft hat.

Stellungnahme ◆ https://www.b-b-e.de/aktuelles/detail/stellungnahme-des-bbe-sprecherinnenrates-zur-lage-in-der-ukraine/

*10.3.2022 (Berlin)*

**Klima & Gender: Schwerpunkt im „BBE-Newsletter"**

Der „BBE-Newsletter" Nr. 5 erscheint mit dem Schwerpunkt: Klima & Gender.

*17.3.2022 (Berlin)*
**Krieg gegen die Ukraine und Zivilgesellschaft: Schwerpunkt in den „BBE Europa-Nachrichten"**
Die „BBE Europa-Nachrichten" Nr. 2 erscheinen mit dem Schwerpunkt: Krieg gegen die Ukraine und Zivilgesellschaft.

*17.3.2022 (Berlin)*
**Ukraine-Hilfe: Erlass des BMF zu steuerlichen Fragen**
Am 17. März 2022 klärt das Bundesministerium für Finanzen (BMF) in einem Erlass steuerliche Maßnahmen zur Unterstützung der vom Krieg in der Ukraine Geschädigten. Die Anrechnung der Hilfeaktivitäten von gemeinnützigen Organisationen und Unternehmen wird steuerlich vereinfacht.

Erlass ◆ https://www.bundesfinanzministerium.de/Content/DE/Downloads/BMF_Schreiben/Weitere_Steuerthemen/Abgabenordnung/2022-03-17-Stl-Massnahmen-Unterstuetzung-Ukraine-Geschaedigte.pdf?__blob=publicationFile&v=4

*24.3.2022 (Berlin)*
**Engagement und Inklusion: Schwerpunkt im „BBE-Newsletter"**
Der „BBE-Newsletter" Nr. 6 erscheint mit dem Schwerpunkt: Engagement und Inklusion.

*24.3.2022 (Berlin)*
**Engagement und Inklusion: Schwerpunkt im „BBE-Newsletter"**
Der „BBE-Newsletter" Nr. 6 erscheint mit dem Schwerpunkt: Engagement und Inklusion.

## April 2022

*1.4.2022 (Berlin)*
**Konstituierende Sitzung der BBE-Agendakonferenz**
Erstmalig in der neuen BBE-Arbeitsperiode 2022 bis 2024 kommen am 1. April 2022 die Mitglieder der BBE-Agendakonferenz zusammen. Das Gremium setzt sich aus den gewählten AG-Sprecher*innen, den durch den BBE-Sprecher*innenrat ernannten BBE-Themenpat*innen, den Mitgliedern des BBE-Sprecher*innenrats sowie der BBE-Geschäftsführung zusammen.

## 6.4.2022 (Berlin)

### Unterausschuss „Bürgerschaftliches Engagement": 1. Sitzung

Am 6. April 2022 konstituiert sich der Unterausschuss „Bürgerschaftliches Engagement" des Deutschen Bundestages in der 20. Legislaturperiode. Dies ist damit seit 2002 zum 6. Mal in Folge geschehen. Die Leitung des Ausschusses übernimmt die neu gewählte stellvertretende Vorsitzende Ariane Fäscher (SPD), da die laut Geschäftsordnung designierte Vorsitzende von der AfD vom Ausschuss nicht gewählt wurde.

Sitzungsbericht ◆ https://www.bundestag.de/dokumente/textarchiv/2022/kw14-pa-ua-buergerschaftl-engagement-887604

## 7.4.2022 (Berlin)

### Engagement- und Demokratiepolitik im neuen Koalitionsvertrag: Schwerpunkt im „BBE-Newsletter"

Der „BBE-Newsletter" Nr. 7 erscheint mit dem Schwerpunkt: Engagement- und Demokratiepolitik im neuen Koalitionsvertrag.

## 14.4.2022 (Berlin)

### Engagement, Sport und Europa: Schwerpunkt in den „BBE Europa-Nachrichten"

Die „BBE Europa-Nachrichten" Nr. 3 erscheinen mit dem Schwerpunkt: Engagement, Sport und Europa.

## 21.4.2022 (Berlin)

### Neuer Beauftragter des BBE für europäische Angelegenheiten

Christian Moos wird vom Sprecher*innenrat des BBE zum neuen BBE-Europabeauftragten ernannt. Christian Moos ist seit 2011 Generalsekretär der überparteilichen Europa-Union Deutschland (EUD), seit 2012 Mitglied des Vorstands der Europäischen Bewegung Deutschland (EBD) und seit 2015 Mitglied des Europäischen Wirtschafts- und Sozialausschusses (EWSA). Sein Vorgänger, Dr. Frank Heuberger, bleibt der BBE Europaarbeit als Senior Berater Europapolitik erhalten.

## 21.4.2022 (Berlin)

### Engagiert für Klimaschutz – ausgewählte Projekte des Ideenwettbewerbs: Schwerpunkt im „BBE-Newsletter"

Der „BBE-Newsletter" Nr. 8 erscheint mit dem Schwerpunkt: Engagiert für Klimaschutz – ausgewählte Projekte des Ideenwettbewerbs.

*28.4.2022 (Berlin)*
**Russlands Angriffskrieg, Zivilgesellschaft und östliche Partnerschaft: Schwerpunkt in den „BBE Europa-Nachrichten"**
Die „BBE Europa-Nachrichten" Nr. 4 erscheinen mit dem Schwerpunkt: Russlands Angriffskrieg, Zivilgesellschaft und östliche Partnerschaft.

## Mai 2022

*4./5.5.2022 (Berlin)*
**C7-Abschlussdokument an Bundeskanzler Scholz übergeben**
Am 4. und 5. Mai 2022 findet der C7-Gipfel in Berlin in hybrider Form statt. Rund 500 Vertreter*innen aus mehr als 40 Ländern haben zuvor im Civil7-Prozess politische Empfehlungen an die G7-Staaten erarbeitet. Diese werden an Bundeskanzler Scholz als G7-Präsident übergeben und publiziert. Bundeskanzler Scholz nutzt den Civil7-Summit dazu, die Idee dieser Engagement Groups und die Rolle der Zivilgesellschaft zu skizzieren. Civil7 ist eine der offiziellen Engagement Groups der G7, neben Women7, Science7, Business7, Labour7, Thinktanks7 und Youth7.

Abschlussbericht ◆ https://civil7.org/wp-content/uploads/2022/05/Civil7-Communique-2022-1.pdf

*9.5.2022 (Brüssel)*
**Abschlussbericht der Zukunftskonferenz (CoFoE) übergeben**
Am 9. Mai 2022 nehmen Ursula von der Leyen und Emmanuel Macron den Abschlussbericht der Konferenz zur Zukunft der EU (CoFoE) entgegen. Dieser enthält 49 Reformvorschläge mit 300 Maßnahmen, die in einem einjährigen Prozess aus der Breite der Unionsbürgerschaft ihren Weg an die EU-Spitze gefunden haben. Sie gingen hervor aus 178 Empfehlungen der Europäischen Bürgerforen, aus Beiträgen der nationalen Foren und Veranstaltungen sowie aus fast 44.000 Postings zu über 16.000 Ideen, die auf der mehrsprachigen digitalen Plattform der Zukunftskonferenz erfasst wurden.

Abschlussbericht ◆ https://www.europarl.europa.eu/resources/library/media/20220509RES29121/20220509RES29121.pdf

*11.5.2022 (Berlin)*
**Unterausschuss „Bürgerschaftliches Engagement": 2. Sitzung**
Am 11. Mai 2022 findet die 2. Sitzung des Unterausschusses „Bürgerschaftliches Engagement" des 20. Deutschen Bundestags statt. Diese erste inhaltliche Sitzung widmet sich einer Standortbestimmung des Ehrenamts. Ziel ist es, aus der aktuellen Lage Erkenntnisse zu gewinnen, an welchen Stellen es im Bereich des bürgerschaftlichen Engagements der Unterstützung bedarf. Als Sachverständiger ist unter anderem der Hauptgeschäftsführer des BBE, PD Dr. Ansgar Klein, eingeladen.

*12.5.2022 (Berlin)*

**Frauen, Politik und Beteiligung: Schwerpunkt in den „BBE Europa-Nachrichten"**

Die „BBE Europa-Nachrichten" Nr. 5 erscheinen mit dem Schwerpunkt: Frauen, Politik und Beteiligung.

*19.5.2022 (Berlin)*

**10 Jahre Deutscher Diversity Tag – und wir?: Schwerpunkt im „BBE-Newsletter"**

Der „BBE-Newsletter" Nr. 10 erscheint mit dem Schwerpunkt: 10 Jahre Deutscher Diversity Tag – und wir?

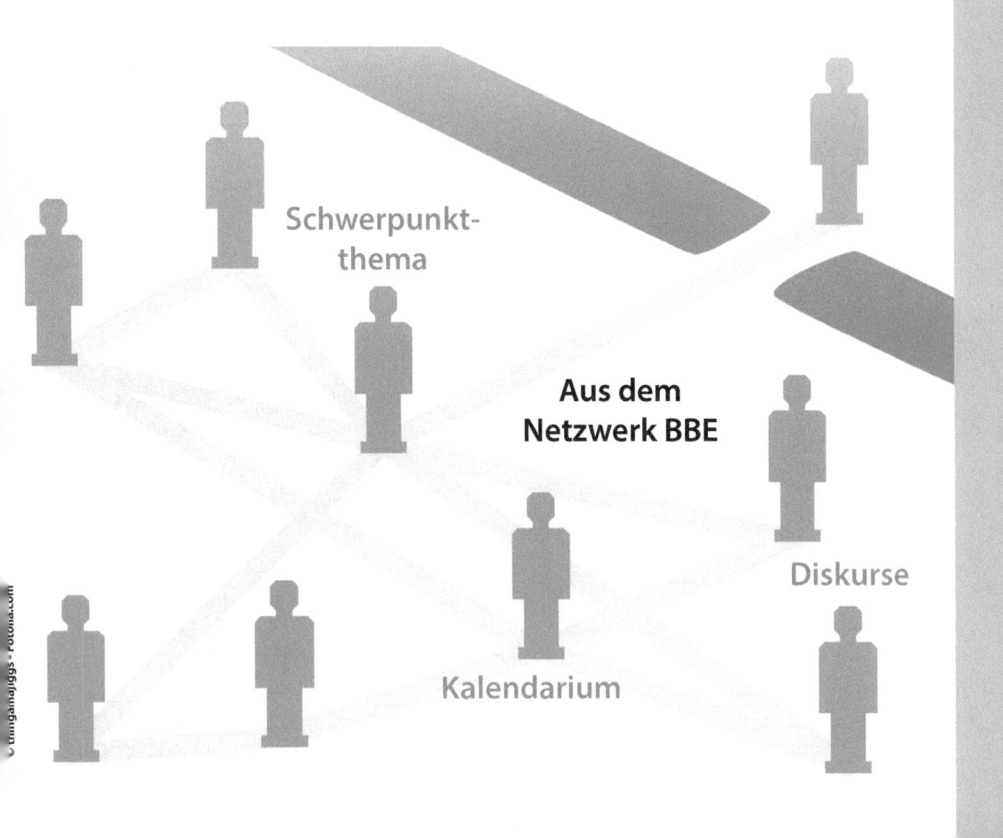

# Aus dem Netzwerk BBE

Schwerpunkt-
thema

**Aus dem
Netzwerk BBE**

Diskurse

Kalendarium

# ANSGAR KLEIN, LILIAN SCHWALB, MAREIKE JUNG, JOHANNA LERCH

## 1. Bericht aus dem Netzwerk

### 1.1. Einführung

Der Berichtszeitraum war von Herausforderungen und Krisen geprägt: eine andauernde Pandemie, eine sich stetig verschärfende Klimakatastrophe und schließlich der russische Einmarsch in die Ukraine. Die Krisen zeigen an vielen Stellen die Verletzlichkeit zivilgesellschaftlicher Strukturen. Es hat sich aber auch gezeigt, wie kraftvoll und unverzichtbar die Zivilgesellschaft ist und wie – nicht zuletzt durch Netzwerke und vorhandene Kommunikationsstrukturen – zivilgesellschaftliche Initiativen sehr schnell und unbürokratisch Hilfe leisten und Innovationen vorantreiben können. Gemeinsam mit den Partner*innen und Mitgliedern hat das Bundesnetzwerk Bürgerschaftliches Engagement (BBE) sich im letzten Jahr dafür eingesetzt, dieses zivilgesellschaftliche Engagement sichtbar zu machen, die Netzwerke zu stärken und die politischen Bedingungen für Engagement zu verbessern.

### 1.2. Krieg in der Ukraine

Mit großer Sorge betrachtet die (internationale) Zivilgesellschaft den Krieg in der Ukraine. Mit Angriffen auf Wohngegenden, Schulen, Krankenhäuser und zivile Fluchträume wird der Krieg mit zunehmender Brutalität gegen die Zivilbevölkerung geführt. Millionen Menschen, vor allem Frauen und Kinder, haben ihre Wohnungen in den Kriegsgebieten verlassen und sind in andere Regionen der Ukraine oder ins Ausland geflohen. Sie sind nun besonders auf Unterstützung angewiesen. Die ukrainische Zivilgesellschaft übernimmt in großem Maße Verantwortung für die Versorgung der Geflüchteten und spielt eine wichtige Rolle in der internationalen Berichterstattung und in Aufrechterhaltung vitaler Strukturen. Auch die Versorgung der Geflüchteten an den Grenzen, in den Nachbarländern und weiteren Aufnahmeländern wird von zivilgesellschaftlichem Engagement getragen. Auch wenn die weitere Entwicklung des Krieges noch offen ist, kann für die nächsten Jahre davon ausgegangen werden, dass weiterhin viel Unterstützung nötig sein wird.

Mitglieder des Sprecher*innenrates und der Geschäftsführung des BBE haben in einer Stellungnahme vom 3. März 2022 auf die bereits bestehenden Unterstützer*innen-Netzwerke, deren Wissen, Strukturen und Kompetenzen –

etwa im durch das Bundesministerium für Familie, Senioren, Frauen und Jugend (BMFSFJ) geförderten und auch das vom BBE mitgetragenen Programm „Menschen stärken Menschen" – hingewiesen. Bei allen weiteren Strategien und Überlegungen sei „die Zivilgesellschaft in Deutschland angesichts ihrer Erfahrungen, Kompetenzen und der in den vergangenen Jahren etablierten wichtigen Strukturen und Netzwerke mitzudenken, fachlich einzubeziehen und förderpolitisch weiter zu unterstützen" (vgl. hierzu die Stellungnahme zur aktuellen Situation in der Ukraine in diesem Band). Strukturelle Hürden seien abzubauen und eine Willkommenskultur weiterzuentwickeln.

Der Krieg zeigt darüber hinaus Bedrohungen, mit denen die Zivilgesellschaft in Zukunft weiter konfrontiert ist. Bereits vor dem Einmarsch in die Ukraine hat der russische Präsident Wladimir Putin die ukrainische und internationale Zivilgesellschaft als Gegner ausgemacht. Dem geht schon seit Jahren eine immer stärkere Einschränkung der Zivilgesellschaft in Russland voraus. Freiheitliche Räume sind in Russland kaum noch vorhanden. In den Medien und im Netz wird international eine Desinformationskampagne geführt, werden Aktivist*innen auch in Deutschland bedroht. Es ist zu befürchten, dass diese Angriffe auf die ukrainische, die russische wie auf die internationale Zivilgesellschaft und auf die Informationsfreiheit im Netz fortgesetzt und intensiviert werden. Umso wichtiger wird es sein, demokratische Räume, Institutionen und Strukturen zu stärken und Strategien gegen Desinformation im Netz zu entwickeln.

Das BBE pflegt seit Jahren enge Kontakte zu Partnerorganisationen in der Ukraine. Das BBE hat durch gemeinsame Projekte mit dem ukrainischen Zivilgesellschaftsnetzwerk UACSN bis Ende 2020 einen Beitrag zu dessen Entwicklung geleistet und mit Unterstützung des Auswärtigen Amtes die zivilgesellschaftliche Organisationsstärkung und den Netzwerkaufbau in der Ukraine gefördert. In Reaktion auf den Krieg in der Ukraine ist das BBE der Alliance4Ukraine beigetreten. Die Organisationen der Alliance4Ukraine – bestehend aus zivilgesellschaftlichen Organisationen, Stiftungen und Unternehmen – wollen bestehende Strukturen in Deutschland stärken, die insbesondere die Aufnahme und Begleitung von Menschen auf der Flucht ermöglichen oder erleichtern können.

Mit dem Beitrag zum Programm „Menschen stärken Menschen" des BBE, durch ein Engagement der Geschäftsführung und des Sprecher*innenrates in verschiedenen Koordinierungskreisen (zum Beispiel der Strategiegruppe des BMI [Bundesministerium des Innern und für Heimat]), die Eröffnung und Begleitung einer intensiven Facharbeit und den Austausch im Kreis der Mitglieder des BBE (Arbeitsgruppen, Workshops, Veranstaltungen) setzt sich das BBE dafür ein, dass bestehende Strukturen (re-)aktiviert werden, dass Kooperationen angebahnt, Kompetenzen und Expertise gebündelt werden und Engagement für geflüchtete Menschen sowie für Frieden und Freiheit seine Gestaltungskraft entfalten kann. Das BBE wird sich im Rahmen seiner Möglichkeiten weiter für die ukrainische Zivilgesellschaft einsetzen. Dabei wird davon ausgegangen, dass auch in Deutschland weiter Strukturen aufgebaut werden müssen, in denen Geflüchtete ihre Interessen vertreten und Schnittstellen zur deutschen bzw. europäischen Zivilgesellschaft aufgebaut werden können.

**1.3. Zivilgesellschaft und Corona**
Für die Zivilgesellschaft bedeutet die Pandemie weiterhin eine enorme Belastung. An vielen Orten sind Engagementstrukturen empfindlich eingebrochen. Vor allem kleine Initiativen verloren durch die Kontaktbeschränkungen ihre Arbeitsgrundlage und Einkünfte. Gleichzeitig hat zivilgesellschaftliches Engagement relevante Aufgaben in weiten Teilen übernommen, vor allem im Bereich der Nachbarschaftshilfe und im Bildungsbereich. Die politische Antwort auf die Krise war an vielen Punkten hilfreich und unbürokratisch, etwa durch Nothilfeprogramme zur Vermeidung von Insolvenzen, durch die Lockerung der Zuwendungspraxis oder durch Förderprogramme für Kunst und Bildung. Es braucht aber weiterhin wirksame Programme und begleitende Maßnahmen, um die zivilgesellschaftlichen Organisationen nach der Coronapandemie beim Neustart zu unterstützen. Bestehende Dialog- und Partnerstrukturen sollten gestärkt und neue etabliert werden, die für folgende Krisen eine enge Zusammenarbeit und Partizipation ermöglichen. Das BBE hat und wird weiterhin mit diversen fachlichen und politischen Aktivitäten, Konferenzen, Länderforen, Stellungnahmen und politischen Gesprächen auf diese Bedarfe hinweisen und zivilgesellschaftliche Stimmen an einen Tisch bringen, um notwendige Konsequenzen aus der Coronapandemie zu ziehen.

Das vergangene Jahr war auch in der Geschäftsstelle des BBE, bei Mitgliedern und Partner*innen stark durch die Pandemie geprägt. Arbeitstreffen und Konferenzen mussten in den digitalen Raum verlegt werden, persönliche Begegnungen waren nur eingeschränkt möglich, Kolleg*innen arbeiteten von zu Hause aus. Diese herausfordernde Situation wird noch immer mit Engagement und Lösungsorientiertheit von den Mitarbeitenden und Partner*innen des BBE geschultert. Durch die digital stattfindenden Arbeitstreffen und Veranstaltungen und damit wegfallende Reisezeiten konnten sich zugleich mehr Menschen aktiver als bisher im BBE beteiligen.

## 1.4. Zivilgesellschaft in der Klimakatastrophe

Die Flutkatastrophe im Juli 2021 im Ahrtal hat die Verletzlichkeit der Bevölkerung gegenüber der Klimakatastrophe einmal mehr gezeigt. Sie hat auch deutlich gemacht, wie sehr der Bevölkerungsschutz auf zivilgesellschaftliches Engagement angewiesen ist. Mitglieder und Partner*innen des BBE haben sich in vielfältiger Form in den vom Hochwasser betroffenen Orten engagiert. Das BBE hat dabei vor allem kommunikativ unterstützt und über die Situation vor Ort informiert. Deutlich geworden sind Ausbaubedarfe in Katastrophenschutz und Zivilschutz und der Ausbau und die Fortentwicklung der Bezüge zu Zivilgesellschaft und Engagement. In den folgenden Monaten ist zu beobachten, ob die bestehenden Strukturen der Einbindung von Engagierten und zivilgesellschaftlichen Strukturen weiter gestärkt und die Rahmenbedingungen verbessert werden.

Die Klimaveränderung stellt die Gesellschaft vor immense Herausforderungen. Ein Umbau der Gesellschaft, der Lebens- und Wirtschaftsweisen und des Energieverbrauchs hin zu einer nachhaltigen Wirtschaftsweise muss schleunigst vorangetrieben werden. Dies erfordert eine enge Zusammenarbeit von Staat, Unternehmen und Zivilgesellschaft und eine gemeinsame Entwicklung von Ideen und Wegen der Veränderung. Als multisektorales Netzwerk sieht sich das BBE in der Verantwortung, Organisationen sowie die Engagierten zusammenzubringen, um den notwendigen Wandel voranzubringen. Gemeinsam mit der Stiftung Mercator hat das BBE im Frühling 2021 das Programm „ENGAGIERT FÜR KLIMASCHUTZ" gestartet. Das Programm fördert mit einem Ideenwettbewerb, mit Konferenzen und Regionalgruppen innovative Ideen und Projekte und vernetzt Akteure aus Zivilgesellschaft, Wirtschaft und Wissenschaft, um Impulse für Veränderung zu setzen (vgl. hierzu Kapitel 2.2.3.).

## 1.5. Öffentlichkeitswirksame Vertretung engagementpolitischer Forderungen

Gemeinsam mit den Mitgliedern und Gremien des BBE hat der Sprecher*innenrat im Berichtszeitraum politische Forderungen zur Stärkung zivilgesellschaftlicher Initiativen wie auch der Einbindung der organisierten Zivilgesellschaft in politische Beratungen vertreten und die gesetzgeberischen Aktivitäten der Engagement- und Demokratiepolitik in Deutschland und Europa begleitet. Die Forderungen der Mitglieder hat das BBE durch Fachtagungen, Positionspapiere und im direkten Kontakt zu politischen Entscheider*innen vertreten. Zentrale Themen waren:

- Verabschiedung eines *Demokratiefördergesetzes*: Das BBE setzt sich weiterhin für die Verabschiedung eines Demokratiefördergesetzes zur strukturellen Förderung einer Infrastruktur für Engagement und Beteiligung ein. Die Verabschiedung eines solchen Gesetzes war zunächst im Juni 2021 gescheitert. Die regierende Ampelkoalition hat das Gesetzesprojekt im Februar 2022 wieder aufgegriffen. Auf Anfrage des BMI und des BMFSFJ haben Mitglieder von Sprecher*innenrat und Geschäftsführung in einem Positionspapier Empfehlungen für das Gesetzesvorhaben zur Verfügung gestellt. Das BBE vertritt den Standpunkt, dass ein solches Gesetz sich nicht auf Extremismusprävention im engeren Sinne beschränken dürfe, sondern die Förderkompetenz des Bundes sich auch auf die engagementfördernden lokalen und regionalen Strukturen in der Engagement- und Demokratieförderung erstrecken solle. Das BBE fordert daher einen breiten Förderansatz, der Demokratie- und Engagementförderung zusammenführt.

- *Reform des Gemeinnützigkeitsrechts*: Gemeinsam mit der Gesellschaft für Freiheitsrechte, der Allianz für Rechtssicherheit und weiteren Partner*innen hat das BBE die Reform des Gemeinnützigkeitsrechts begleitet. Die im Dezember 2020 verabschiedete Reform des Gemeinnützigkeitsrechts hat Erleichterungen und Verbesserungen gebracht. Es fehlt jedoch weiterhin eine Überarbeitung des Katalogs der gemeinnützigen Zwecke und eine gesetzliche Klarstellung zur politischen Betätigung gemeinnütziger Organisationen. Ein neuer Anwendungserlass des Finanzministeriums ist hilfreich, es bleiben aber Fragen offen. Das BBE setzt sich weiterhin dafür ein, dass gemeinnützige Organisationen sich im Rahmen ihrer Aufgabenstellung auch im Feld der politischen Meinungs- und Willensbildung betätigen können und neue Aufgabenstellungen der Zivilgesellschaft Eingang in den Zweckkatalog finden.
- *Lobbyregister*: Mit der Einführung des Lobbyregisters im März 2022 wurden Forderungen des zivilgesellschaftlichen Sektors nach mehr Transparenz in der Gesetzesentstehung umgesetzt. Das Gesetz betrifft auch gemeinnützige Organisationen in ihrer Eigenschaft als *public interest advocates*. In der Entwicklung des Gesetzesvorhabens wurden die Bedürfnisse gemeinnütziger Organisationen gehört und mitberücksichtigt. In der Umsetzung haben sich jedoch weitere Schwierigkeiten des Gesetzes gezeigt, die besonders Spenden sammelnde Organisationen betreffen. Gemeinsam mit dem Bündnis für Gemeinnützigkeit setzt sich das BBE für eine Überarbeitung des Lobbyregistergesetzes ein, um bürokratische Hürden, unbeabsichtigte Auswirkungen auf Interessen von Spender*innen und unangemessene Haftungsrisiken für gemeinnützige Organisationen zu verringern.
- *Bundestagswahl und Koalitionsverhandlungen 2021*: Im Vorfeld zur Bundestagswahl wurden die engagementpolitischen Forderungen der Mitglieder in

einem umfangreichen Prozess diskutiert, zusammengefasst und als Positionspapier publiziert.[1] Das Thema Engagementpolitik hat einen vergleichsweise breiten Eingang in den Koalitionsvertrag der regierenden Parteien gefunden. Zu Beginn der neuen Legislatur wurde Kontakt zu den neuen Minister*innen aufgenommen, um ins Gespräch über engagement- und demokratiepolitische Positionen zu kommen. Für die geplante Nationale Engagementstrategie hat sich das BBE als Partner angeboten. Das BBE hat zeitnah das Gespräch mit den neuen Engagementpolitiker*innen der demokratischen Bundestagsparteien aufgenommen.

### 1.6. Engagement- und demokratiepolitische Agenda der Ampelkoalition

Aus ersten Äußerungen der Ampelkoalition wird hier folgende Agenda sichtbar:
- Ein vom BBE geforderter Hauptausschuss für Engagement- und Demokratiepolitik wurde nicht umgesetzt. Doch wurde die Agenda des erneut eingesetzten Unterausschusses „Bürgerschaftliches Engagement" im Deutschen Bundestag um Demokratiepolitik erweitert. In seiner konstituierenden Sitzung am 6. April wurde die Kandidatin der AfD für den Vorsitz des Unterausschusses nicht gewählt. Der Unterausschuss wird daher von der stellvertretenden Vorsitzenden, Ariane Fäscher (SPD), geleitet.
- Der Entwurf eines „Demokratiefördergesetzes" soll bis Dezember als Kabinettsvorlage vorliegen. Im Vorfeld wurde die Zivilgesellschaft beteiligt und dies soll auch im parlamentarischen Verfahren der Fall sein. In einer ersten Befragung wurden 200 Organisationen aus der Zivilgesellschaft, darunter das BBE, um eine dreiseitige Stellungnahme gebeten (vgl. hierzu die Stellungnahme zum Entwurf eines Demokratiefördergesetzes in diesem Band).
- Partizipative Erstellung einer Nationalen Engagementstrategie – das BBE hat sich bereit erklärt, einen solchen partizipativen Prozess zu begleiten.
- Stimmen aus der SPD-Bundestagsfraktion kommen zu dem Vorschlag für eine Enquete-Kommission für „Demokratie- und Engagementpolitik" in dieser Legislaturperiode. Das BBE begrüßt diesen Vorschlag, hat es doch schon lange eine solche Kommission gefordert. Diese könnte einen Hauptausschuss für „Engagement- und Demokratiepolitik" für die kommende

---

1 https://www.b-b-e.de/aktuelles/detail/engagementpolitische-empfehlungen-des-bundesnetzwerks-buergerschaftliches-engagementfuer-ein-regierungsprogramm-der-20-legislaturperiode/#:~:text=Von%20der%20neuen%20Bundesregierung%20erhofft,Jahr%202021%20hinaus%20umgesetzt%20werden (eingesehen am 27.6.2022).

Legislaturperiode empfehlen, wichtige Vorbereitungen seiner Agenda leisten und fachwissenschaftliche Expertise wie auch Öffentlichkeit für die eng zusammenhängenden jungen Politikfelder in den kommenden Jahren deutlich stärken.
- Angesichts der Ukraine-Geflüchteten wird das Programm „Menschen stärken Menschen" weitergeführt und ausgebaut und auch das Programm „Demokratie leben!" wird weiter ausgebaut.
- Die Deutsche Stiftung für Engagement und Ehrenamt (DSEE) soll konsequent als Förderstiftung ausgebaut und tätig werden.

## 1.7. Neuaufstellung der thematischen Agenda und der Gremien

Im Zuge des Agenda-Setting-Prozesses 2021 beschloss die BBE-Mitgliederversammlung im November 2021 die Neu- und Wiedereinsetzung von zwölf Themenfeldern. Sieben davon wurden in Form von Arbeitsgruppen eingesetzt. Die konstituierenden Sitzungen dieser AGs fanden zwischen dem 17. Januar und dem 8. Februar 2022 statt. Sie beschäftigten sich mit den Themen: „Bürgerschaftliches Engagement und Kommune", „Migration, Teilhabe, Vielfalt", „Zivilgesellschaftsforschung", „Bildung und Engagement", „Digitalisierung", „Freiwilligendienste" sowie „Engagement junger Menschen".

Im Rahmen der konstituierenden Sitzungen wurden die Sprecher*innenteams der jeweiligen Arbeitsgruppen (AGs) für die Jahre 2022 bis 2024 gewählt. In den AGs findet der fachliche Austausch von Expert*innen aus Theorie und Praxis statt, hier werden praktische Beispiele der Engagementförderung vorgestellt, neue wissenschaftliche Erkenntnisse diskutiert und gemeinsame Vorhaben entwickelt und umgesetzt. Informationen zu den neuen AGs werden auf der BBE-Website veröffentlicht und laufend aktualisiert. Bei Interesse an der Mitarbeit in einer AG können sich Mitglieder unter info@b-b-e.de zur Aufnahme in den Verteiler melden und erhalten dann regelmäßig die Einladungen zu den Sitzungen.

Der Koordinierungsausschuss (KOA) des BBE wählte am 17. Februar 2022 einen neuen Vorsitzenden und vier neue Mitglieder in den fünfköpfigen BBE-Sprecher*innenrat. Diese Sprecher*innen vertreten das BBE für die kommenden drei Jahre: Rainer Hub (Diakonie Deutschland) wurde zum Vorsitzenden des Sprecher*innenrates gewählt. Ihm zur Seite stehen als weitere Mitglieder Oleg Cernavin (Stiftung „Mittelstand – Gesellschaft – Verantwortung", Offensive Mittelstand), Olaf Ebert (Stiftung Bürger für Bürger), Katja Hintze (Stiftung Bildung) und Friedemann Walther (Senatskanzlei Berlin).

## 1.8. Ausbau der Zusammenarbeit mit der Deutschen Stiftung für Engagement und Ehrenamt (DSEE)

Erste gemeinsame Projekte zwischen DSEE und BBE wurden im Jahr 2021 gestartet, allen voran das Kooperationsprojekt „Engagiertes Land" (vgl. hierzu Kapitel 2.2.2.). Im Jahr 2022 kooperiert die DSEE mit dem BBE bei der Veranstaltung des BBE-Länderforums und sie fördert das Projekt „Junges Engagement" des BBE. Mit diesen Vorhaben verfolgen BBE und DSEE gemeinsame strategische Ideen der nachhaltigen Engagementförderung und Netzwerkbildung im ländlichen Raum und des Engagements junger Menschen. Mit den beiden Vorständen der DSEE, Katarina Peranić und Jan Holze, finden regelmäßige Gespräche statt. Dr. Lilian Schwalb wurde außerdem als Mitglied in den Fachausschuss „Gesellschaftlicher Zusammenhalt" der DSEE berufen.

## 1.9. Zusammenarbeit mit dem Bundesministerium für Familie, Senioren, Frauen und Jugend (BMFSFJ) und anderen Bundesressorts

Gemeinsam mit dem BMFSFJ wurde 2021 der 6. Deutsche EngagementTag konzipiert und umgesetzt. Die zweitägige Veranstaltung am 2. und 3. Dezember 2021 stand unter dem Oberthema „Zivilgesellschaft zwischen Krisen und Nachhaltigkeit: Neue Themen – Zukunft schaffen!". Der erste Tag fand hybrid statt (Podien und Gäste vor Ort, Streaming, digitale Publikumsbeteiligung). Am zweiten Tag wurden Workshops und ein Markt der Möglichkeiten rein digital umgesetzt. Im Mittelpunkt des EngagementTages standen unter anderem die Fragen, wie es gelingt, langfristige und stabile Strukturen für bürgerschaftliches Engagement zu schaffen und zu stärken: Wie kann Zivilgesellschaft aktiv den digitalen Wandel gestalten? Und wie könnte eine Vision für die Zukunft des Engagements aussehen? Der 7. Deutsche EngagementTag findet am 1. und 2. Dezember 2022 unter dem Schwerpunktthema „Gestaltungskraft der Zivilgesellschaft: Frieden stiften, Gemeinschaft bilden, Demokratie stärken" statt.

Auch mit dem BMI besteht regelmäßiger Austausch. Das Bundesministerium hat Zuständigkeiten bei den Themen der Demokratiepolitik, über die DSEE auch in der Engagementförderung sowie bedeutende Bezüge in den wichtigen Bereichen der politischen Bildung, der Migration, dem Sport, dem Bevölkerungs- und Katastrophenschutz sowie der Digitalpolitik. Auch wirkt das BBE durch Geschäftsführung und Sprecher*innenrat auch an einem regelmäßigen und breit angelegten Austausch zur jeweils „Aktuellen Situation Ukraine" mit. Das BBE steht in engerem Austausch etwa mit dem Referat Ehrenamt und Bürgerschaftliches Engagement, aber auch mit dem Bundesamt für Migration und Flüchtlinge (BAMF) und der Bundeszentrale für politische Bildung (BpB).

Zusammenarbeit besteht auch mit dem Bundesministerium für Bildung und Forschung (BMBF), dem Bundesministerium für Ernährung und Landwirtschaft (BMEL), dem Bundesministerium für wirtschaftliche Zusammenarbeit und Entwicklung (BMZ) und dem Auswärtigen Amt (AA).

### 1.10. Zusammenarbeit mit den Ländern und Kommunen

Auch im Jahr 2022 wurden Vertreter*innen der Länder, der zivilgesellschaftlichen Strukturen in den Ländern und Vertreter*innen der Engagementförderung auf der Bundesebene zum BBE-Länderforum eingeladen, um sich zu Fragen der Engagementpolitik in den Ländern, zu Engagementstrategieprozessen und der Weiterentwicklung von Netzwerkstrukturen und Infrastrukturen auszutauschen. Im Mai 2022 lud das BBE zum Austausch zum Thema „Governance" erstmals seit Beginn der Pandemie wieder zu einer zweitägigen Präsenzveranstaltung ein, die in Kooperation mit der DSEE in Neustrelitz durchgeführt wurde. Im Mai und Oktober 2021 fanden zwei digitale Länderforen in Kooperation mit der Freien und Hansestadt Hamburg statt.

Das BBE berät außerdem die Bund-Länder-Kommunen-Runde des BMFSFJ zur Engagementpolitik. Die Länderarbeit im BBE wird seit Januar 2021 von einem Tandem, bestehend aus Mareike Einfeld (Staatskanzlei Nordrhein-Westfalen) und Friedemann Walther (Senatskanzlei Berlin), koordiniert. Friedemann Walther ist außerdem für die Länder als Mitglied im Sprecher*innenrat vertreten. Frau Einfeld und Herr Walther übernehmen damit den Aufgabenbereich von Birger Hartnuß, der von 2010 bis 2021 die Länderarbeit im BBE intensiv vorangebracht hat.

### 1.11. Neue Mitglieder im BBE

Im Jahr 2021 durfte das BBE elf neue Mitglieder begrüßen. Zu den neuen stimmberechtigten Mitgliedern gehören: ASC Göttingen von 1846 e.V., Bundesverband Netzwerke von Migrantenorganisationen e. V. (NEMO), Die Sputniks e. V., Hochschulnetzwerk Bildung durch Verantwortung e. V., INBAS GmbH Institut für berufliche Bildung, Arbeitsmarkt- und Sozialpolitik GmbH, Teach First Deutschland gGmbH, Transparency International Deutschland e.V. Als kooperierende Mitglieder wurden aufgenommen: Bochumer Ehrenamtsagentur e.V., Eleganz Bildungsplattform e. V., Elternnetzwerk NRW – Integration miteinander e. V. und als Einzelmitglied PD Dr. Tuuli-Marja Kleiner.

## 2. Organisation und Finanzierung der Netzwerkarbeit und eine Übersicht zu laufenden Projekten

### 2.1. BBE-Geschäftsstelle

Die Organisation und die Verwaltung der Netzwerkarbeit erfolgen durch die Geschäftsstelle. Ihre Finanzierung wird für den Zeitraum 2019 bis 2022 durch eine Förderung des BMFSFJ und aus Eigenmitteln des Netzwerks ermöglicht. Aktuell wird ein neuer Förderantrag für die Jahre 2023ff. vorbereitet. Die Förderung durch das BMFSFJ stellt die Bereiche Geschäftsführung, Verwaltung, Netzwerkbetreuung und -entwicklung, Information und Kommunikation sowie Europaarbeit damit auf eine solide Grundlage.

Zu den Kernaufgaben der Geschäftsstelle zählen die Vorbereitung, Organisation und Nachbereitung von Gremien- und Arbeitsgruppensitzungen sowie von Fachveranstaltungen des Netzwerks und die Mitgliederbetreuung. Die Geschäftsstelle ist ebenso die zentrale Informations- bzw. Kontaktstelle des Netzwerks gegenüber der Öffentlichkeit und den politischen wie wissenschaftlichen Institutionen und informiert über Veranstaltungen, Arbeitsschwerpunkte und -ergebnisse sowie die Positionen des Netzwerks in aktuellen Fragen. Außerdem werden die Arbeitsgruppen und Themenpat*innenschaften fachlich koordiniert und begleitet. Über zahlreiche Gremienmitwirkungen, die die Geschäftsführung und Mitarbeitende der Geschäftsstelle wahrnehmen, werden Fachaustausch und Kooperationen vertieft und politische Impulse gesetzt.

Im Berichtsjahr hat die Geschäftsführung mit Unterstützung des Sprecher*innenrats den Prozess ihrer Weiterentwicklung fortgesetzt und sich angesichts der gewachsenen Führungsaufgaben neu aufgestellt. In einem Team von drei Personen wird der Bereich Publizistik und Politik (Dr. Klein), Fachdiskurse, Fachpolitik und Netzwerkentwicklung (Dr. Schwalb) sowie Organisation und Personal (Jung) bearbeitet. Lilian Schwalb wurde nach Beschluss der Gesellschafter*innenversammlung als Geschäftsführerin ins Handelsregister eingetragen, Mareike Jung ist weiterhin Prokuristin. Die Position der Referentin der Geschäftsführung im BBE wurde im Juni 2021 mit Johanna Lerch besetzt.

### 2.2. Netzwerkbetreuung und -entwicklung

Der Arbeitsbereich Netzwerkbetreuung und -entwicklung begleitet, unterstützt und moderiert die Facharbeit des Netzwerks. Darüber hinaus ist er verantwortlich für die fachlich-strategische, strukturelle und methodische Weiterentwicklung der Netzwerkarbeit. Er berät und begleitet die Gremienarbeit des Netzwerks. Neue Themen werden gesetzt, fachliche Bedarfe der Mitglieder aufgenommen, in den Diskurs gebracht und in Formaten der Partizipation und gemeinsamen politischen Gestaltung umgesetzt. Dies geschieht in einem fortlaufenden, partizipativ mit den Mitgliedern sowie in den Gremien geführten moderierten Agenda-Setting-Prozess, im Rahmen der regelmäßigen Zusammenarbeit der Mitglieder sowie in Diskurs- und Dialogformaten, die der Bereich vorbereitet, umsetzt, moderiert und auswertet. So sollen der Austausch und die Vernetzung der Mitglieder untereinander und mit weiteren Expert*innen des Politikfeldes intensiv gefördert und es soll neuen Diskursen im Netzwerk Raum gegeben werden.

Darüber hinaus begleitet der Bereich durch Netzwerkentwicklungsprojekte und Fachvorhaben die Fachdiskurse und den Wissenstransfer im Netzwerk:

### 2.2.1. „Engagierte Stadt"

In ihrer dritten Programmphase hat sich das Netzwerkprogramm „Engagierte Stadt" enorm weiterentwickelt und beschreitet neue Wege. Derzeit 114 Städte sind in dem Programm bundesweit aktiv. Sie alle arbeiten in sektorenübergreifenden Kooperationen vor Ort daran, gute Rahmenbedingungen für bürgerschaftliches Engagement und Beteiligung zu schaffen. Im Netzwerkprogramm packen Engagierte Städte gemeinsam an, vernetzen sich, pflegen den Fachaustausch und lernen voneinander. Sie können mit ihren Kooperationen und den geschaffenen Strukturen flexibel auf die aktuell großen Herausforderungen vor Ort reagieren, entwickeln gemeinsame Initiativen und werden durch ein breites Partner*innen-Netzwerk dabei unterstützt. Wachsende Verstärkung kommt auch aus den Bundesländern: Nach Rheinland-Pfalz, Hessen und Schleswig-Holstein bahnen sich aktuell weitere Länderpartnerschaften an, um den Ansatz der Engagierten Stadt zu befördern.

Das BBE wirkt als Programmpartner an der strategischen Weiterentwicklung des Programms und unterstützt die Engagierte Stadt zudem operativ mit dem Programmbüro, das beim BBE angesiedelt ist. Getragen wird das Netzwerkprogramm durch ein Konsortium auf Bundesebene, dem das BMFSFJ, die Bertelsmann Stiftung, die Breuninger Stiftung, das BBE, die Joachim Herz Stiftung, die Körber-Stiftung, die Robert Bosch Stiftung und seit 2022 auch die Deutsche Stiftung für Engagement und Ehrenamt angehören.

### 2.2.2. „Engagiertes Land"

Sektorenübergreifende, zivilgesellschaftliche Netzwerke in strukturschwachen, ländlichen Regionen nachhaltig zu stärken, ist das Ziel des Programms „Engagiertes Land" der DSEE, dem Schwesterprogramm der „Engagierten Stadt". Das BBE wirkt seit dem Jahr 2021 als Partner mit. Die teilnehmenden Netzwerke sowie die Programm-Partner*innen DSEE, BBE und Thünen-Institut für Regionalentwicklung e. V. entwickeln das zukünftig mehrjährige Programm gemeinsam in einer Pilotphase. Das BBE ist auf der Lenkungsebene an der strategischen Entwicklung beteiligt. Bezüge zur fachpolitischen Arbeit des BBE werden eröffnet und Potenziale der Netzwerkarbeit fließen ein, auch mit Blick auf das Geschwisterprogramm „Engagierte Stadt", an dem sich das „Engagierte Land" in der Aufbauphase orientiert. Auf der operativen Ebene unterstützt das BBE den Aufbau und die Entwicklung der Netzwerke vor Ort sowie die regionale und überregionale Vernetzung. Der Auftakt mit den ersten 20 Engagierten Orten und den Programmpartner*innen fand im Oktober 2021 statt. Das „Lernnetzwerk" aller Programmteilnehmenden, welches sich regelmäßig trifft und Ideen austauscht, soll stetig wachsen. Im Jahr 2022 wächst das Netzwerk auf 60 Engagierte Orte. Schrittweise sollen in den Folgejahren weitere Netzwerke in das Programm aufgenommen werden.

### 2.2.3. Programm „ENGAGIERT FÜR KLIMASCHUTZ", Rahmenprogramm 2021–2025

Unter dem Titel „ENGAGIERT FÜR KLIMASCHUTZ" hat das Programmbüro im April 2021 seine Arbeit aufgenommen. Ziel des Rahmenprogramms zu zivilgesellschaftlichem Engagement für Klimaschutz ist es, in Kooperation mit und gefördert durch die Stiftung Mercator gemeinsam mit den BBE-Mitgliedern und weiteren Akteur*innen aus Zivilgesellschaft, Wirtschaft und Wissenschaft neue Handlungsräume zu schaffen und politische Impulse zu setzen. Sowohl für den Diskurs und die fachliche, politische und organisationale Weiterentwicklung des Themenfelds Klimaschutz im Netzwerk als auch für innovative Ideen und Projekte, die zur Entwicklung und zur Stärkung von Klimaschutz in zivilgesellschaftlichen Organisationen beitragen, sollen deutliche Akzente gesetzt werden.

Hierfür wird im Rahmen der vierjährigen Programmlaufzeit auf mehreren Ebenen angesetzt: Als Inkubator für innovative Ideen, Kooperation und Wissensaustausch zwischen themennahen und themenfernen zivilgesellschaftlichen Organisationen wurde Ende des Jahres 2021 die erste Runde eines Ideenwettbewerbs ausgeschrieben. Insgesamt werden in zwei Runden über jeweils eineinhalb Jahre zehn Kooperationsprojekte mit bis zu 50.000 Euro gefördert. Die ersten Fördervorhaben haben zu Beginn des Jahres 2022 mit ihren Aktivitäten begonnen. Die Auswahl nahm ein Beirat aus fast 100 eingegangenen Bewerbungen vor. Gefördert werden fünf Projekte, die durch kooperative Ansätze das Thema

Klimaschutz in der Zivilgesellschaft voranbringen, gute Beispiele sichtbar machen, fachlich und politisch neue Wege beschreiten, ihr Netzwerk erweitern und andere mit ihrem guten Beispiel und ihrem Engagement für das Thema Klimaschutz gewinnen und begeistern. Der Schwerpunkt der aktuellen Förderprojekte liegt in den Themenfeldern Integration, Vernetzung und Sport.

Um Räume für Fachaustausch und Vernetzung zu schaffen, bereitet das Programmbüro im Rahmen der Netzwerkarbeit Workshops, Fachwerkstätten und Dialogformate für das laufende Jahr vor: BBE-Mitglieder und weitere Expert*innen sind eingeladen, sich mit brennenden Fragen, Herausforderungen und Möglichkeiten des Klimaschutzes von und durch die Zivilgesellschaft zu befassen. Voneinander zu lernen und miteinander neue Wege zu gehen ist dabei von großer Bedeutung. Vor dem Hintergrund unterschiedlicher Bezüge bringen die Mitglieder ihre Expertise ein. Im Frühsommer 2022 ist eine erste Fachwerkstatt zur Verbindung von Sport und Klimaschutz in der Planung. In Zusammenarbeit mit dem Deutschen Olympischen Sportbund (DOSB) soll sich hier sowohl inhaltlich-fachlich als auch aus gesellschaftlicher Perspektive mit den Handlungsoptionen und Aufgabenstellungen des zivilgesellschaftlich organisierten Sportes hin zu mehr Klimaschutz beschäftigt werden.

Bereits im Winter letzten Jahres wurden die Infrastruktureinrichtungen für bürgerschaftliches Engagement an einen Tisch gebracht, um der Frage von zukünftigen Handlungsfeldern und Potenzialen von Klimaschutzmaßnahmen auf lokaler Ebene nachzugehen und dabei gleichzeitig die gesellschaftspolitische Dimension von zivilgesellschaftlichem Handeln in den Blick zu nehmen.

Beim „Zukunftsgipfel Klima-Engagement" am 27. und 28. September 2022 sollen bisherige Erfahrungen diskutiert und öffentlich gemacht und viele Expert*innen zusammengebracht werden. Das BBE fordert verantwortliche Akteur*innen aus Politik, Verwaltung, Zivilgesellschaft, Wirtschaft, Medien, Wissenschaft und Engagementpraxis auf, Forschungsergebnisse und Erfahrungsberichte in die gesellschaftspolitische Debatte einzubringen. Durch die angestrebte Wiederholung des Formates alle zwei Jahre soll eine Plattform der Vernetzung und des Diskurses für Klimaengagement etabliert werden.

Zur Kommunikation der Programmaktivitäten wurde – neben der Einbindung des Programms über die BBE-Website, die Social-Media-Kanäle des BBE und regelmäßige Beiträge im Newsletter – im Januar 2022 eine eigene Website als Informationsplattform rund um das Programm „ENGAGIERT FÜR KLIMASCHUTZ" gelauncht. Allen Aktivitäten und Ergebnissen des Programms soll damit eine Plattform verliehen werden und es sollen Impulse in Politik und Gesellschaft gesetzt werden.

## 2.2.4. Programm „Pat*innen, Mentor*innen, Lots*innen"

Im Rahmen des Bundesprogramms „Menschen stärken Menschen" des BMFSFJ ist das BBE für Wissenstransfer, Austausch und Vernetzung verantwortlich. Das Projektteam lädt auch in diesem Jahr zum Jahreskongress ein (8./9. November 2022). Bis zu 200 teilnehmende Programm-Mitträger*innen, weitere Expert*innen aus der Zivilgesellschaft, dem Staat, den Kommunen, der Wirtschaft und der Wissenschaft kommen zusammen und tragen, koordiniert durch das BBE, zur Weiterentwicklung der Diskurse und zum Austausch über vielfältige Fragestellungen der Engagementpolitik und Engagementpraxis bei. Zudem unterstützt das Team durch interne Workshops und Treffen der Träger den Fachaustausch und die stärkere Vernetzung der Programmträger untereinander. Die Ergebnisse werden ausgewertet und in einem Rundbrief dokumentiert.

In der Zeit der Coronapandemie reagierte das BBE auf die zunehmenden Bedarfe, digital zusammenzukommen, und verstärkte den durch das BBE moderierten Austausch unter den Trägern. Das BBE erfasst und bündelt die Beiträge der zivilgesellschaftlichen Partner*innen in der Krisenzeit und stellte sie der Öffentlichkeit zur Verfügung. Zudem beteiligt sich das BBE an dem digitalen Aktionstag aller Träger des Programms. Unter dem Hashtag #ZusammenSolidarisch tragen die Trägerorganisationen auf Social-Media-Kanälen (Website, Facebook, Instagram und Twitter) dazu bei, die Arbeit der Engagierten zu würdigen und sichtbar zu machen, was Pat*innenschaften erreichen können. Das Programm „Menschen stärken Menschen" wird seit 2016 vom BMFSFJ gefördert und weiter ausgebaut. Der Bereich Netzwerkbetreuung und -entwicklung des BBE begleitet das Programm von Beginn an aktiv als Mitträger.

## 2.2.5. Programm „Gesellschaft selbstwirksam gestalten – STAEpolSel"

Menschen mit Migrationsgeschichte sind weiterhin unterrepräsentiert in der Zivilgesellschaft. Das liegt sowohl an den zum Teil hohen Anforderungen, um sich in Deutschland zu engagieren, als auch an den weiterhin nicht stark genug ausgebauten Strukturen der Migrant*innenorganisationen. Hier setzt das Kooperationsprojekt mit der Iranischen Gemeinde in Deutschland an. Es verfolgt einerseits das Ziel, konkret junge Menschen mit afghanischem und iranischem Migrationshintergrund in ihrer Selbstwirksamkeitserfahrung zu fördern. Hierfür findet zweimal jährlich die Civic Ideas Factory (CIF) statt, in deren Rahmen Interessierte in mehreren Workshops zu etwa „Öffentlichkeitsarbeit", „Antragstellung" oder „Projektmanagement" geschult werden. Im Anschluss an die CIF haben sie die Möglichkeit, sich mit einem kleinen Projekt für eine Mikrofinanzierung in Höhe von 500 bis 1 000 Euro zu bewerben.

Andererseits gilt es im Rahmen des Projekts durch unterschiedliche Formate die Vernetzung zwischen Migrant*innenorganisationen und den Mitgliedern des BBE zu stärken. So finden BBE-Arbeitsgruppen-Sitzungen in Kooperation mit dem Projekt statt oder BBE-Newsletter-Schwerpunkte werden bespielt. Darüber hinaus werden im Rahmen des Projekts vielfältige Formate zu unterschiedlichen Themen wie etwa „Freiwilligendienste", „Bundestagswahl 2021" oder der Diversität im politischen System Deutschland durchgeführt. So schafft das Projekt in Kooperationen mit der IGD (Iranische Gemeinde Deutschland) Zugänge und Begegnungsräume im Kontext des bürgerschaftlichen Engagements auf unterschiedlichsten Ebenen. Das Projekt mit einer Laufzeit über drei Jahre wird im Rahmen der „Gemeinwesenorientierten Projekte" (GWO-Projekte) im Themenbereich 1 (Teilhabe und Partizipation) durch das BAMF gefördert.

## 2.3. Europaarbeit des BBE: Europakommunikation

Die Europäische Union hat das Jahr 2022 zum Europäischen Jahr der Jugend ausgerufen. Die Perspektiven und Bedarfe der jungen Menschen sollen in allen relevanten EU-Politikbereichen in diesem Jahr besondere Beachtung finden. Aber: Wie unterstützt und fördert die EU aktuell das freiwillige Engagement junger Menschen? Was wird unternommen, damit junge Menschen Formen und Möglichkeiten kennenlernen, sich zu engagieren (zum Beispiel Service Learning)? Wie können Kinder und Jugendliche Demokratiekompetenzen erwerben? Welche Konzepte, Visionen und Strukturen gibt es in den verschiedenen europäischen Ländern?

Diese Fragen sowie politisches Engagement von Jugendlichen in Europa liegen dem Jahresschwerpunktthema 2022 der BBE-Europakommunikation zugrunde. Um das Thema „Erwartungen der Jugend an das Europa von morgen" geht es beim 31. Europäischen Abend, der nach langer Pandemiepause im Oktober 2022 endlich wieder stattfinden wird. Der Europäische Abend ist eine Kooperationsveranstaltung des dbb beamtenbund und tarifunion zusammen mit der Europa-Union Deutschland, dem BBE und der Vertretung der Europäischen Kommission in Deutschland. Seit 2006 finden die Abende regelmäßig im dbb forum Berlin statt. Vertreter*innen aus Politik, Wirtschaft, Medien und Verbänden nehmen teil und haben hier die Chance, sowohl über Themen mit Europabezug aus den unterschiedlichsten Politikbereichen zu diskutieren als auch im Umfeld der Abende neue Kontakte zu knüpfen.

Die Europakommunikation gewährleistet den Informationsfluss über europäische engagement- und demokratiepolitische Entwicklungen in die deutschsprachige Fachöffentlichkeit. Die „BBE Europa-Nachrichten" bieten monatlich Informationen und Hintergrundberichte zu europäischen Fragen der Engagementpolitik und -förderung, Gastbeiträge namhafter Europaexpert*innen sowie Hinweise auf internationale Beteiligungsverfahren. Die Themen – wie Krieg gegen die Ukraine und Zivilgesellschaft, Flüchtlingspolitik und Zivilgesellschaft, Sport und Europa, Engagement der Künstler*innen für Europa, Europa gegen Diskriminierung sowie Engagement- und Demokratieförderung in der EU – bilden den inhaltlichen Kern der einzelnen Ausgaben.

Als Mitglied des Beirats des deutsch-französischen Bürgerfonds begleitet das BBE Themenfeld „Europa" die Arbeit des Bürgerfonds sowohl fachlich als auch kommunikativ. Es ist zudem Mitglied des Nationalen Beirats für die EU-Programme Erasmus+Jugend und Europäisches Solidaritätskorps. Seit Mai 2020 unterstützt das BBE eine Koalition aus zivilgesellschaftlichen Organisationen aus ganz Europa bei der europaweiten Kampagne „Citizens Take Over Europe".

Die Europakommunikation arbeitet eng zusammen mit dem Beauftragten des BBE-Sprecher*inenrates für Europäische Angelegenheiten, Christian Moos (Leiter des Geschäftsbereichs Europa und Internationales beim dbb beamtenbund und tarifunion, ehrenamtlicher Generalsekretär der Europa Union Deutschland (EUD) sowie seit 2012 Mitglied im Vorstand der Europäischen Bewegung Deutschland, EBD). Christian Moos ist Mitglied des Europäischen Wirtschafts- und Sozialausschusses (EWSA), in den er vom dbb beamtenbund und tarifunion entsandt wurde.

Anfang 2022 wurde auf Anregung der letzten Mitgliederversammlung vom 19. November 2021 eine Strategiegruppe „Europa" ins Leben gerufen. Das Ziel: die zukünftige Europaarbeit des BBE beratend zu unterstützen. Die Gruppe wird von Christian Moos und von Dr. Frank Heuberger geleitet, der die Europaarbeit im BBE mit aufgebaut und sie als BBE-Beauftragter für Europäische Angelegenheiten auf Brüsseler Ebene langjährig vertreten hat. Dr. Frank Heuberger wirkt auch weiterhin ehrenamtlich bei der Europaarbeit des BBE mit, ebenso Mirko Schwärzel. Im Hauptamt betreut Nino Kavelashvili die Europaarbeit.

## 2.4. Information und Kommunikation

Der Arbeitsbereich betreut im BBE-Eigenverlag die beiden Newsletter, die Website und die Social-Media-Kommunikation sowie die Online-Schriftenreihe des BBE. Er betreut das Engagementpolitische Jahrbuch des BBE und die BBE-Schriftenreihe beim Wochenschau Verlag. Er koordiniert gemeinsamen Themen und Herausforderungen der Öffentlichkeitsarbeit für die Arbeitsbereiche der BBE-Geschäftsstelle und pflegt Fachkontakte zu Medien und Partner*innen.

Mit dem BBE-Newsletter informiert der Arbeitsbereich 14-täglich über die Engagementpolitik und -debatte in Deutschland, interessante Publikationen und Veranstaltungen sowie Aktuelles aus dem BBE. Die BBE Europa-Nachrichten bieten monatlich Neuigkeiten zu europäischen Fragen der Engagementpolitik und -förderung, Gastbeiträge namhafter Europaexpert*innen und Hinweise auf internationale Beteiligungsverfahren. Beide Newsletter können kostenfrei unter b-b-e.de/abo bestellt werden.

In den Online-Schriftenreihen erstellt der Arbeitsbereich „Dossiers" zu besonders diskutierten Themen und der Entwicklung der Diskurse, „Positionen" dokumentieren Beschlüsse aus BBE-Gremien, „Arbeitspapiere" informieren zu Fachdiskussionen im BBE und die Reihe „Forum" dokumentiert übergreifende nationale Foren des BBE, zuletzt zu „Digitalisierung und Engagement". In den Onlinereihen sind 2021 zehn Publikationen erschienen zu Themen wie „Digitales Europa und Zivilgesellschaft", „Engagementpolitische Empfehlungen" oder „Zivilgesellschaft als zentraler Akteur in der deutschen Bildungslandschaft".

Auch das Kooperationsprojekt „Digitale Nachbarschaft (DiNa)" von Deutschland sicher im Netz e. V. (DsiN) wurde im Arbeitsbereich bis Ende Juni 2022 durchgeführt. Im Projekt wurden Engagierte, Vereinsmitglieder und Bürger*innen im sicheren Umgang mit dem Internet und IT-Sicherheit sensibilisiert, trainiert und befähigt. Das Team der DiNa bot jährlich mehrere hundert Termine, Workshops und Online-Seminare deutschlandweit an. Mit dem „DiNa-Check" bietet das Projekt Vereinen an, ihre IT-Kompetenzen in einem Online-Test unter Beweis zu stellen. Zum 1. Juli 2021 startete als Landesprojekt der DiNa mit 21 neuen Standorten in Bayern das Projekt „digital verein(t)", in enger Kooperation mit der lagfa bayern e. V., gefördert vom Bayerischen Staatsministerium für Digitales (StMD).

## 2.5. Woche des bürgerschaftlichen Engagements

Durch die Kampagne wird einmal jährlich das Engagement Einzelner ins Rampenlicht gestellt. Mit der Auftaktveranstaltung (2021 mit circa 500 Teilnehmenden), der Ernennung der Engagement-Botschafter*innen oder auch den auf der Website der Kampagne www.engagement-macht-stark.de hervorgehobenen „Projekten der Woche" sowie den Thementagen bedient sich die Kampagne diverser Anerkennungsformen, die Einzelne hervorheben. Als 10-tägige „Aktionswoche" im September schafft sie Raum für viele auf die Chance individueller Erwähnung und bildet so die Vielfalt von Engagementpraxis bundesweit ab.

Im Kern ist die Kampagne, bezogen auf die praktische Projektebene, auf Breite angelegt. Sie bietet jedem Engagement die Möglichkeit, sich als Teil des Ganzen zu begreifen. Den Bedarf an und die Wirkung dieser Form der Anerkennung zeigt exemplarisch der Erfolg des Engagementkalenders: Seit seiner Etablierung im Jahr 2004 wuchsen die gemeldeten Aktionen der Engagierten in Deutschland von anfänglich einigen hundert auf über 12 000 Engagementaktionen im Jahr 2021.

Nach den erfolgreichen Kampagnenschwerpunkten „Klimaschutz und Engagement" (2020) und „Engagement und Inklusion" (2021) steht 2022 das Thema „Unternehmen und Partnerschaften mit der Zivilgesellschaft" im Mittelpunkt. Dabei geht es um die Zusammenarbeit von Unternehmen mit freiwillig Engagierten und ihren Einrichtungen. Mit Partner*innen und BBE-Mitgliedern wollen wir zeigen, wie freiwillig engagierte Vereine, Verbände, NGOs, Projekte, Gruppen oder Initiativen mit großen und kleinen Unternehmen für ein gemeinsames Ziel zusammenarbeiten. Dafür gibt es viele gute Beispiele, sei es beim Engagement für Frieden, Zusammenhalt und Inklusion in der Gesellschaft, für Klimaschutz, Bildung, Sport oder Kultur.

### 2.6. Civil Academy – Forum Junges Engagement

Aufbauend auf den Erfahrungen des zum 31. Dezember 2020 beendeten Stipendienprogramms Civil Academy, das seit 2005 als Gemeinschaftsprogramm mit BP Europa SE umgesetzt wurde, entsteht im BBE die Civil Academy – Forum junges Engagement. Ziel ist es, Vernetzungsangebote für junges Engagement im BBE aufzubauen und weiterzuentwickeln. Die konzeptionelle Neuausrichtung des Bereichs wurde im Jahr 2021 weiterhin von BP finanziert und begleitet.

Die Vernetzung der über 700 Civil-Academy-Alumni wurde durch mehrere Veranstaltungen des digitalen Formats „Dinner & Talk", das eine Austauschplattform für junge Engagierte aus dem BBE-Netzwerk mit ehemaligen Civil-Academy-Teilnehmenden bietet, angestoßen. Es gab Themeninputs mit anschließendem Austausch zu aktuellen Themen aus dem Engagementkontext und Vorstellung von Good Practice zum Anfassen und Mitmachen. Die Veranstaltungen finden auch weiterhin mehrmals jährlich donnerstags ab 18 Uhr statt – mit Open End zum zwanglosen Miteinander.

Im letzten Quartal 2021 wurde eine Förderzusage durch die DSEE für die Durchführung des Projektes „Junges Engagement holt auf" erteilt. Bis Ende 2022 erhält das BBE damit die Möglichkeit, das Erfolgsmodell Civil Academy an lokale Kontexte anzupassen und vergleichbar einem Social-Franchising-Modell zu regionalisieren. An drei Standorten soll ein modifiziertes Konzept unter dem Label Civil Academy etabliert werden. Junge Engagierte, die ein Engagementprojekt umsetzen wollen, werden in zwei Projektwerkstatteinheiten fit gemacht, ihr Vorhaben erfolgreich zu realisieren. Das angepasste Curriculum nutzt die Methode des Peer Learnings und legt Wert auf interaktives Arbeiten sowie die Bildung von Netzwerken. Als Trainer*innen werden bevorzugt junge Engagierte aus den Reihen der Alumni der Civil Academy eingesetzt, die zudem über begleitendes Coaching die Projektentwicklung unterstützen. Ergänzt wird das Angebot durch selbstorganisierte digitale Vernetzungseinheiten. Profitieren sollen die Projektwerkstätten zudem von Expert* innen aus lokalen Unternehmen, die ihr Know-how zur Verfügung stellen, aber auch das Vorhaben insgesamt finanziell und/oder ideell mittragen. Perspektivisch sollen zusammen mit zivilgesellschaftlichen Trägern und der Wirtschaft regionale Verbünde für Junges Engagement entstehen.

Ziel des Projektes ist es, junge Menschen zu stärken und sie zu ermutigen, sich wieder mehr zuzutrauen, indem sie sichtbare Erfolge in und mit ihrem Engagement erleben. Durch die Teilnahme an den Werkstätten werden Engagementräume eröffnet und junge Menschen können Erfahrungen, die ihnen während der Coronapandemie verwehrt waren und sind, aufholen.

Das Projekt ist Teil der Civil Academy – Forum junges Engagement im BBE, neben dem Vernetzungsformat „Dinner & Talk" und der 2022 neu eingerichteten AG „Engagement junger Menschen".

## 2.7. Arbeitsbereich Fachprojekte

### 2.7.1. Transferprojekt STUDIUM HOCH E

Das vom BAMF geförderte Projekt lief seit dem 1. September 2019. Im Transferprojekt sollten Instrumente für die gesellschaftliche Integration von Studierenden mit Migrationsgeschichte und von internationalen Studierenden durch bürgerschaftliches Engagement entwickelt werden. Das Projekt hatte eine Laufzeit bis August 2022 und wurde durch eine wissenschaftliche Begleitforschung des Nexus-Instituts Berlin flankiert. Es wurde darüber hinaus durch einen Beirat seit November 2020 kontinuierlich begleitet. Für die Durchführung vor Ort konnten drei Universitätsstandorte gewonnen werden (Marburg, Duisburg-Essen, Eberswalde), an denen in Kooperation mit gemeinnützigen Organisationen (Freiwilligenagentur Marburg-Biedenkopf, Ehrenamt Agentur Essen, Bürgerstiftung Barnim-Uckermark) gearbeitet wurde.

Eines der Projektergebnisse ist ein Leitfaden für Hochschulen und gemeinnützige Organisationen, in dem beste Wege zur wechselseitigen Kooperation beschrieben werden. Die Abschlusskonferenz fand im Juni 2022 als Online-Veranstaltung statt. Mit den Ergebnissen sollen potenziell alle Hochschulen in Deutschland erreicht werden, die über eine Zusammenarbeit mit gemeinnützigen Organisationen bei der Ausgestaltung des Service Learning und anderer integrativer Formate nachdenken. Nähere Informationen zum Projekt sind über die eigene Website verfügbar.[1]

### 2.7.2. Forum Digitalisierung und Engagement

Von Ende 2019 bis Ende 2021 lief das Forum Digitalisierung und Engagement, das vom BMI und der Robert Bosch Stiftung gefördert wurde. In dem Projekt wurde entlang vier ausgewählter Themen (Digitale Kompetenz, Organisationsentwicklung, Datenschutz und Datensicherheit, Demokratieentwicklung) eine empirisch informierte und normativ fundierte Diskussion über das bürgerschaftliche Engagement im Digitalen Wandel organisiert. Das Projekt wurde in Form von Konferenzen, zweitägigen Dialogforen und Workshops gestaltet und durchgeführt. Die Auftaktveranstaltung fand im Juni 2020 als Online-Konferenz statt. Eine interaktive Online-Plattform (mittlerweile offline) begleitete den Prozess.

Alle Dialogforen wurden in der Reihe „Forum" des BBE online publiziert.[2] Das Vorhaben bot vielfältige Anknüpfungspunkte in die Netzwerkarbeit inner- und außerhalb des BBE. Am 13. Oktober 2021 fand im Umweltforum Berlin die Abschlusskonferenz (als hybride Veranstaltung) statt. Hier wurden die zahlreich erarbeiteten Handlungsempfehlungen mit Mitgliedern des Bundestages, der Bundesregierung und der Zivilgesellschaft diskutiert. Die engagementpolitisch relevanten Ergebnisse des Projekts sollen in einem künftigen Umsetzungsformat (Arbeitstitel: Runder Tisch Digitalisierung und Zivilgesellschaft) weiterbearbeitet werden. Der gesamte Forumsprozess ist in einem Online-Multimedia-Dokument über die Website des BBE nachzuvollziehen.

### 2.7.3. SDG-Projekt

Das Projekt „Brücken bauen – die SDG (Sustainable Development Goals) als Chance und Herausforderung für Bürgerschaftliches Engagement in Deutschland" (in Kooperation mit dem Bund für Umwelt und Naturschutz Deutschland und ISI Consult – Institut für Sozialinnovation) wird vom Bundesumweltministerium und dem Umweltbundesamt gefördert. Es lief von Oktober 2020 bis Herbst 2022. Zum Projektstart fand eine Auswahl von drei Modellstandorten (Eichstätt in Bayern, Marienthal im Landkreis Oberlausitz, Lilienthal bei Bre-

---

1  https://www.studium-hoch-e.de (eingesehen am 27.6.2022).
2  https://www.b-b-e.de/publikationen/forum?type=atom (eingesehen am 27.6.2022).

men) statt, an denen die Akteur*innen die Aufgabe hatten, die Erreichung der SDG als Gemeinschaftsaufgabe der Zivilgesellschaft zu verstehen und in entsprechenden Modellprojekten zu illustrieren. In einer Reihe von Workshops und Beratungsformaten wurden die Standorte angeleitet, ihre Modellprojekte eigenständig umzusetzen. Für das Projektkonsortium war es dabei entscheidend, zu beobachten, wo es bei der breiten Verankerung der SDG in der Zivilgesellschaft (auch jenseits der ökologisch tätigen Organisationen) noch Verbesserungspotenziale zu erschließen gilt.

### 2.7.4. Projekt TRIS (Trisektorale Infrastruktur schaffen)

Das geplante Projekt „Trisektorale Infrastruktur schaffen" soll in Kooperation mit der Offensive Mittelstand (OM), dem größten Netzwerk für die mittelständische Wirtschaft in Deutschland, die Infrastruktur für bürgerschaftliches Engagement und trisektorale Kooperation vor Ort stärken. Geplant sind sechs Modellregionen in ganz Deutschland sowie ein Projektteam aus Mitarbeiter*innen der Geschäftsstelle des BBE sowie des Transferzentrums der OM in Köln. Der Beginn des Projekts ist für Anfang 2023 vorgesehen.

## 3. Veranstaltungsübersicht Juni 2021–Juni 2022

| Datum | Veranstaltungsort | Titel |
| --- | --- | --- |
| 2.6.2021 | digital | European Civic Academy 2021: „Rebuilding Trust in Democracy – Dialogue between civil society and institutions: Lost in translation?" |
| 8.6.2021 | digital | Sommerklausur des BBE-Sprecher*innenrates |
| 8.6.2021 | digital | Sitzung der AG „Freiwilligendienste" |
| 10.6.2021 | digital | STAEpolSEL: Workshop „Bundestagswahl 2021 – Deine Stimme zählt!" |
| 11.6.2021 | digital | Sitzung der AG „Bildung und Engagement im gesellschaftlichen Raum" |
| 11.6.2021 | digital | Digitale Kaffeepause |
| 15.6.2021 | digital | Online-Bürgerdialog „The Future is Female! Forderungen von Frauen an die Konferenz zur Zukunft Europas" |
| 15.–16.6.2021 | digital | Forum Digitalisierung und Engagement: Dialogforum Demokratieentwicklung |
| 17.6.2021 | digital | Digitale Kaffeepause |
| 17.6.2021 | digital | Sitzung der AG „Migration, Teilhabe, Vielfalt" |

| | | | |
|---|---|---|---|
| 23.6.2021 | digital | | Digitale Kaffeepause |
| 24.6.2021 | digital | | Civil Academy: Dinner & Talk |
| 6.7.2021 | digital | | Sitzung der AG „Bürgerschaftliches Engagement und Kommune" |
| 7.7.2021 | digital | | Gespräch mit einer Expert*innengruppe aus der Türkei |
| 7.7.2021 | Berlin | | STAEpolSEL: Politischer Rundgang – Berlin is calling! |
| 1.9.2021 | digital | | 3.Trägertreffen im Programm „Menschen stärken Menschen" |
| 4.9.2021 | hybrid/Rostock | | Open Transfer Camp #JungesEngagement |
| 6.9.2021 | digital | | Sitzung der AG „Bildung und Engagement" |
| 10.9.2021 | Berlin/digital | | Auftaktveranstaltung der 17. Woche des bürgerschaftlichen Engagements & Ernennung des Engagement-Botschafters |
| 10.–19.9.2021 | bundesweit | | 17. Woche des bürgerschaftlichen Engagements |
| 10.–19.9.2021 | bundesweit | | Digitale Woche der Digitalen Nachbarschaft (DiNa) im Rahmen der Woche des bürgerschaftlichen Engagements |
| 13.9.2021 | digital | | BBE-Agendakonferenz |
| 13.–17.9.2021 | Berlin | | Forum Digitalisierung und Engagement: Kommentierung der Handlungsempfehlungen |
| 14.9.2021 | Berlin | | Europäische Konferenz „Revealing European Values In Volunteer Events" (#REVIVE) |
| 14.9.2021 | Berlin | | European Volunteering Capital 2023 Candidates presentations |
| 17.9.2021 | digital | | Thementag „Engagiert Inklusion leben" im Rahmen der Woche des bürgerschaftlichen Engagements |
| 22.9.2021 | digital | | Online-Tagung: „Angriff von rechts. Wie wehrt sich demokratische Zivilgesellschaft" (NWB/E) |
| 28.9.2021 | digital | | Sitzung der AG „Migration, Teilhabe, Vielfalt" |
| 28.9.2021 | digital | | Kolloquium „Zivilgesellschaft in Ostdeutschland stärken" – Studie „Engagementförderung in Ostdeutschland" |
| 28.9.2021 | digital | | Workshop „Selbstwirksamkeit durch Engagement – wie geht das?" |
| 29.9.2021 | digital | | Sitzung des BBE-Koordinierungsausschusses |
| 30.9.2021 | digital | | Civil Academy: Dinner & Talk |
| 30.9.–1.10.2021 | digital/regional | | Engagierte Stadt: Netzwerktreffen, BBE Programmpartner |
| 4.10.2021 | digital | | Auftaktveranstaltung „Engagiertes Land", BBE Programmpartner |
| 4.–5.10.2021 | digital | | BBE-Länderforum |

| | | |
|---|---|---|
| 8.10.2021 | digital | Sitzung der AG „Zivilgesellschaftsforschung" |
| 13.10.2021 | hybrid | Forum Digitalisierung und Engagement: Abschlusskonferenz |
| 13.10.2021 | digital | Online-Bürgerdialog „Mit neuem Schwung voran? Das deutsch-französische Tandem und die Zukunft Europas" |
| 20.10.2021 | digital | Fachforum „Freiwilliges Engagement von internationalen Studierenden fördern: Motivation, Ansprache, Angebote, Vermittlung" (STUDIUM HOCH E) |
| 25.10.2021 | BBE | Besuchergruppe: Studierende aus fünf Europäischen Universitäten im Rahmen des Projekts: „Meet the Citizen 2.0" |
| 25.10.2021 | Berlin | „Meet the Citizen 2.0": Austausch mit der Staatssekretärin für Bürgerschaftliches Engagement und Internationales, Sawsan Chebli |
| 26.10.2021 | digital | Sitzung der AG „Freiwilligendienste" |
| 27.10.2021 | digital | 3. European Civic Academy 2021: Rebuilding Trust in Democracy: „All for a better world, but all fragmented?" |
| 28.10.2021 | digital | Junges Engagement: Dinner & Talk |
| 29.–30.10.2021 | Berlin | Erstes Netzwerktreffen „Engagiertes Land", BBE als Programmpartner vertreten |
| 5.11.2021 | digital | Sitzung der AG „Zivilgesellschaftsforschung" |
| 9.–10.11.2021 | hybrid/Berlin | BBE-Fachkongress im Programm „Menschen stärken Menschen" |
| 10.11.2021 | Berlin | Fachaustausch im Rahmen des Projekts „#GEOYOUTH2021" |
| 10.11.2021 | digital | 4. Beiratssitzung „STUDIUM HOCH E" |
| 12.11.2021 | digital | Online-Bürgerdialog „Rechtsstaatlichkeit ade? Die EU zwischen Anspruch und Wirklichkeit" |
| 12.11.2021 | digital | Fachgespräch „Engagementförderung in Mecklenburg-Vorpommern" im Rahmen der Gesprächsreihe Bürgergesellschaft 2025 |
| 15.11.2021 | Schwerin/digital | Fachgespräch Engagementförderung Mecklenburg-Vorpommern |
| 24.11.2021 | digital | Sitzung der AG „Bildung und Engagement" |
| 26.11.2021 | digital | Forum Bürgergesellschaft |
| 26.11.2021 | digital | Forum Bürgergesellschaft im Rahmen der Gesprächsreihe Bürgergesellschaft 2025 |
| 1.12.2021 | digital | 4. Trägertreffen im Programm „Menschen stärken Menschen" |
| 2.–3.12.2021 | digital | 6. Deutscher EngagementTag |
| 13.12.2021 | digital | Workshop „Vernetzt aktiv – Infrastruktureinrichtungen und BUND gemeinsam für den Klimaschutz" |

| | | |
|---|---|---|
| 19.1.2022 | digital | Sitzung der AG „Migration, Teilhabe, Vielfalt" |
| 20.1.2022 | digital | Sitzung der AG „Engagement junger Menschen" |
| 20.1.2022 | digital | Come together – Civic Ideas Factory |
| 25.1.2022 | digital | Sitzung der AG „Bürgerschaftliches Engagement und Kommune" |
| 27.1.2022 | digital | Jurysitzung Auswahl Ideenwettbewerb des Programms „ENGAGIERT FÜR KLIMASCHUTZ |
| 28.1.2022 | digital | Sitzung der AG „Zivilgesellschaftsforschung" |
| 1.2.2022 | digital | Sitzung der AG „Freiwilligendienste" |
| 2.2.2022 | digital | Sitzung der AG „Digitalisierung" |
| 8.2.2022 | digital | Sitzung der AG „Bildung und Engagement" |
| 8.2.2022 | digital | Workshop der STUDIUM HOCH E-Begleitevaluation (nexus-Institut) mit den Projektstandorten |
| 17.2.2022 | digital | BBE-Koordinierungsausschuss |
| 24.2.2022 | digital | Forum Junges Engagement: Dinner & Talk |
| 2.3.2022 | digital | Sitzung der AG „Bürgerschaftliches Engagement und Kommune" |
| 3.3.2022 | digital | 1. Trägertreffen im Programm „Menschen stärken Menschen" |
| 16.3.2022 | digital | Laut, jung, politisch und trotzdem ungehört |
| 24.3.2022 | digital | 2. Trägertreffen im Programm „Menschen stärken Menschen" |
| 25.3.2022 | digital | Sitzung der AG „Zivilgesellschaftsforschung" |
| 28.3.2022 | digital | Sitzung der AG „Engagement junger Menschen" |
| 31.3.2022 | digital | Sitzung der AG „Migration, Teilhabe, Vielfalt" |
| 31.3.–8.4.2022 | digital | STAEpolSEL: Civic Ideas Factory |
| 6.4.2022 | digital | Synergieworkshop des BBE und BMFSFJ zur Vorbereitung des EngagementTages |
| 7.4.2022 | digital | 3. Trägertreffen im Programm „Menschen stärken Menschen" |
| 26.4.2022 | digital | 5. Beiratssitzung „STUDIUM HOCH E" |
| 27.4.2022 | digital | 4. Trägertreffen im Programm „Menschen stärken Menschen" |
| 29.4.2022 | digital | Sitzung der AG „Digitalisierung" |
| 6.–7.5.2022 | analog | Netzwerktreffen „Engagiertes Land" |
| 11.–12.5.2022 | Neustrelitz | BBE-Länderforum 2022 |
| 18.5.2022 | digital | Sitzung der AG „Bürgerschaftliches Engagement und Kommune" |
| 25.5.2022 | digital | Sitzung der AG „Migration, Teilhabe, Vielfalt" |

| 30.5.2022 | analog | Abschlussvernetzungstreffen der Digitalen Nachbarschaft (DiNa) |
|---|---|---|
| 31.5.2022 | analog | Sitzung der AG „Freiwilligendienste" |
| 2.6.2022 | digital | Sitzung der AG „Bürgerschaftliches Engagement und Kommune" WS Engagement vor Ort |
| 7.6.2022 | digital | Sitzung der AG „Bürgerschaftliches Engagement und Kommune" |
| 13.6.2022 | analog | Netzwerk „Engagierte Stadt": Bürgermeister*innentreffen |
| 14.6.2022 | digital | Netzwerk „Engagierte Stadt": Auftakt neue Städte |
| 20.–21.6.2022 | analog | Netzwerktreffen „ENGAGIERT FÜR KLIMASCHUTZ" |
| 21.6.2022 | digital/Halle (Saale) | Abschlusstagung „STUDIUM HOCH E" |
| 30.6.2022 | digital | Forum Junges Engagement: Dinner & Talk |

## 4. Überblick über die Publikationen des BBE

Im Folgenden sind Publikationen aufgelistet, die das BBE zwischen Juli 2021 und April 2022 publiziert/(mit-)herausgegeben hat.[3]

### 4.1. Die Newsletter des BBE

Die kostenfrei zu beziehenden Newsletter des BBE setzen Impulse und geben Überblicke über das politische und fachliche Geschehen. Der BBE-Newsletter erscheint alle zwei Wochen, die BBE Europa-Nachrichten monatlich und der Infoletter der Woche des bürgerschaftlichen Engagements einmal pro Quartal, ergänzt um drei SonderInfoletter.
- Übersicht aller bisherigen BBE-Newsletter: https://www.b-b-e.de/newsletter/bbe-newsletter/archiv/
- Übersicht aller bisherigen BBE Europa-Nachrichten: https://www.b-b-e.de/newsletter/europa-newsletter/archiv/
- Übersicht aller bisherigen Infoletter & SonderInfoletter: https://www.engagement-macht-stark.de/downloads/infoletter/

---

3 http://www.b-b-e.de/publikationen/ (eingesehen am 27.6.2022).

## 4.2. Publikationen Juli 2021–April 2022

| | |
|---|---|
| Juli 2021 | Bundesnetzwerk Bürgerschaftliches Engagement (Hg.): Digitalisierung und Engagement: Perspektiven für gemeinnützige Organisationen. Reihe: Forum Nr. 2, ISBN: 978-3-948153-13-7, im Internet unter https://www.b-b-e.de/fileadmin/Redaktion/06_Service/02_Publikationen/2021/2021-bbe-reihe-forum-2.pdf |
| Juli 2021, aktualisierte Fassung vom 1.2.2022 | Bundesnetzwerk Bürgerschaftliches Engagement (Hg.): Zivilgesellschaft als zentraler Akteur in der deutschen Bildungslandschaft! Reihe: Arbeitspapiere Nr. 13, ISBN: 978-3-948153-14-4, im Internet unter https://www.b-b-e.de/fileadmin/Redaktion/06_Service/02_Publikationen/2021/2021-bbe-reihe-arbeitspapiere-013.pdf |
| August 2021 | Bundesnetzwerk Bürgerschaftliches Engagement (Hg.): Zivilgesellschaft und Bundestagswahl 2021. Reihe: Dossier Nr. 9, ISBN: 978-3-948153-19-9, im Internet unter https://www.b-b-e.de/fileadmin/Redaktion/06_Service/02_Publikationen/2021/2021-bbe-reihe-dossier-9.pdf |
| Oktober 2021 | Bundesnetzwerk Bürgerschaftliches Engagement (Hg.): Digitalisierung und Engagement: Datenschutz und Datensicherheit als Grundrechtsschutz. Reihe: Forum Nr. 3, ISBN: 978-3-948153-17-5, im Internet unter https://www.b-b-e.de/fileadmin/Redaktion/06_Service/02_Publikationen/2021/2021-bbe-reihe-forum-3.pdf |
| November 2021 | Ansgar Klein/Rainer Sprengel/Johanna Neuling (Hg.): Jahrbuch Engagementpolitik 2022. 20 Jahre Enquete-Kommission „Zukunft des Bürgerschaftlichen Engagements" – Bilanz und Ausblick, BBE-Buchreihe „Engagement und Partizipation in Theorie und Praxis", Frankfurt am Main, Wochenschau Verlag, ISBN: 978-3-7344-1358-2 (PDF), im Internet unter https://www.wochenschau-verlag.de/20-Jahre-Enquete-Kommission-Zukunft-des-Buergerschaftlichen-Engagements-Bilanz-und-Ausblick/41358 |
| Dezember 2021 | Bundesnetzwerk Bürgerschaftliches Engagement (Hg.): Digitales Europa und Zivilgesellschaft. Reihe: Dossier Nr. 10, ISBN: 978-3-948153-19-9, im Internet unter https://www.b-b-e.de/fileadmin/Redaktion/06_Service/02_Publikationen/2021/2021-bbe-reihe-dossier-10.pdf |
| Dezember 2021 | Bundesnetzwerk Bürgerschaftliches Engagement (Hg.): Digitalisierung und Engagement: Potenziale, Herausforderungen und Perspektiven für die Demokratie. Reihe: Forum Nr. 4, ISBN: 978-3-948153-18-2, im Internet unter https://www.b-b-e.de/fileadmin/Redaktion/06_Service/02_Publikationen/2021/2021-bbe-reihe-forum-4.pdf |
| April 2022 | Bundesnetzwerk Bürgerschaftliches Engagement (Hg.): Das Forum Digitalisierung und Engagement, im Internet unter https://www.b-b-e.de/fileadmin/Redaktion/06_Service/02_Publikationen/2022/2022-forum-d-abschluss.pdf |

## 5. Förderer und Unterstützer

Wir bedanken uns an dieser Stelle herzlich bei allen, die die Arbeit des BBE und seiner Geschäftsstelle unterstützen!

Der Dank gilt insbesondere den Mitgliedern des Koordinierungsausschusses, den Sprecher*innen der BBE-Arbeitsgruppen, den BBE-Themenpat*innen und dem Beauftragten für europäische Angelegenheiten, die die Fachdebatten der Themenfelder im BBE mit ihrem persönlichen Einsatz und ihrer Expertise in dem durch die Coronapandemie herausgeforderten Jahr 2021/2022 bereichert haben. Und wir danken den engagierten Mitarbeitenden unserer Geschäftsstelle.

Besonders bedanken wollen wir uns bei den Mitgliedern und vielen Aktiven in den Gremien und Arbeitsgruppen. In besonderem Maße danken wir dem Bundesministerium für Familie, Senioren, Frauen und Jugend (BMFSFJ), das die Bedingungen guter Netzwerkarbeit für das BBE mit seiner Förderung für die Geschäftsstelle wesentlich unterstützt hat.

Unser Dank gilt auch allen Bundesländern für ihre treue Mitgliedschaft. Der BP Europa SE danken wir herzlich für 15 Jahre Partnerschaft beim gemeinsamen Qualifizierungsprogramm Civil Academy bis Ende 2021. Die Stiftung Mercator ist Förderer im Rahmenprogramm „Zivilgesellschaftliches Engagement für Klimaschutz" und gleichzeitig partnerschaftlich mit uns verbunden. Dafür danken wir herzlich und freuen uns auf die weitere gute Zusammenarbeit.

Im Rahmen des Programms „Engagierte Stadt" sind wir in der Steuerungsgruppe und im Partner*innenkreis partnerschaftlich verbunden mit der Bertelsmann Stiftung, der Robert Bosch Stiftung, der Körber-Stiftung, der Breuninger Stiftung, der Joachim Hertz Stiftung, dem BMFSFJ, der DSEE und Vertreter*innen der Engagierten Städte, Länder, dem Deutschen Städte- und Gemeindebund und dem Deutschen Städtetag sowie den Sprecher*innen der Städte. Für die dynamische und zukunftsweisende Zusammenarbeit danken wir den Partnern.

Bedanken möchten wir uns bei den Partnern der Woche des bürgerschaftlichen Engagements 2021: Das ZDF und der Bundesverband Deutscher Anzeigenblätter (BVDA) waren offizielle Medienpartner. Weitere starke Partnerinnen waren die Aktion Mensch, die Faire Woche, Flixmobility GmbH und die Digitale Nachbarschaft (DiNa).

# DOKUMENTE

## Gremien und Besetzung der Themenfelder des BBE

### 1. Mitgliederversammlung

Mindestens einmal jährlich treffen sich die Mitglieder des BBE zur Mitgliederversammlung (MV) des Netzwerks in seiner Rechtsform des gemeinnützigen nicht eingetragenen Vereins. Die Mitglieder des Netzwerks teilen sich auf in stimmberechtigte und in kooperierende Mitglieder. Stimmberechtigte Mitglieder stammen gemäß Statuten des BBE aus den drei gesellschaftlichen Sektoren: 1. Bürgergesellschaft und Dritter Sektor, 2. Bund, Länder und Kommunen, 3. Wirtschaft und Arbeitsleben. Die Statuten bestimmen darüber hinaus in § 4 die Voraussetzungen für den Antrag auf eine stimmberechtigte Mitgliedschaft. Kooperierende Mitglieder haben in der MV eine beratende Stimme. Das aktuelle Mitgliederverzeichnis ist auf der BBE-Internetplattform abrufbar.

### 1.1. Mitgliederentwicklung

Im Jahr 2021 konnte das BBE folgende neue Mitglieder in seinen Reihen begrüßen:
- ASC Göttingen von 1846 e. V.
- bea – bochumer ehrenamtsagentur e. V.
- Bundesverband Netzwerke von Migrant*innenorganisationen e. V. (NeMO)
- Eleganz Bildungsplattform e. V.
- Elternnetzwerk NRW – Integration miteinander e. V.
- Hochschulnetzwerk Bildung durch Verantwortung e. V.
- INBAS GmbH Institut für berufliche Bildung, Arbeitsmarkt- und Sozialpolitik GmbH
- Dr. Tuuli-Marja Kleiner
- Sputnik e. V.
- Teach First Deutschland gGmbH
- Transparency International Deutschland e. V.

## 2. Mitglieder des BBE-Sprecher*innenrates

Der Sprecher*innenrat wird aus den Mitgliedern des Koordinierungsausschusses für jeweils drei Jahre gewählt und vertritt das Bundesnetzwerk nach außen. Er trägt darüber hinaus die Verantwortung für den Haushalt und hat die Fachaufsicht über die Geschäftsstelle des BBE.

Der Sprecher*innenrat des Bundesnetzwerkes hat fünf Mitglieder. Neben der bzw. dem Vorsitzenden werden vier Mitglieder durch den Koordinierungsausschuss aus seinem Kreis gewählt. Insgesamt kommen drei Vertreter oder Vertreterinnen aus dem Bereich Bürgergesellschaft/Dritter Sektor und jeweils eine Vertreterin bzw. ein Vertreter aus den Bereichen Bund/Länder/Kommunen.

Im Berichtszeitraum fand eine Neuwahl des Sprecher*innenrates statt. Die bisherigen Sprecher*innen – Dr. Thomas Röbke, Michael Bergmann, Birger Hartnuß, Carola Schaaf-Derichs und Brigitta Wortmann – haben sich nicht erneut zur Wahl gestellt. An ihrer Stelle wurden für die nächsten drei Jahre gewählt:
- Rainer Hub, Vorsitzender des BBE-Sprecher*innenrates, Referent für freiwilliges Engagement, Diakonie Deutschland
- Oleg Cernavin, Mitglied des BBE-Sprecher*innenrates, Stiftungsvorstand der Stiftung „Mittelstand – Gesellschaft – Verantwortung" – Träger der Offensive Mittelstand
- Olaf Ebert, Mitglied des BBE-Sprecher*innenrates, geschäftsführender Vorstand der Stiftung Bürger für Bürger
- Katja Hintze, Mitglied des BBE-Sprecher*innenrates, Vorstandsvorsitzende der Stiftung Bildung
- Friedemann Walther, Mitglied des BBE-Sprecher*innenrates, Referatsleiter Engagement- und Demokratieförderung Senatskanzlei Berlin

## 3. Mitglieder des 8. Koordinierungsausschusses und Besetzung der BBE-Themenfelder

Der BBE-Koordinierungsausschuss ist nach der Mitgliederversammlung das zweithöchste Netzwerkgremium und zuständig für die politisch-strategische Orientierung der Netzwerkarbeit. Das Gremium repräsentiert die Expertise aus den BBE-Arbeitsgruppen und Themenpat*innenschaften und bindet die zentralen Engagementbereiche der deutschen Zivilgesellschaft, die Engagementförderung von Bund, Ländern und Kommunen sowie den Wirtschaftsbereich mit Unternehmen und Gewerkschaften ein.[1]

---

[1] https://www.b-b-e.de/ueber-uns/gremien/ (eingesehen am 30.6.2022).

Der Koordinierungsausschuss wurde auf der BBE-Mitgliederversammlung 2021 neu gewählt. Wir bedanken uns bei den bisherigen Vertreter*innen der BBE-Themenfelder, den Sprecher*innen der BBE-Arbeitsgruppen und den BBE-Themenpat*innen, den Mitgliedern des BBE-Koordinierungsausschusses sowie den weiteren Aktiven im BBE, die mit ihrem persönlichen Einsatz und ihrer Expertise die Fachdebatten im BBE bereichert haben. Wir freuen uns auf die Zusammenarbeit mit den neuen Mitgliedern unserer Gremien.

## Mitglieder des BBE-Koordinierungsausschusses

### Gesetzte Mitglieder

Für die beiden christlichen Kirchen: Dr. Natascha Sasserarth-Alberti (Deutsche Bischofskonferenz – Katholisches Büro Berlin)

Für einen Spitzenverband der freien Wohlfahrtspflege: Rainer Hub (Diakonie Deutschland)

Für einen bundesweit etablierten Dachverband der engagementfördernden Infrastruktureinrichtungen aus dem Netzwerk für Engagementförderung: Tobias Kemnitzer (Bundesarbeitsgemeinschaft der Freiwilligenagenturen)

Für die Zusammenschlüsse von kommunalen Gebietskörperschaften oder eine von den Mitgliedskommunen bestimmte Kommune: Franziska Freihart (Städtetag Baden-Württemberg)

Für einen Spitzenverband der Arbeitgeber in Deutschland oder ein von den Mitgliedsunternehmen bestimmtes Unternehmen: Oleg Cernavin (Offensive Deutscher Mittelstand)

Für die Bundesländer: Friedemann Walther (Senatskanzlei Berlin) mit ständigem Gastrecht für Mareike Einfeld (Staatskanzlei Nordrhein-Westfalen)

Für die Bundesregierung: Bundesamt für Familie und zivilgesellschaftliche Aufgaben (BAFzA)

### Als gesetzte Einzelorganisation für große Engagementbereiche

Bundesverband Deutscher Stiftungen: N. N.
BAG Seniorenorganisationen (BAGSO): Karl Michael Griffig
Deutscher Bundesjugendring (DBJR): Christian Weis
Deutscher Feuerwehrverband e. V.: Lars Oschmann
Deutscher Frauenrat e. V.: Juliane Zinke
Deutscher Gewerkschaftsbund (DGB): Christoph Hoeft
Deutscher Kulturrat: Olaf Zimmermann
Deutscher Naturschutzring (DNR): Anne Schierenberg
Deutscher Olympischer Sportbund (DOSB): Boris Rump

Gremien und Besetzung der Themenfelder des BBE 161

**Berufene Mitglieder**

Die Sprecher*innen der Arbeitsgruppen gehören als berufene Mitglieder zum Koordinierungsausschuss.

- AG Bildung und Engagement: Jana Priemer (Fellow ZiviZ gGmbH) und Sabine Süß (Netzwerk Stiftungen und Bildung)
- AG Bürgerschaftliches Engagement und Kommune: Dieter Schöffmann (VIS a VIS) und Ute Bertel (Stadt München)
- AG Freiwilligendienste: Malte Hilker (Bundesarbeitskreis der FÖJ-Träger)
- AG Migration, Teilhabe, Vielfalt: Susanne Huth (Inbas) und Cemalettin Özer (Mozaik)
- AG Zivilgesellschaftsforschung: Prof. Dr. Andrea Walter (Einzelmitglied), Dr. Holger Krimmer (Einzelmitglied) und Dr. Tuuli-Marja Kleiner (Einzelmitglied)
- AG Digitalisierung und bürgerschaftliches Engagement: Sophie von Schierstaedt (Stiftung Bildung)
- AG Engagement junger Menschen: Üwen Ergün (KFR), Sven Ehmes (Servicestelle Jugendbeteiligung), Eric Klausch (Power On)

**Gewählte Mitglieder**

Behringer, Dr. Jeannette (Einzelmitglied)
Bertel, Ute (Landeshauptstadt München)
Ebert, Olaf (Stiftung Bürger für Bürger)
Ergün, Üwen (KinderRechteForum)
Hartnuß, Birger (Staatskanzlei Rheinland-Pfalz)
Göhring, Gabriele (Deutscher Caritasverband)
Hintze, Katja (Stiftung Bildung)
Maedler, Jens (Bundesvereinigung Kulturelle Kinder- und Jugendbildung e. V.)
Tahmaz, Dr. Birthe (Zivilgesellschaft in Zahlen, ZiviZ)
Saliger, Susanne (Akademie für Ehrenamtlichkeit)
Sippel, Hanns-Jörg (Stiftung Mitarbeit)
Özer, Cemalettin (MOZAIK gGmbH)
Djafari, Ehsan (IGD)
Die BBE-Geschäftsführung ist Mitglied mit beratender Stimme.

**Ständige Gäste**

Die Themenpat*innen des BBE wohnen den Sitzungen als stetige Gäste bei und genießen Rederecht im Gremium.

Themenpatinnen im Themenfeld „Gendergerechtigkeit": Nicole Kautz (BAG Selbsthilfe e. V.) und Kirsten Witte-Abe (Deutscher Olympischer Sportbund)

Themenpate im Themenfeld „Sektorenübergreifende Kooperation und ihre Infrastruktur": Dr. rer. pol. Hans H. Th. Sendler (Konzeptagentur EUSEN-DOR)

Themenpate im Themenfeld „Sustainable Development Goals (SDG) und gesellschaftliche Transformation": Dirk Hennig (FÖJ-Bundesverband Förderverein ökologischer Freiwilligendienste e. V.)

Themenpatin im Themenfeld „Zusammenhalt, Inklusion, Partizipation und Demokratie": Dr. rer. pol. Jeannette Behringer (Forum Demokratie und Ethik)

Beauftragter des Sprecher*innenrates für Europäische Angelegenheiten: Christian Moos (Europa-Union Deutschland)

# Stellungnahme des BBE-Sprecher*innenrates zur aktuellen Situation in der Ukraine

Die vergangenen Tage haben erneut gezeigt, welche Bedeutung eine demokratische Zivilgesellschaft hat. In der Ukraine leistet sie humanitäre Hilfe vor Ort. An den Grenzen zu Polen trägt sie zur Erstversorgung der Menschen bei, die gerade flüchten. In Deutschland gibt sie der massiven Empörung hunderttausender Menschen über den Krieg und ihrem Einstehen für Frieden eine Stimme und mobilisiert zugleich materielle und finanzielle Hilfsleistungen für die Menschen selbst, aber auch die Zivilgesellschaft in der Ukraine.

Durch Russlands Handeln werden Grundsätze der staatlichen Souveränität, der Unantastbarkeit der Grenzen und der friedlichen Konfliktregulierung infrage gestellt und verletzt. Die größten Leidtragenden des Konflikts sind die Menschen in der Ukraine. Viele Frauen haben sich mit ihren Kindern auf die Flucht begeben, während Männer im entsprechenden Alter im Land verbleiben und dieses verteidigen müssen. Unsere Gedanken und Hoffnungen sind in diesen Stunden und Tagen bei den Ukrainer*innen.

In den vergangenen Tagen wurde ebenso deutlich, in welchem Ausmaß die demokratische Zivilgesellschaft in Russland unter Druck steht. Menschen, die den Mut aufbringen, auf die Straße zu gehen und für Frieden zu demonstrieren, werden zu Tausenden festgenommen und friedlicher Protest niedergeschlagen. Schon seit Jahren schrumpfen die Räume einer freiheitlich agierenden Zivilgesellschaft in Russland nicht nur; sie sind faktisch nicht mehr vorhanden.

Alle unsere ukrainischen Partner*innen stellen sich aktuell der Situation mit unbeschreiblichem Engagement unter unvorstellbaren Bedingungen. Die funktionierenden zivilgesellschaftlichen Netzwerke in der Ukraine scheinen derzeit ein wesentlicher Faktor der Resilienz des Landes in der Krisensituation zu sein. Das BBE hat durch gemeinsame Projekte mit dem ukrainischen Zivilgesellschaftsnetzwerk UACSN bis Ende 2020 einen Beitrag zu der Entwicklung geleistet und mit Unterstützung des Auswärtigen Amtes die zivilgesellschaftliche Organisationsstärkung und den Netzwerkaufbau in der Ukraine gefördert. Wir fühlen uns in der Verantwortung, unseren Partner*innen in der Ukraine in dieser schlimmen Situation bestmöglich zu helfen.

Vor diesem Hintergrund bezieht der BBE-Sprecher*innenrat Stellung. Wir drücken unsere volle Solidarität mit der demokratischen Zivilgesellschaft aus:

- Wir solidarisieren uns mit den Menschen in der Ukraine, die unter Einsatz ihres Lebens für Freiheit und Demokratie ihres Landes einstehen. Sie engagieren sich damit für uns und unsere gesamte europäische und internationale Friedensordnung. Diese Menschen verdienen unsere ganze Unterstützung.
- Es gilt, alles zu unternehmen, um dem zivilen Leben und zivilen Lösungen durch Verhandlungen Raum zu geben. Die militärische Logik muss durchbrochen werden, weitere militärische Eskalation ist zu verhindern. Sie wird viele weitere zivile Opfer mit sich bringen. Stattdessen ist ein internationales Bündnis gerade auch mit der Zivilgesellschaft und den friedenstärkenden Gegenkräften in Russland, Belarus und der Ukraine weiter aufzubauen und zu stabilisieren. Den Mitteln der zivilen Konfliktlösung muss dabei unbedingt wieder mehr Gehör verschafft werden.
- Die Zivilgesellschaft in der Ukraine darf nicht länger Ziel von Kampfhandlungen sein. Sie bedarf eines besonderen Schutzes.
- Die russische Regierung muss die Repression der demokratischen Zivilgesellschaft in Russland beenden.
- Solidarisch bekennen wir uns mit allen, die jetzt für Menschenrechte, Demokratie und Frieden einstehen – in diesem Sinne dürfen wir uns nun nicht auseinanderdividieren lassen. Die Verbindung in die russische Zivilgesellschaft ist weiter aufrechtzuerhalten. Auch gegen Widerstände müssen solche Kontakte, die eine Zusammenarbeit mit Deutschland und Europa wollen, weiter gepflegt werden.
- Es müssen sichere Fluchtkorridore aus der Ukraine in die benachbarten Staaten gewährleistet sein. Hier muss entschieden gelten: alle Menschen, die Hilfe benötigen, erhalten diese.
- Es darf keine rassistische Selektion oder Diskriminierung stattfinden. Die Aufnahme von Menschen mit Vertriebenen- und/oder Fluchterfahrung aus der Ukraine und auch aus anderen Ländern der Welt in Deutschland muss unbürokratisch ermöglicht werden.
- Strukturelle Hürden sind abzubauen und eine Willkommenskultur zu unterstützen, wie sie in der BBE-Mitgliedschaft seit Langem, besonders intensiv seit dem Jahr 2015 aktiv weiterentwickelt und im BBE vernetzt wird.
- In dem durch das BMFSFJ geförderten Programm „Menschen stärken Menschen" und den bis Ende 2019 befristeten „Freiwilligendiensten mit Fluchtbezug" sind beispielsweise Unterstützer*innen-Netzwerke entstanden, in denen Wissen, Kompetenzen und Strukturen entwickelt wurden sowie wichtige Anlaufstellen, die Unterstützung leisten, Hilfe vermitteln das Ankommen und die Integration erleichtern.

- Bei allen Strategien und Überlegungen ist die Zivilgesellschaft in Deutschland angesichts ihrer Erfahrungen, Kompetenzen und der in den vergangenen Jahren wichtigen etablierten Strukturen und Netzwerke mitzudenken, fachlich einzubeziehen und förderpolitisch weiter zu unterstützen.
- Das BBE wird über sein Netzwerk die Koordination von Spenden unterstützen, die direkt der ukrainischen Zivilgesellschaft für deren wichtige Aktivitäten zukommen.

*Der Sprecher\*innenrat des BBE* *Berlin, den 3. März 2022*

*Rainer Hub* (Diakonie, Vorsitzender des BBE-Sprecher\*innenrates)

*Oleg Cernavin* (Offensive Mittelstand, stellv. Vorsitzender des BBE-Sprecher\*innenrates)

*Olaf Ebert* (Stiftung Bürger für Bürger, stellv. Vorsitzender des BBE-Sprecher\*innenrates)

*Katja Hintze* (Stiftung Bildung, stellv. Vorsitzende des BBE-Sprecher\*innenrates)

*Friedemann Walther* (Senatskanzlei Berlin, stellv. Vorsitzender des BBE-Sprecher\*innenrates)

Für die Geschäftsführung des BBE *Dr. Ansgar Klein* und *Dr. Lilian Schwalb*

# Stellungnahme des BBE-Sprecher*innenrates zum Entwurf eines Demokratiefördergesetzes

Bundesministerin Anne Spiegel (BMFSFJ) und Nancy Faeser haben das BBE eingeladen, sich zu den Regelungsinhalten eines Demokratiefördergesetzes (DFG) mit konkreten Hinweisen zu äußern. Dies tut das BBE sehr gerne, sind doch die Erwartungen an das angekündigte Demokratiefördergesetz der Bundesregierung seitens der engagementpolitischen Fachdiskussion sehr groß und hat auch das BBE ein solches Gesetz gefordert.

Das BBE begrüßt das geplante DFG, weist aber mit Bezug auf das zugeleitete „Diskussionspapier von BMFSFJ und BMI für ein Demokratiefördergesetz" darauf hin, dass die dort beanspruchte Stärkung des „wichtigen zivilgesellschaftlichen Engagements für demokratische Werte sowie zur Gestaltung der Vielfalt" (S. 3) nur dann erreicht werden kann, wenn der Regelungsbereich des DFG sich nicht nur auf den Bereich der Extremismusprävention bezieht.

Engagement und Vielfalt der Zivilgesellschaft müssen gemeinsam mit dem Ansatz einer verlässlichen Strukturförderung zentrale Horizonte der Förderung durch das DFG darstellen. Diesen engen Zusammenhang von Engagement- und Demokratieförderung bestätigen auch die Aufgabenbeschreibung des neu eingesetzten Unterausschusses „Bürgerschaftliches Engagement" im Deutschen Bundestag sowie die aktuelle Anregung der SPD-Bundestagsfraktion, eine Enquete-Kommission für „Demokratie- und Engagementpolitik" einzusetzen.

## Demokratiepolitik ist auch Engagementpolitik!

Strukturell nachhaltig gestärkt werden muss die gesamte Breite der Infrastruktureinrichtungen, die Engagement und Teilhabe unterstützen, beraten, vernetzen etc. Dazu zählen die Infrastrukturen des Freiwilligenmanagements der organisierten Zivilgesellschaft in Vereinen und Verbänden – von sozialem und kulturellem Engagement über ein Engagement für Kinder- und Jugendliche, in Bildung oder Friedensförderung bis zum jungen Engagement. Dazu zählen aber auch bereichsübergreifend arbeitende Einrichtungen wie Freiwilligenagenturen, Selbsthilfekontaktstellen, Seniorenbüros, Bürgerstiftungen oder Mehrgenerationenhäuser.

Es ist das alltägliche Engagement von Millionen von Bürger*innen, das die gesellschaftliche Gestaltung im Kleinen praktisch vorantreibt und aus dem eigenen Engagement heraus über demokratische Teilhabe eine Verbesserung der Rahmenbedingungen des eigenen Engagements in einer Vielfalt von Engagementbereichen anstrebt.

Unzivile Akteure agieren in den Handlungsräumen der Zivilgesellschaft. Sie nutzen die Freiheiten der demokratischen Gesellschaft und der zivilgesellschaftlichen Selbstorganisation, um Demokratie, Toleranz und Vielfalt praktisch einzuschränken, um Gewalt und Hass zu kommunizieren und auch praktisch anzudrohen.

## Strukturförderung: nachhaltig und verlässlich!

Es geht daher darum, das DFG nicht nur als ein Gesetz der Demokratiepolitik, sondern zugleich als einen wesentlichen Beitrag auch der Engagementpolitik zu verstehen. Es geht darum, die Engagement und Teilhabe begleitenden Infrastruktureinrichtungen und Netzwerke nachhaltig strukturell zu fördern und so die Voraussetzungen dafür zu schaffen, dass diese Infrastruktureinrichtungen in der Vielfalt ihrer Formen ihre gemeinsamen Kernkompetenzen verlässlich ausbauen können. Projektförderungen für innovative Vorhaben sowie niedrigschwellige Förderformate für Initiativen und lokale Vorhaben bleiben auch weiter relevant. Evaluation und begleitende Forschung müssen verstärkt werden.

Die Infrastruktureinrichtungen müssen ihre vielfältigen Funktionen in einem neuen Curriculum für das dort notwendige Hauptamt schärfen. Das BBE schlägt vor, ein solches Curriculum zusammen mit der Bundeszentrale für politische Bildung durchzuführen und dafür Wissenschaft und Forschung (Teilhabe, Engagement, Zivilgesellschaft), die Akteure der zivilgesellschaftlichen Infrastrukturen, die großen Verbände der organisierten Zivilgesellschaft, aber natürlich auch Länder und Kommunen und die Bundespolitik und zuständigen Verwaltungen in einem transparenten wie partizipativen Verfahren einzubeziehen.

Es ist dringend erforderlich, die Infrastruktureinrichtungen strukturell zu fördern, damit eine Verlässlichkeit und Nachhaltigkeit ihrer Arbeit zu ermöglichen und auch die Voraussetzungen für eine dringend notwendige Systematisierung der erforderlichen Kompetenzen dieser Einrichtungen vorzunehmen und für die künftige Ausbildung grundzulegen.

## Aufgaben der Infrastrukturen für Engagement und Teilhabe

Zu den zentralen Funktionen dieser Infrastruktureinrichtungen gehören mit Blick auf gesellschaftlichen Zusammenhalt und politische Teilhabe unter anderem folgende Funktionen:
- multisektorale Vernetzung,
- Moderation von gemeinsamer Beratung, von Austausch und Planungen,
- Information,
- Kooperation in kommunalen Bildungslandschaften und enger Einbezug aufsuchender Formate der politischen Bildung,
- Umgang mit unzivilen Akteuren in den eigenen Handlungsräumen,
- Medienkompetenzen.

## Stärkung von zivilgesellschaftlicher Resilienz und Kompetenz!

Ein DFG, das diese Infrastruktureinrichtungen in die vom DFG angestrebte Bundeskompetenz der Förderung einbezieht und sich daher auch als ein zentrales Regelungswerk der Engagementpolitik versteht, leistet einen zentralen Beitrag zur Stabilisierung und Fortentwicklung zivilgesellschaftlicher Resilienz und Kompetenz in den Formaten der zumeist zivilgesellschaftlich oder kommunal getragenen Einrichtungen.

In der ganzen Breite zivilgesellschaftlicher Praxis müssen sich die Anliegen demokratischer Prävention, prodemokratischer Wertestärkung und einer deutlichen Unterstützung von politischer Bildung und Demokratiebildung in der Praxis der zivilgesellschaftlichen Akteure letztendlich bewähren.

## Gesellschaftlicher Zusammenhalt

Ausgeschlossen wird so auch, dass von Ungleichheit und knappen Ressourcen besonders betroffene Kommunen und Landkreise die immer noch „freiwillige" kommunale Aufgabe der Förderung von Engagement und Teilhabe zugunsten anderer „Pflichtaufgaben" der Kommunen nicht mehr wahrnehmen oder gar nicht erst aufnehmen und verstärken können. Eine Förderkompetenz des Bundes bei sehr enger Abstimmung mit den Ländern und deren Kommunen könnte verhindern, dass ungleiche Ressourcen zu regionalen Nachteilen in der Entwicklung von Demokratie und Zivilgesellschaft führen. Die Zukunft der Demokratie und des gesellschaftlichen Zusammenhalts müssen Themen auch des Bundes sein und setzen entsprechende Förderkompetenzen voraus.

Eine strukturelle Bundesförderung der übergreifenden Infrastruktureinrichtungen für Engagement und Teilhabe in den vielfältigen Formaten zivilgesellschaftlicher und kommunaler Selbstorganisation sollte zum Kernbestand der Aufgaben des geplanten DFG gehören. Engagement und Teilhabe sind miteinander eng verbundene Themen, die es im systematischen Zusammenhang fortzuentwickeln und zu stärken gilt.

## Engagement als Lernort: Kompetenzgewinne und politische Bildung

Erfahrungen des Engagements sind immer auch zivilgesellschaftliche Lernprozesse. Diese entfalten sich aus individueller Perspektive in eigenen praktischen Handlungsbezügen gleichsam im „Ernstfall" realer Problemlagen und Interessen. Diese Lernprozesse sind daher immer auch Lernprozesse bezüglich der Haltungen und Werte der Zivilgesellschaft in Demokratien, mit Blick auf die Spielregeln des gemeinsamen Agierens in den Handlungsräumen der Zivilgesellschaft, die nur durch Rechtsstaat und Gewaltenteilung, freie Medien und die Rechte der politischen Äußerung, Versammlung und Vereinigung, nur durch Respekt und Toleranz im Umgang miteinander möglich werden.

Die politische Bildung in den Praxisfeldern der Zivilgesellschaft stärker zu verankern, erfordert die systematische Entwicklung der Kooperationen von Kitas, Schulen und Hochschulen mit den Lernorten der Zivilgesellschaft und eines informellen und non-formalen Engagements. Diese Kooperation in „kommunalen Bildungslandschaften" systematisch zu stärken und die im Engagement erworbenen Kompetenzen auch formal vergleichbar mit formal erworbenen Kompetenzen zu machen, wie es der „Deutsche „Qualifikationsrahmen" eigentlich absichern und umsetzen sollte, ist bildungspolitisch weiter notwendig.

Politische Bildung muss reagieren auf die kommunikativen Risiken der Digitalisierung, auf Hate Speech, Fake News, Bots und Echoräume. Daher sollte die Diskussion über eine zu etablierende „Bundeszentrale für digitale Aufklärung" von vornherein Synergien mit der Arbeit der Bundeszentrale für politische Bildung, gegebenenfalls auch eine Ausweitung ihres Auftrages auf „digitale Aufklärung" in Betracht ziehen.

Der BBE-Sprecher*innenrat

*Oleg Cernavin* (Vorsitz Offensive Mittelstand, stellv. Vorsitzender des BBE-Sprecher*innenrates)

*Olaf Ebert* (Vorstandssitz Stiftung Bürger für Bürger, stellv. Vorsitzender des BBE-Sprecher*innnerates)

*Katja Hintze* (Vorsitzende Stiftung Bildung, stellv. Vorsitzende des BBE-Sprecher*innenrates)

*Rainer Hub* (Diakonie, Vorsitzender des BBE-Sprecher*innenrates)

*Friedemann Walther* (Senatskanzlei Berlin, stellv. Vorsitzender des BBE-Sprecher*innenrates)

*Dr. Ansgar Klein*, Hauptgeschäftsführer BBE

*Dr. Lilian Schwalb*, Geschäftsführerin Netzwerkbetreuung und -entwicklung, BBE

# Organigramm der BBE-Geschäftsstelle gGmbH 2022

**Organigramm der BBE-Geschäftsstelle gGmbH 2022**
Michaelkirchstraße 17/18, 10179 Berlin, Tel: 030-62980-110
Stand: 1.6.2022
Kontaktdaten unter: https://www.b-b-e.de/team/

## Hauptgeschäftsführer
Dr. Ansgar Klein - 111

### Geschäftsführung Netzwerk & Fachpolitik (Prokura)
Dr. Lilian Schwalb - 217

### Geschäftsführung Organisation
Mareike Jung (Prokura) - 105

## GESCHÄFTSSTELLE

**Verwaltung / Finanzen** - 112
- R: Johanna Lerch
- L: Dorette Lück - 113
- S: Kirsten Woitanowski - 110
- S: Michaela Käding - 141

**Arbeitsbereich Netzwerkbetreuung / -entwicklung**
- L: Dr. Lilian Schwalb - 217
- R: Dr. Behzad Först! - 137

**Gesellschaft selbstwirksam gestalten – STAEpolSel**
- L: Dr. Lilian Schwalb - 217
- S: Elisabed Abralava - 324

**Pat*innen, Mentor*innen, Lots*innen**
- L: Dr. Lilian Schwalb - 217
- R: Malica Christ
- S: Milena Oswald

**Engagiert für Klimaschutz**
- L: Dr. Lilian Schwalb - 217
- Lt. R: Dr. Serge Embacher - 514
- R: Clara Bottenberg - 117
- R: N. N.
- S: Elisabed Abralava

**Programmbüro Engagierte Stadt**
- L: Dr. Lilian Schwalb - 217
- Lt. R: Christine Spanninger - 310
- R: Elisabeth Schönrock - 609
- R: Laura Werling - 108
- R: Nadine Hetsch - 125

**Kooperationsprojekt Engagiertes Land**
- L: Margarethe Finger

**Junges Engagement holt auf / Civil Academy – Forum junges Engagement**
- L: Heidemarie Rubart - 116
- S: Valeria Vlasenko

**Prozessbegleitung Engagierte Stadt/ Engagiertes Land**
- S: Anna Verones - 107

**Arbeitsbereich Information und Kommunikation**
- L: Dr. Rainer Sprengel - 130
- S: Anne-Kathrin Gräfe - 115

**Onlineredaktion:**
- Lt. R: Daniel Helmes - 102
- S: Leonie Malchow - 104

**Kooperationsprojekt Digitale Nachbarschaft**
- R: Daniel Helmes - 102

**Europakommunikation**
- R: Nino Kavelashvili - 114

## PROGRAMME UND PROJEKTE

**Woche des bürgerschaftlichen Engagements**
- L: Dieter Rehwinkel - 121
- R: Anna Groß - 126
- R: Konstanze Gergs - 120

**Arbeitsbereich Fachprojekte**
- L: Dr. Serge Embacher - 118

**STUDIUM HOCH E**
- R: : Anne Trenczek - 420

**Umsetzung der SDG als Chance und Herausforderung für BE**
- S: Anne-Kathrin Gräfe - 115
- R: Dominik Schlotter - 514

---

GF: Geschäftsführung / L: Leitung / R: Referent*in / Lt.R: Leitende*r Referent*in / S: Sachbearbeitung, Projektmitarbeiter*in / sH: studentische Hilfskraft

171

# Autor*innen

Böwing, Ann-Cathrine, persönliche Referentin der Staatssekretärin für Sport und Ehrenamt, Staatskanzlei des Landes Nordrhein-Westfalen
Kontakt: ann-cathrine.boewing@stk.nrw.de

Cernavin, Oleg, Vorsitzender der Stiftung Mittelstand-Gesellschaft-Verantwortung, stellvertretender Vorsitzender des Sprecher*innenrates des Bundesnetzwerks Bürgerschaftliches Engagement (BBE)
Kontakt: cernavin@stiftung-m-g-v.de

Ebert, Olaf, Leiter der Stiftung Bürger für Bürger als Geschäftsführender Vorstand und Mitglied des Sprecher*innenrates des Bundesnetzwerks Bürgerschaftliches Engagement (BBE)
https://www.buerger-fuer-buerger.de/
Kontakt: o.ebert@buerger-fuer-buerger.de

Einfeld, Mareike, Referentin im Referat für Bürgerschaftliches Engagement in der Staatskanzlei des Landes Nordrhein-Westfalen
Kontakt: mareike.einfeld@stk.nrw.de

Embacher, Serge, Dr., Leiter des Arbeitsbereichs Fachprojekte des Bundesnetzwerks Bürgerschaftliches Engagement (BBE)
Kontakt: serge.embacher@b-b-e.de

Evers, Adalbert, Prof. Dr., bis Herbst 2013 Professor für Vergleichende Gesundheits- und Sozialpolitik an der Justus-Liebig-Universität Gießen, Senior Fellow am Centrum für soziale Investitionen und Innovationen (CSI) an der Universität Heidelberg
Kontakt: adalbert.evers@csi.uni-heidelberg.de

Jung, Mareike, Geschäftsführerin Organisation im Bundesnetzwerk Bürgerschaftliches Engagement (BBE)
Kontakt: mareike.jung@b-b-e.de

Keller, Susanne, stellvertretende Leiterin des Referates Bürgerschaftliches Engagement im Ministerium für Soziales, Gesundheit und Integration Baden-Württemberg
Kontakt: susanne.keller@sm.bwl.de

Kersting, Andreas, Leiter des Referates für Bürgerschaftliches Engagement in der Staatskanzlei des Landes Nordrhein-Westfalen
Kontakt: andreas.kersting@stk.nrw.de

## Autor*innen

Klein, Ansgar, PD Dr., Geschäftsführer des Bundesnetzwerks Bürgerschaftliches Engagement (BBE), Publizist und Privatdozent für Politikwissenschaften an der Humboldt-Universität zu Berlin
Kontakt: ansgar.klein@b-b-e.de

Kohl, Hannelore, Vorstandsvorsitzende der Stiftung für Ehrenamt und bürgerschaftliches Engagement in Mecklenburg-Vorpommern
https://www.ehrenamtsstiftung-mv.de/
Kontakt: kohl@ehrenamtsstiftung-mv.de

Koşan, Ümit, Prof. Dr., bis Herbst 2021 Vorsitzender des Bundesverbands Netzwerke von Migrant*innen-Organisationen (BV NeMO)
Kontakt: uekosan@bv-nemo.de

Kruse, Wilfried, Dr., Berater des Bundesverbands Netzwerke von Migrant*innen-Organisationen (BV NeMO)
Kontakt: w.kruse@weinheimer-initiative.de

Lerch, Johanna, Referentin der Geschäftsführung im Bundesnetzwerk Bürgerschaftliches Engagement (BBE)
Kontakt: johanna.lerch@b-b-e.de

Lettrari, Adriana, Dr., Geschäftsführerin und Vorstandsmitglied der Stiftung für Ehrenamt und bürgerschaftliches Engagement in Mecklenburg-Vorpommern
https://www.ehrenamtsstiftung-mv.de
Kontakt: lettrari@ehrenamtsstiftung-mv.de

Moos, Christian, seit 2005 für die Europapolitik in der Bundesgeschäftsstelle des dbb beamtenbund und tarifunion verantwortlich, seit 2011 Generalsekretär der überparteilichen Europa-Union Deutschland, seit 2012 EBD-Vorstandsmitglied, seit 2015 Mitglied des Europäischen Wirtschafts- und Sozialausschusses und seit 2022 Europabeauftragter des Bundesnetzwerks Bürgerschaftliches Engagement (BBE)
Kontakt: moosch@dbb.de

Neuling, Johanna, Politikwissenschaftlerin, Lektorin, Redakteurin, freie Mitarbeiterin des Bundesnetzwerks Bürgerschaftliches Engagement (BBE)
https://www.johanna-neuling.de/
Kontakt: redaktion@johanna-neuling.de

Priller, Eckhard, Dr., wissenschaftlicher Koordinator der Maecenata Stiftung in Berlin
Kontakt: ep@maecenata.eu

Roth, Roland, Prof. Dr., lehrte zuletzt Politikwissenschaft an der Hochschule Magdeburg-Stendal, ist Sprecher des Netzwerks Bürgerbeteiligung, Kuratoriumsmitglied der Stiftung Bürger für Bürger und war Mitglied der Enquete-Kommission „Zukunft des Bürgerschaftlichen Engagements"
Kontakt: roland.roth1@gmx.de

Schneider, Carsten, seit 2021 Staatsminister beim Bundeskanzler und Beauftragter der Bundesregierung für Ostdeutschland
Kontakt: carsten.schneider@bundestag.de

Schwalb, Lilian, Dr., Geschäftsführerin Netzwerk und Fachpolitik des Bundesnetzwerks Bürgerschaftliches Engagement (BBE) und stellvertretende Vorstandsvorsitzende der Stiftung Bürger für Bürger
Kontakt: lilian.schwalb@b-b-e.de

Sendler, Hans, Dr., Themenpate des Bundesnetzwerks Bürgerschaftliches Engagement (BBE) für das Themenfeld „Sektorübergreifende Kooperation und ihre Infrastruktur", Leiter der Konzeptagentur EUSENDOR
Kontakt: h.sendler@eusendor.com

Sprengel, Rainer, Dr., Leiter des Bereichs Information und Kommunikation/Newsletter im Bundesnetzwerk Bürgerschaftliches Engagement (BBE), Fellow am Maecenata Institut für Philanthropie und Zivilgesellschaft
Kontakt: rainer.sprengel@b-b-e.de

Strachwitz, Rupert Graf, Dr., Vorstand der Maecenata Stiftung (München/Berlin) und Direktor des Maecenata Instituts für Philanthropie und Zivilgesellschaft
http://www.strachwitz.info/de/; https://www.maecenata.eu/person/strachwitz-rupert/
Kontakt: rs@maecenata.eu

Zimmer, Annette, Prof. Dr., Seniorprofessorin am Institut für Politikwissenschaft der Westfälischen-Wilhelms-Universität Münster und wissenschaftliche Leiterin des Master-Studiengangs Nonprofit-Management and Governance der WWU-Weiterbildung
https://weiterbildung.uni-muenster.de/npm
Kontakt: zimmean@uni-muenster.de

**WOCHEN SCHAU VERLAG**
... ein Begriff für politische Bildung

# Jahrbuch Engagementpolitik

2002 wurde das Bundesnetzwerk Bürgerschaftliches Engagement (BBE) auf Empfehlung des 14. Deutschen Bundestages gegründet. Das Jahrbuch ist ein Forum für die Engagementpolitik. Es berichtet über die Arbeit des Netzwerks weit in alle gesellschaftlichen Bereiche hinein. Zielgruppe sind die mit Engagementpolitik und Engagementförderung beruflich oder ehrenamtlich befassten Akteure in Wissenschaft, Medien, Verbänden, Stiftungen und Vereinen, Ministerien, kommunalen Fachstellen für Engagementförderung, in Freiwilligenagenturen und -zentren, Selbsthilfekontaktstellen, Seniorenbüros, Bürgerstiftungen oder in engagementfördernden Unternehmen.

Herausgegeben wird das **Jahrbuch Engagementpolitik** von Ansgar Klein, Rainer Sprengel und Johanna Neuling.

Jahrbuch Engagementpolitik 2022
**20 Jahre Enquete-Kommission "Zukunft des Bürgerschaftlichen Engagements"**
ISBN 978-3-7344-1357-5, 208 S., € 24,90
Fortsetzungspreis: € 20,60
E-Book: 978-3-7344-1358-2 (PDF), € 23,99

Jahrbuch Engagementpolitik 2021
**Zivilgesellschaft in der Corona-Krise und ihre Gestaltungsaufgaben**
ISBN 978-3-7344-1167-0, 224 S., € 24,90
Fortsetzungspreis: € 20,99
E-Book: 978-3-7344-1168-7 (PDF), € 23,99

Jahrbuch Engagementpolitik 2020
**Engagement u. gesellschaftlicher Zusammenhalt**
ISBN 978-3-7344-0902-8, 216 S., € 24,90
Fortsetzungspreis: € 21,90
E-Book: 978-3-7344-0903-5 (PDF), € 20,99

Jahrbuch Engagementpolitik 2019
**Europa als Handlungsarena der Zivilgesellschaft**
ISBN 978-3-7344-0660-7, 224 S., € 24,90
Fortsetzungspreis: € 21,90
E-Book: 978-3-7344-0661-4 (PDF), € 20,99

Jahrbuch Engagementpolitik 2018
**Annäherungen an die digitale Welt**
ISBN 978-3-7344-0562-4, 216 S., € 22,90
Fortsetzungspreis: € 18,50
E-Book: 978-3-7344-0563-1 (PDF), € 17,99

Jahrbuch Engagementpolitik 2017
**Engagement für und mit Geflüchteten**
ISBN 978-3-7344-0396-5, 208 S., € 22,80
Fortsetzungspreis: € 18,20
E-Book: 978-3-7344-0397-2 (PDF), € 17,99

**Bestellen Sie das Jahrbuch Engagementpolitik zur Fortsetzung**
direkt auf:

**www.wochenschau-verlag.de**   www.facebook.com/wochenschau.verlag   @wochenschau-ver

# POLITISCHE BILDUNG
### JOURNAL FÜR POLITISCHE BILDUNG

**NEU**

## DIE FACHZEITSCHRIFT FÜR ALLE POLITISCHEN BILDNER*INNEN

Lernen Sie das neue Journal für politische Bildung kennen. Fordern Sie jetzt Ihr kostenloses LESEEXEMPLAR an:

**www.journal-pb.de**

Eine Initiative des Bundesausschuss Politische Bildung und des Wochenschau Verlags

**WOCHENSCHAU VERLAG**